★四川省教育厅卓越教师项目资助成果,项目名称:"文理艺科教"综合应用型卓越小学教师培养改革 (编号:ZY16003)

★四川省教育发展研究中心研究成果,项目名称:大学生生命教育本土化研究 (编号:CJF16054)

大学生
生命教育研究

DAXUESHENG SHENGMING JIAOYU YANJIU

龙海霞◎著

四川大学出版社

责任编辑:敬铃凌
责任校对:余　芳
封面设计:严春艳
责任印制:王　炜

图书在版编目(CIP)数据

大学生生命教育研究 / 龙海霞著. —成都：四川
大学出版社，2017.7
ISBN 978－7－5690－0957－6

Ⅰ.①大… Ⅱ.①龙… Ⅲ.①大学生－生命哲学－教
学研究 Ⅳ.①B083

中国版本图书馆 CIP 数据核字（2017）第 182686 号

书　名	**大学生生命教育研究**
	Daxuesheng Shengming Jiaoyu Yanjiu
著　者	龙海霞
出　版	四川大学出版社
地　址	成都市一环路南一段 24 号 (610065)
发　行	四川大学出版社
书　号	ISBN 978－7－5690－0957－6
印　刷	郫县犀浦印刷厂
成品尺寸	170 mm×240 mm
印　张	17
字　数	353 千字
版　次	2017 年 7 月第 1 版
印　次	2017 年 7 月第 1 次印刷
定　价	68.00 元

◆读者邮购本书,请与本社发行科联系。
电话:(028)85408408/(028)85401670/
(028)85408023　邮政编码:610065
◆本社图书如有印装质量问题,请
寄回出版社调换。
◆网址:http://www.scupress.net

前言

2017年，中国当代大学生生命教育已经走过了属于自己的一段路程。从手边可以得到的资料判断，产生于西方的生命教育是于20世纪90年代传入中国的。1993年，著名哲学家黄克剑与张文质先生在中国生命教育史上具有里程碑意义的那次关于生命的对话，成为生命与教育搭界的标志。几年之后，"生命教育"在中国学界正式登场，随即成为名家竞书、才俊争写的炙热领域。直至今天，据独秀网的不完全统计，有关生命教育的专著和教材已有不下150种之多。

从2009年起，笔者开始从事生命教育的研究和教学，在之后的几年时间里，对于生命教育，尤其是大学生生命教育问题多有接触。笔者深切地感到，在我们生命教育研究和教学中，存在一些急需加以纠正的误区：我们不少关于大学生生命教育的著作，并未从本质上将马克思主义的生命观与其他西方哲学家、思想家的生命思想加以区别，对马克思主义人本思想在中国生命教育中不可"缺场"的理由阐述得不够充分，从而使马克思主义生命理论的阐述缺乏应有的力度与说服力；对于中国传统生命价值观念和思维方式的介绍，我们的不少作者也还多半停留在对传统生命伦理和道德的言说上，而在以分析分解为特点的西方主流哲学观——还原论的局限性——业已凸现的今天，却并未及时引入我国古代以综合为特点的整体论与之互补，致使当下形成的理论成果难以深刻、正确地阐释生命；在对待西方哲学思想问题上，我们的一些著作只是将其囫囵搬入，缺乏应有的分析和批判，因而移入的理论不仅不能提升研究质量，反而在很大程度上产生了负面影响，未能达到研究者的学术预期；针对具有广泛理论和实践价值的生命教育体系，虽然作者们已经提出并研究了大量问题，但笔者仍然感到在生命教育的具体内容、课程设计、师资培养、环境建设、实践资源等方面，还有进一步深入讨论的空间。为解决这些问题，本书进行了尝试性探索。

当代大学生是社会群体中一个比较特殊的部分，是指正在接受大学教育的高级专业人才群体。大学生有着共同成长的社会文化背景和知识背景，拥有相同的青春梦想，在同龄人中相对独立。他们是"十分宝贵的人才资源，是民族的希望，是祖国的未来"[1]，将来各界的精英骨干无疑都在他们之中，因此大学生是众多生命教育研究者聚焦的对象。而笔者在高校工作十余年，深切体会到大学生生命教育的必要性，这也是本书选择他们进行研究的原因。

本书共七章。

第一章对生命教育做了总体性的介绍，涉及其本质，同相关领域和学科的关系以及产生、发展的历史进程，旨在为后续的阐述作必要的铺垫。其中对于生命教育未来的学科发展走势，目前学界未曾涉及，本章特别提出加以讨论。

第二章阐述大学生生命教育的哲学思想，其内容包括现代西方哲学思想、中国传统哲学思想和马克思主义的生命观。国内专著和教材对这一部分内容多有涉及，但在某些方面或因资料处理欠妥，或因内容有所遗漏，致使相关研究存在着明显不足，本章对此做了力所能及的弥补与纠正。

第三章研究大学生生命教育的内容。本章内容素来是生命教育的重要部分，分别从生命意识教育、生存教育、应对生命境遇教育、生命道德教育四个方面进行分析介绍。

第四章探索大学生生命教育的课程建设问题。由于生命教育在我国尚处起步阶段，生命教育国家课程体系标准还未建立，因而高校生命教育出现了课程体系不全面、授课内容松散凌乱、课时不足、无法有效整合各方力量、教学质量难以保证的窘境。笔者在本章对课程建设问题提出了自己的看法。

第五章探讨大学生生命教育师资的培养问题。生命教育是一个新的领域，教学人员素质参差不齐，教学水平高低不一。目前的生命教育的教学工作基本上是由辅导员以及思想政治教育课、心理健康课的教师承担。在生命教育教学方面，这些教师的能力和专业素质还有所欠缺，本章对这部分教学人员的再教育问题进行了研究。

第六章讨论大学生生命教育的环境因素问题，其具体内容包括家庭、学校和社会三个方面。三个方面的有效合作，是实现生命教育目标的重要环节。

第七章介绍大学生生命教育的实践手段。虽然这一部分内容偶有文章涉及，但并未进行全面、系统的梳理，而专著及教材又不曾顾及，以致这部分内容成为当前书著的缺失部分，本书也对此做了补充介绍。

1　《中共中央、国务院关于进一步加强和改进大学生思想政治教育的意见》，载《人民日报》，2004-10-15。

目录
CONTENTS

第五章　大学生生命教育师资的培养

第六章 大学生生命教育的环境构建

第七章 大学生生命教育的实践资源

第一章 走进生命教育

生命教育是什么，有哪些相关领域和学科可以为之提供借鉴？它是由于何种原因，于何时、何地兴起，又是怎样传播、发展的？在正式接触大学生生命教育正题之前，我们对这些问题应当有一个基本的了解。

第一节　生命教育是什么？

大学生生命教育是生命教育的一个分支，对其进行研究自然应当从剖析生命教育着手，而剖析生命教育又应当以认识生命教育本身固有的本质属性为起点。本节对生命教育本质的分析先从其称谓所反映的性质切入，接着在学科语境内进行深度研究，最后再对其内涵加以介绍。

一、生命教育的多重身份

（一）"教育活动"

不少研究者将生命教育定义为对各级学生的"教育活动"。如孙慧金和冯丽霞在其主编的《心理健康与保健》中说："生命教育是帮助促进学生认识生命、理解生命、尊重生命、热爱生命、提高生存技能和生命质量的一种教育活动。"而且编者还进一步具体指明，生命教育是指"通过各种教育活动，引导学生思考生与死的生命课题，以积极的态度面对生活中的失落与痛苦，培养学生对自然、对自己、对他人、对社会的关爱情怀，提高学生对生命及其存在价值的认识，懂得生命的意义在于创造，从而认识生命、尊重生命、珍惜生命、敬畏生命"[1]。事实上，生命教育并非纯粹针对学生群体的教育活动，它是全社会的一种教育实践活动，适用于不同群体。关于这一点，可参见本章第二节。

（二）"教育"

然而也有研究者将生命教育直接称为"教育"。许海元在其《大学生生涯规划能力研究》中写道："生命教育是引导学生探寻生命的意义，确立自我存在的价值

1　孙慧金、冯丽霞：《心理健康与保健》，北京：清华大学出版社，2013：207。

与定位，提升生命的价值，陶冶健全人格的教育。也就是说，生命教育应该引导大学生从外在化、功利化、世俗化的目的中解放出来，积极探索生命的意义，努力提升生命价值。生命的意义不仅仅是指个体生命的意义，也指人对人类在宇宙中位置的思考，以及对人类'类生命'本质的思索。"[1] 台湾大学孙效智也有近似的看法，他认为生命教育指的是深化人生观、内化价值观、整合行动力的一种有关人之所以为人的意义、理想与实践的教育。这种攸关生命智慧与人生愿景的教育应是终身持续学习不可或缺的基本内涵，更应是家庭、学校、职场都特别注重的有关人的素质的教育。

这种教育事实上也同前面的"教育活动"一样，不应仅仅将学生视作教育对象。肖川和徐涛便是超越了学生群体来定义生命教育的："生命教育是一种寻求以人的生命本体为基础，以尊重人生命的尊严和价值为前提，以对人生命的整体性、独特性、生成性和开放性高度关注，从而促使完整的人的发展为目的的教育。"[2]

从"教育活动"和"教育"两个称谓所表达的内容看，教育显然应当是处于"教育活动"之上的上位概念，较之前述以具体内容为特点的教育活动理应更加具有概括性。

（三）"事业"和"门类"

另外，何仁富在其《生命教育引论》中将生命教育定性为"事业"和"门类"。他在该书的首章"生命教育的知识基础"一开篇就写道："生命教育尽管似乎是一项很'现代'的事业或者教育类型，但它并不是空中楼阁，它有相应的知识基础。"[3] 郑晓江也将生命教育称作"门类"，他在《生命困顿与生命教育》一文中称："生命教育起源于20世纪60年代的美国，至80—90年代已成为世界许多国家推广的一种教育教学的门类。"学者将生命教育定位于"事业"，是从其功能和价值的角度来看问题，而称之为"门类"，则是从教育分类角度来看问题，生命教育的性质在这里得到了拓展。

（四）杰·唐纳·华特士的"系统"

最后，有必要介绍生命教育创始人美国学者杰·唐纳·华特士对自己所创生命教育最初的表达。他将其称作"系统"，全称为"生命教育系统"。系统不仅包括理论基础——实用主义、人本主义心理学、宗教存在主义哲学，也包括六类课程，

1　许海元：《大学生生涯规划能力研究》，北京：清华大学出版社，2013：98。
2　肖川、徐涛：《论语文教育中的生命教育》，载《教育理论与实践》，2005（11）：54。
3　何仁富：《生命教育引论》，北京：中国广播电视出版社，2010：1。

即促进学生以整体的观点来思考宇宙的"我们的地球-我们的宇宙"课程，包含生理、心智和心灵发展的"个人发展"课程，促进学生达到心智清明澄澈的"自我表达与沟通"课程，包括历史、地理、心理学、不同文化习俗等的"了解人"课程，关于交友、交流、求职、成家知识的"合作"课程，以及含有艺术、音乐、文学、哲学、宗教等广泛领域的"整体意识"课程。另外，华特士对生命教育师资的要求以及再教育问题，社区、家庭和学校之间的协作以保证教学质量的举措，受人推崇的人性化的学习过程等，都是华博士"生命教育"的构成内容。

二、学科视阈中的生命教育

（一）生命教育：作为现代教育与科研建制中的一个领域

当下，生命教育说到底是一种社会实践活动，大学生的生命教育是其一个分支，是作为教育的一个领域存在的。各大高校生命教育开展的状况，可以用多种指标来反映，并体现出不同学校生命教育领域的发展水平。应该说，生命教育是现代教育与科研建制中的一个领域。

1. 开课情况

今天，生命教育已从20世纪90年代中末期初传入时一种不定期的讲座，逐渐发展为大学的一门课程。由于课程内容贴近生活实际，获得了广泛好评。

2. 科研成果

在传入中国后的20余年内，高校研究人员和教师纷纷投入科研工作，生命教育领域出现了大量科研成果，仅从独秀网按"全部字段"分别在"期刊""报纸""学位论文""会议论文""图书"搜寻"生命教育"，便可得到以下信息：在20余年间，已有期刊文章16 000余篇、硕博学位论文1 409篇、会议论文308篇、图书1 698种。将关键词"全部字段"更换为"书名"检索，获得相关中文图书344种；排除港澳台地区及译介图书，获得中文图书155种。

生命教育相关课题已成为国家社科基金等的选择对象。如"社会变迁中的青年生命意义与生命教育研究"（2011）、"青少年生命教育有效性研究"（2010）、"藏传佛教生死观的历史演进与生命教育的现实意义"（2013）等入选国家社科基金项目。另外，各部委、各省市科研项目中生命教育类课题更多。

3. 组织机构

2008年，浙江传媒学院"生命学与生命教育研究所"成立。这是内地高校成立的首家专门的生命教育研究与实践机构，其秉持的理念是：生命教育必须以生命学为学理基础，生命学是对生命科学、生命哲学、生命伦理学、宗教生命学以及中华传统文化中的生命观、心性学等的再研究、再消化，并在此基础上，按照生命自身的逻辑，对生命的多维呈现与建构。

2010年，北京师范大学"生命教育研究中心"成立，这是我国首家以生命教育为主题的学术研究机构。

2013年12月，"河南大学生命教育研究中心"正式成立，该中心为院属研究机构。

2013年12月，"中国陶行知研究会生命教育专业委员会"正式成立，这是我国首家全国性生命教育学术专业机构。

4. 学术交流

从2009年起，国内生命教育学界的学术交流活动逐渐开始进行：

2009年，由中国宋庆龄基金会和浙江传媒学院联合主办了首届大陆与台湾大学生命教育高峰论坛。2016年举办了第五届会议。在该次会议上，经过两岸专家商议，决定成立大陆与台湾"生命教育促进会"，以推动两岸生命教育交流合作的常态化。

2011年10月15日，首届大学生生命教育高峰论坛在北京师范大学举行。本次论坛由北京师范大学教育学部生命教育研究中心承办，来自北京、天津、香港、广东、浙江、山东等地的一百余名代表参加了本次论坛。

2010年我国发布《国家中长期教育改革和发展规划纲要（2010—2020）》，提出生命教育是教育发展战略中"四个重视"教育之一。生命教育成为全国各级各类学校教育的重要内容，这就更需要在理论上阐释清楚生命教育本土化的内涵，以确保其真正落实。

从上述开课、科研成果、组织机构、学术交流情况可以看出，生命教育作为教育的一个领域已经取得了一定的成绩，但还处于初创阶段。

此外，全国性生命教育年会、论坛、研讨会持续开展，如中国宋庆龄基金会连续举办多届的"中国青少年生命教育论坛"、浙江传媒学院主办的大陆与台湾大学生命教育高峰论坛、中国生命教育协会主办的"全国大学生生命教育高峰论坛"、北京师范大学生命教育研究中心主办的"全国生命教育年会"等。

另外，2006年，天津市举行首届大陆与台湾"殡葬文化与生命教育研讨会"。

2010年8月，中国人生科学学会全国生命教育工作委员会与中国宋庆龄基金会联合举办了"全国生命教育论坛"，大力推动内地与港澳台地区生命教育领域的交流与合作。

2011年11月，中国人生科学学会全国生命教育工作委员会主办、云南教育厅承办的"2011全国生命教育大会"在云南昆明召开。

2012年8月，首届国际生命发展论坛暨全球志工领袖峰会在我国香港召开，发布了《香港宣言》，宣布成立世界生命主题组织，致力现代人心理和社会支持，提升人类的生命质量和幸福感，并倡导面向世界、走向世界的中国价值观。

（二）生命教育：正在形成的一门学科

2016年4月，在第五届大陆与台湾大学生命教育高峰论坛上，河南大学教育科学学院院长刘岸英发言称，生命教育是该院素来重视的课题，也是学科建设的重要方向。长期以来，河南大学教育科学学院就在积极组建队伍，汇聚人才，加强学科建设方面的研究，其在生命教育方面在国内处于前茅，但其发展尚未达到一门独立学科的水平。这席讲话道出了当前生命教育在我国正在从领域向学科发展的最新动向。

1. 关于教育实践和学科

学科和领域既有联系，又有区别。生命教育学科是以生命教育为整体研究对象的科学。当前的生命教育实践活动是生命教育学科的产生、发展的前提和基础。学科是对生命教育实践活动进行研究而形成的，它产生于生命教育实践，发展于生命教育实践，服务于生命教育实践，受生命教育实践的检验。离开这种实践，生命教育学科就会成为无源之水、无本之木，就不可能成为一门真正的科学。

大学生生命教育学科应当是关于大学生生命教育丰富的实践经验的理论概括，是大学生生命教育的理论知识体系，它以生命教育这一实践活动为研究客体。其目的在于科学地认识生命教育领域的各种现象。

2. 学科成立的条件

众所周知，学科是内在建制和外在建制的统一体。

一般来说，要创立一门独立的学科理论体系，必须满足三个条件，即要有独立的研究对象、独立的概念系统和独立的研究方法，否则就是研究领域。

具体就生命教育而言，研究对象是人的生命，这一对象是不可能为生命教育所独占的。如何仁富在《生命教育引论》中所言："生命教育是教育；生命教育是教育生命，即对生命（根本的是对人的生命）的教育；生命教育是以生命教育生命，即以生命的名义，以生命的价值，以生命的方式所进行的教育。这样一种实践性很强的独特的教育（门类或者活动），必然有自己的学理基础。"[1] 而且，生命教育必然有自己的复杂的学理基础。之所以谓之"复杂"，便是在于学理基础包括生命起源学、生命诞生学、生命成长学、生命境遇学、生命意义学、生命死亡学六个方面的学问。而每一门学问有更多与生命直接或间接相关的学问门类，粗略统计一

---

1 何仁富：《生命教育引论》，北京：中国广播电视出版社，2010：49。

下就包括宇宙学、宗教学、哲学、文化学、遗传学、法学、生物学、生理学、心理学、社会学、伦理学，等等。[1] 在这些学科中，哲学、宗教学、遗传学、法学、生物学等也都涉及生命。尤其是人的生命。这也就是说，生命因此已经不可能为生命教育一门学问所独占，就这样，生命教育失去了独立的研究对象。

生命教育没有必具的独立研究方法。从某种角度而言，现代学科想要拥有独特的研究方法几乎是不可能的。生命教育在对人的生命的研究过程中，除了从上述学理角度观察问题，也不外是采用我们熟知的自然科学、人文科学的方法，可见生命教育并无独立的研究方法。

最后，关于一门学科必备的独立的概念系统，对于生命教育来说也是一大难题。除了"生命教育"这一概念可以勉强称作生命教育领域独立的用语，其余的用语，如生命、生命观、价值观等都不可能说是独立的只能用于生命教育领域的概念。同样由于这一原因，生命教育又再次失去了独立的概念系统。

再看外在建制。外在的社会建制指的是一门学科必须拥有专门独立的社会组织，如学院、学系、研究所和更广泛意义上的社会分工、管理、内部交流机制，如进入学科目录和基金目录、学会、期刊、图书分类号等。[2]

从前面的介绍可知，中国内地生命教育的外在社会建制已经开始起步，已经有了零星的研究机构，机构之间已开始进行学术交流，甚至同港台地区组织也有交流活动，但是，从总体水平来看，当前的外在机制还处于起步阶段，交流对象还仅仅局限于港澳台地区的学者范围，尚未与不同文化传统的国家和地区接触，学术刊物、学科出版社、学科的图书专门归类和储存等外部建制的形成还需假以时日，外在建制的完善还为时尚早。

3. 生命教育学科的发展

从内在和外在建制情况来看，当前中国高校的生命教育要成为一个学科还有相当长一段路要走，甚至由于大学生生命教育在高校的现状，要达到上述三个刚性指标是基本无望的。但是，在当今学科发展的现实情况下，依旧刻板地坚持、固守人为制定的"经典"标准，是对待科学的不科学态度。因为随着科学研究的深入，研究对象相互交叉、理论相互借鉴、方法多元共享，过去那种逻辑清晰、直线积累的知识发展情况不再出现了，很多学科的理论范式越来越多元，流派越来越复杂，越

1　何仁富：《生命教育引论》，北京：中国广播电视出版社，2010：50-88。
2　刘小强：《学科还是领域：一个似是而非的争论——从学科评判标准看高等教育学的学科合法性》，载《北京大学教育评论》，2011（4）：77-78。

来越像一个无秩序的知识大杂烩。[1] 在此情况下，如果仍然坚持固守学科评判的传统内在标准，那么在科学快速发展的今天，只会为学科的发展造成负面影响，我们没有理由不与时俱进，超越传统学科评判标准和具体学科的立场。更何况一门领域成为学科，不仅是其知识发展的内在要求，更是社会需要其发展的外在要求。这将是决定生命教育学科建设的有力甚至刚性的原则。

因此，试图将生命教育学科化的河南大学的努力是值得肯定的。

三、生命教育的内涵

内涵是生命教育概念的一个基本逻辑特征，要明确该概念就必须从剖析其内涵入手。但由于生命教育的复杂性，研究者从不同的视角看问题，从而得出的结论也不尽相同。美国杰·唐纳·华特士，中国台湾孙效智，中国大陆刘济良、冯建军等学者对生命教育内涵的阐述代表了不同的观点。

（一）刘济良的观点

刘济良在其2003年的博士后学位论文《生命教育论》中，提出了从生命的个体性、完整性、过程性、人文性等方面研究生命教育内涵的观点。在论文《对生命教育内涵的理解》一部分中他强调："在目前我国的条件下，生命教育不能从一般意义上抽象地去讲，而是应当把我们教育中所存在和忽视的方面加以强调。""就目前中国的教育来讲，生命教育应当更加强调的是生命的个体性、完整性、过程性、人文性。"

刘济良强调生命的个体性是因为："长期以来中国教育一直把学生当作一个抽象的个体存在来对待。虽然在我们的教育学中，在我们的教育工作中经常强调个体，但实际上我们所说的个体生命是一种抽象的存在，是作为一个整体的个体生命。而在这种整体的个体生命的光环中，真正的、实在的、活生生的、有血有肉的生命个体却被遮蔽、埋没和异化了。所以，生命教育更应当多从生命的个体意义上去研究，方能真正认识到它的本质。"

而强调生命的完整性，则是由于这是生命存在的最根本的特征。然而，我们的教育由于受到科学主义、认知主义、理性主义的影响，却把个体完整的生命割裂成一些彼此分割的部分加以训练和培养。比如知识、情感、意志、行为等的划分，比如官能心理学所强调的对各自不同的官能所分别进行的训练等，就对具有丰富、多样、灵活、完整的生命进行了无情的分割，其结果必然导致对学生生命的异化和对

1　刘小强：《学科还是领域：一个似是而非的争论——从学科评判标准看高等教育学的学科合法性》，载《北京大学教育评论》，2011（4）：82。

生命完整性的破坏。因此，强调生命的完整性在当前生命教育中具有非常重要的现实意义。

强调生命的过程性，这是因为生命历程本是一个从出生到死亡的完整过程。但这一过程被我们过去的教育所忽视，大家比较重视的是学生在学校这一段时间内的生命发展和完善，所以强调要让他们掌握知识、学习技术、训练技能，将来找到一个好工作，却往往忽视了对学生生命的整个过程的养育，特别是对生命的死亡的认识、理解和接受。

强调生命人文性的原因在于，除了生命必备的物质前提、物质生命的生成和发展，我们还要追求生命的意义、价值、精神、信仰等形而上学的内容。目前我们的教育过分关注了学生的物质生命，忽视了其生命的另一个重要的维度——人文性。因此，生命教育就应当高度重视学生的精神生命、价值生命，也就是生命的人文性。

立足于以上分析，刘济良对生命教育的内涵作了如下概括："生命教育就是在学生物质性生命的前提下，在个体生命的基础上，通过有目的、有计划的教育活动，对个体生命从出生到死亡的整个过程，进行完整性、人文性的生命意识的培养，引导学生认识生命的意义，追求生命的价值，活出生命的意蕴，绽放生命的光彩，实现生命的辉煌。"[1]这一段概括文字，被一些研究者引用，也有研究者将其视为生命教育的定义。

（二）周红卫的观点

由于生命教育在学校的广泛开展及其丰硕研究成果的相继问世，学校体育教师也对体育教学有了新的认识。2009年，东北师范大学校长史宁中在为本校体育学院教师何劲鹏、姜立嘉的著作所写序文中写道："人的生命是自然生命、精神生命和社会生命的三者统一。……脱离了自然生命，人的精神生命、社会生命将失去物质载体，而人的生命若失去精神和社会的属性，人的自然生命就只是一块'肉体'。"[2]这是生命教育在中国流传所带来的对于人的生命的新的认识。何劲鹏、姜立嘉认为："长期以来体育课程研究忽视了'人是复杂性存在'这一基本认识，脱离了'人是自然属性、社会属性、精神属性等三者统一体'这一基本认识，体育课程在高度重视学科逻辑的过程中，却忽视了体育的人文价值和生命色彩，体育课程一直在'生物体育观'的'工具理性'下发展，追求功利、表面的体质、技术的

1　刘济良：《生命教育论》，杭州：浙江大学博士论文，2003：5。
2　何劲鹏、姜立嘉：《体育课程生命化探究》，长春：东北师范大学出版社，2009：4。

同时，丧失了体育的生命本质——精神生命。"[1]因而，作者"倡导以人的完整生命为体育课程研究的逻辑起点"，更提出体育课程生命化的新理念："体育课程生命化主旨强调从生命的三维教育观，强化体育课程激扬生命精神、铸造社会生命的规训与教化功能，既要重视体育课程对自然生命的强身健体功效，更要高度重视体育课程在人的教育过程中铸魂的载体作用。"[2]虽然，何劲鹏、姜立嘉在书中谈的是课程问题，但他们提出的从生命的三个维度研究生命教育的方法确实在学界产生了很大的影响。2012年，即在何劲鹏、姜立嘉《体育课程生命化探究》问世三年之后，周红卫依据这一观点对生命教育的内涵进行了分析。

首先，周红卫接受了"生命是自然生命、社会生命和精神生命的统一体"的观点，并进一步说明："教育要实现其培养人的目的，要完整地把握生命教育的本质，就必须完整而全面地理解生命。基于对生命的内涵和认识，我们认为可以从基于生命的教育、关于生命的教育、为了生命的教育三个维度来把握生命教育的内涵。"

其一，"基于生命的教育"。周红卫认为这是生命教育的第一个层次，它应该帮助学生正确认识生命和理解生命，形成生命意识。基于生命的教育实际上就是珍惜和保存自然生命的教育，这是生命教育的基础和首要前提。因为只有生命存在，才能提升生命的质量，探索生命的意义。人的自然生命是人存在和发展的基础。世间万物存在着、生长着，人作为万物之灵和其他生命体和谐共处、顺应自然法则是人类的生存之道，也是世界欣欣向荣之本。人类不但应该关爱其他生命体的生命，更需要关爱自己的生命，一些现代人的可悲之处就在于他们不但蔑视他类、他人的生命，而且漠视自己的生命。教育承担着提升人们的生命观念，引导人关怀、热爱生命的重任，依靠教育的力量推动人生命观的更新以推动社会文化的进步，解决当前无视生命的教育问题是教育应该做而且必须做的。生命首先要存在然后才能发展，正确认识生命，形成关爱生命的态度是生命存在的保障和发展的前提。生命教育应该在认识和尊重生命的基础上引导学生去关爱生命，给人类和其他物种的生命一分关心和爱护，产生积极的情感体验，为生命的共存共荣开辟空间，最后获得各种生存技能，在生命受到威胁的时刻能够保护自己。

其二，"关于生命的教育"。周红卫从生命的社会性出发，认为"关于生命的教育"即教人如何在错综复杂的社会关系网络当中生存。周红卫写道："社会为生

1　何劲鹏、姜立嘉：《体育课程生命化探究》，长春：东北师范大学出版社，2009：78-79。
2　何劲鹏、姜立嘉：《体育课程生命化探究》，长春：东北师范大学出版社，2009：78-79。

命活动提供历史的积淀、现实的境遇和未来的指向，它构成了生命活动的实际内容。社会生命是自然生命的延续，构成精神生命的表达内容，没有社会生命的人就没有精神生命可言。关于生命的教育应培育人的社会生命即于社会中培养人丰富的社会属性，使人能立足社会，把社会的发展与个人生命的发展历程融于一身。"[1]同时周红卫更进一步指出："社会人都是作为家庭成员、社会公民和从业者而存在的。因此为了让人更好地承担自己的社会角色，教育应分为'生活教育''公民教育'和'专业教育'三个方向。生活教育是培养人家庭观念、家庭责任感、生活态度、情趣、生活自理能力的教育，它使人学会生活；公民教育是旨在培养人公民素质的教育，使人成为合格的社会成员；专业教育是培养与提供人职业素质的教育，使人谋生、乐业。学校教育应培养学生丰富的社会属性，多为学生提供各种社会实践的机会，理论与实践相结合，提高学生的社会实践能力，为学生步入社会开始真正的社会实践奠基。学校教育不应只为人的生存而应为人健康、幸福生活于社会之中服务，以培养人健全的社会生命来推动社会进步，为人的发展创造更美好的社会环境。"[2]

其三，"为了生命的教育"。周红卫认为这是生命意义的教育。他写道："生命意义的实现需要人精神生命的绽放。精神生命是自然生命的升华、社会生命的体现，是人生命的精髓与特质。人作为精神的存在，人的超越首先是精神的、意义的超越。崇高、善美的意义可以使生命活得更丰富、更有内涵、更精彩，低俗、庸碌的意义只能让生命在无为中消沉。"因此，周红卫认为："教育应该引导人去主动认识、追求真善美的意义，使人在意义体验、追求中肯定自我，完善自我，不断去提升生命质量、实现人生社会价值和自我意义的融合。生命教育追求的是实现生命和教育的共生长，在教育提升自身意义的同时实现教育者和受教育者生命意义的升华。为了生命的教育应该培育人的生命的情感和意志，它们是生命的最初动力，能激发生命的内在活力，使生命之花绽放，焕发生机，真正体现生命之'生'。情感关涉生命的内在体验、生命对客观世界的态度以及生命行为的指向，美好丰富的情感能让人充分体味生命之美、世界之真。"[3]

（三）孙效智的观点

从大陆学者汪丽华的著作中可以得见台湾生命教育学者孙效智关于生命教育内涵的见解。孙先生提出了生命教育内涵的四个向度：

1　周红卫：《生命教育　理想与追求》，重庆：西南师范大学出版社，2012：20。
2　周红卫：《生命教育：理想与追求》，重庆：西南师范大学出版社，2012：20。
3　周红卫：《生命教育：理想与追求》，重庆：西南师范大学出版社，2012：20。

（1）深化人生观，属于人生哲学、宗教思想与生死学的领域。建立学生正确的人生观与价值观；让学生了解宗教思想，确立对生命终极意义的认识，建立真正的生命智慧；陪伴学生思考并探索有关生死的各种议题，例如生死的意义、临终关怀、安宁疗护等。

（2）内化价值观，主要指知性上的价值内化，让价值观的"然"及"所以然"都能内化于学生的知性思想中。生命教育属于伦理学与道德思想教育的范畴，旨在培养成熟的道德思维与判断；融合道德哲学的深度，使伦理教育达到说理而不说教的境界，以培养孩子慎思明辨的"择善"能力；多元价值观的培养，是指从不同角度理解同一道德课题的能力；熟悉道德思考的方法以及不同领域道德课题的内涵，例如生命伦理、两性伦理、职场伦理、家庭与校园伦理以及社会与政治伦理。

（3）知情意行整合，属于发展心理学、人格统整与品德教育的领域。帮助学生将内在化的价值理念统整于人格内（诚于中）并在实践中生活出来（形于外），提升学生的情绪智商、交谈倾听能力以及同理心。

（4）发展多元智慧与潜能。每个人都有各种不同的智慧，多元智慧的理论再次为"适性教育"赋予深切的意义，要尊重学生的个体差异；每个人的心智都是由各种强度不同的智慧组成的，都有其认识世界的独特方式，学校应帮助孩子了解并发展自己的独特智慧；学校应开展多元的学习环境，让每个学生看到自己的长处，使各种智慧活跃起来。

孙先生所提出的内涵的四个向度，据汪丽华介绍，对台湾地区生命教育相关课程计划的启发相当大，许多目前正积极规划和实施的生命教育相关课程也将这四个向度纳入探讨的范围。

（四）冯建军的观点

冯建军教授认为，1968年美国学者华特士首次提出的生命教育思想，与20世纪初在西方兴起的死亡学和之后发展起来的死亡教育、生死教育有关，且关注的是反吸毒、预防艾滋病、自杀、暴力等问题。但近些年来，国内一些学者对此问题的讨论渐渐脱离了这一主题，而在另一些意义上使用了生命教育的内涵。

另外一些意义是：人们或将"'生命'定位为'教育的基础'或教育的'原点'，认为生命教育就是要依据生命的特征，遵循生命发展的原则，以学生自身潜在的生命基质为基础，通过选择优良的教育方式，唤醒生命意识，启迪精神世界，开发生命潜能，提升生命质量，关注生命的整体发展，使学生成为充满生命活力、具有健全人格和鲜明个性、掌握创造智慧的人"；或是认为"生命教育就是尊重生命主体，为其创设生动活泼、充实丰富的环境和条件，以促进生命主体全面、和谐、主动、健康发展的教育。在价值取向上，它强调人的精神生命的主动发展；在教育过程中，它关注人际交往中精神能量的转换；在保障机制上，它注重生命主体自主能动的投入与合作"。

关于这些理解，冯建军认为：一是不符合生命教育前述原初内涵，二是生命教育也无特定内涵和特定意义，它指的就是所有的教育，从而相关学者提出了与之有别的"生命化教育"，或称为"生命视野中的教育"。冯建军综合实施生命教育的国家和地区的情况，认为生命教育的内涵主要是教人认识生命、保护生命、珍爱生命、欣赏生命、探索生命的意义、实现生命价值的活动，或者说在个体从出生到死亡的整个过程中，通过有目的、有计划、有组织地进行生命意识熏陶，生存能力培养和生命价值升华，最终使其生命价值充分展现的活动过程，其核心是珍惜生命、注重生命质量、凸显生命价值。

这是当下实施生命教育的国家和地区关于此的"较为一致的内涵"，但也呈现出地域的特点：

（1）身心健康取向的生命教育。这是目前西方生命教育的主流，重视了解人体生理结构，给人以生命的孕育、发展的知识，教人以增进健康、预防疾病、面对危机的技能以及保护环境的相关知识。

（2）生死取向的生命教育。这种教育在美国、英国较为流行。

（3）伦理取向的生命教育。伦理取向的生命教育在台湾地区表现得比较明显。

（4）宗教取向的生命教育。宗教取向的生命教育流行于"相信神的存在的国家和地区"。

（5）社会取向的生命教育。台湾地区学者也称之为生活取向的生命教育。在生活中，学会人与人的相处，是生活最起码的要求。社会取向的生命教育，把人作为一个社会人，关注人的社会性发展，重视人我关系、人际相处、社会能力培养、自我生活的料理、生活习惯的培养、生活的调适以及品格的培养，使个体成为一位德行与学问兼备的人。

冯建军认为，中国内地生命教育的取向与当前提出生命教育原因相关。我们提出的原因主要是针对当代青少年学生的道德观念发展的消极层面，比如享乐主义、拜金主义、极端个人主义。此外，还针对青少年生理发展过程中出现的困惑、意志脆弱、情绪失控等心理问题以及校园伤害、意外事故等威胁青少年学生身心健康的因素。因此，迫切需要生命教育引导青少年正确认识生命现象和生命的意义，培养青少年形成科学的生命观，进而为青少年树立正确的世界观、人生观和价值观奠定基础。所以，它是伦理教育、社会教育、心理健康教育的综合体，涉及生命与健康、生命与安全、生命与成长、生命与价值、生命与关怀等教育主题。[1]

（五）杰·唐纳·华特士的观点

生命教育为美国学者杰·唐纳·华特士所创。他对体系的规定与其教育系统产生的背景密切相关，正如台湾地区学者邱天助在杰·唐纳·华特士《生命教育：与孩子一同迎向人生挑战》一书的序言中所言："20世纪社会的绚丽，是建立在对货物和服务业的大量消费上的。为了刺激消费，新兴市场兴起，产能超载，世界陷入繁荣的幻境。人们追求感官的享乐，消耗大量的衣饰、食物、饮料、各式器具。整个世界是一个满足人们欲念的填塞物，是一个大地窖，大酒槽；人们永远贪求，永远渴望，却又永远失望。""资本主义社会大量生活、无限消费和追求最大利润的经济体系，无形中逼迫人们退回'肛门期性格'（anal-character），生活中主要的精力都走向占有和囤积。长久以来，教育一直作为经济的侍臣，服侍经济世界的内在法则，制造出一批批自私、贪婪的工作机器，充满了成功、效率、自由的迷思。交易室里，紧盯屏幕的金融、股市交易员，只信奉金钱的价值。"[2]

因此，首先，生命教育是针对消费社会道德沦丧想象实施的一种教育救赎应对。杰·华特士认为："人类若要避免经济上和生态上的祸害，就必须从人内心最深处做改变，也就是从生命的教育着手做起。"目的是使学生生命迈向圆熟的境界。圆熟意味着内在均衡的状态，处于这种状态下，没有任何事物可以撼动一个人的平静安详，生活不再慌乱，生命不再迷惑。因此，这是一种区别于当下畸形教育的教育系统。

其次，华特士所推荐的一套教育系统方式，旨在"帮助孩子做好准备，迎向人生的挑战，而不光是训练他们求职或获取知识"。在这里，孩子们所学习的是如何生活在这个世界上，而不只是如何找到一份工作、一种职业；他们必须懂得如何明智、快乐且成功地生活，而不违背自己内在的深层的需求，当然，更不会执着于金钱和权力。

最后，华特士为学生以及所有读者提供了一种思想："不只是学生时代，人的一生都在受教育。"从这一意义而言，生命教育是一种终身教育。"因此，学校教育的真正目的，就应该是协助我们做好准备，迎接一辈子的学习。"

华特士对自己的教育"系统"充满自信。他这样写道："即使在最不利的处境下，生命教育系统证明了它站得住脚，它是可以实践的，它不是只为了少数人的系

1　冯建军：《生命教育的内涵与实施》，载《思想·理论·教育》，2006（21）：25-26。

2　杰·唐纳·华特士：《生命教育：与孩子一同迎向人生挑战》，成都：四川大学出版社，2006：4。

统，它是为了所有的人。无论一个人住在山区或是城市里的贫民窟，它的原则到处都可以实践。"[1]

第二节 生命教育不是什么？

一、不是纯粹针对学生群体的教育活动

一般言及生命教育，多半总是想到学生，尤其是大学生。虽然学生群体在生命教育活动中占有很大的比重，但是这种态度存在着片面性，其实生命教育并非针对某一年龄段人群，老年人、残疾人、女性、农民工、高学历高收入的白领精英们，早已是生命教育应当重视的一些新的群体。

（一）学生群体

在生命教育的对象中，学生因本身就是受教育的对象而自然成为生命教育中最受关注的群体。这从生命教育的研究成果中清楚反映出来，从现在已经出版的150种专著来看，其内容基本上都是关于学生的。

从独秀网提供的生命教育书著看，基本上都以学生群体为研究对象，其中有涉及大学生生命教育的，也有关于中小学生生命教育的。另外，从中国知网提供的生命教育文献来看，在学生群体中，关于大学生的论文最多，从2003年的第一篇起，到2017年2月，共有709篇；中小学生生命教育文章从2006年起到2017年，共有29篇，可见大学生生命教育是受到相当重视的。

（二）老年群体

第六次全国人口普查显示，中国老龄化进程逐步加快，60岁及以上人口占全国总人口的13.26%，比2000年上升2.93个百分点。其中65岁及以上人口占8.87%，比2000年人口普查上升1.91个百分点。然而，2014年，一则央视新闻称：目前老年人成为我国自杀率最高人群，每年至少有10万名55岁以上的老年人自杀死亡，占所有自杀者比例的36%，95%的老年人有不同程度的心理障碍。

专家指出，老年阶段的人们退出了正常工作舞台，解除了物质束缚，摆脱了功利性追求，重新直面生命与生活，老年人由此获得了相对充足的生命自由，使老年教育实现以老年人生命发展为本成为可能。但老年人面临的问题也很多，如人际关

1　杰·唐纳·华特士：《生命教育：与孩子一同迎向人生挑战》，成都：四川大学出版社，2006：171。

系的重组、孤独、养老、与子女的关系、健康医疗等，但最重要的却是精神与心理层面的生死问题。

长期以来，我国老年教育以传统养生为主，对老年人的生命时间和生存延续较为关注，将长寿作为教育目标，以休闲娱乐、医疗保健等为教育内容，忽视了作为教育主体的老年人内在生命的意义。所以，关注并采取积极措施唤醒老年人的生命意识，激发其生命活力与潜能，全面提升其生命质量，使之走出生死的阴影，引领他们安度完满、幸福的晚年，已经成为养老工作的重要转向。在此问题上，生命教育发挥着重要的作用。

当前我国老年人大多文化水平和卫生知识水平偏低，生理教育的缺失是造成老年人生命质量低下的重要原因之一。非健康状态的长寿带给老年人的不是幸福的晚年，而是病痛的折磨、不堪重负的医药费用以及家庭和社会照护成本的增加，因此应当在生命教育过程中及时弥补生理方面的知识。老年教育要帮助老年群体通过学习老年人常见疾病谱，采取预防措施，识别正常性衰老与非正常性衰老的区别，了解人因何而老，功能衰老易致病的类型，如何延缓衰老，保持身体器官功能更长久地正常运行的生活方式等。通过教育，使老年群体养成正确的生活方式，积累保健知识，缩短带病期，延长健康期，提高自理、自助能力，减轻社会和家庭的养老负担。

老年群体社会地位的日渐边缘化，老年价值的逐渐淡漠，子女与老人交流的减少，致使老年人常常感到孤立无援。他们的孤独、寂寞、被弃之感得不到合理的疏解，加大了在心中郁结成疾的危险。因此我们要帮助老年群体形成正确的社会责任感，树立积极的社会参与观，培养老年群体的社会参与能力，引导他们通过继续学习，逐步适应不断变化发展的社会环境与生活，有选择地进行社会实践活动，增添生活情趣，寄托精神生活，保持健康人格，充实生命价值，获得生活幸福感、价值感与满足感。

死亡教育是生命教育的重要内容。老年期是人生最成熟的时期，也是与死亡最接近的时期。生命教育需要引导老年人树立正确的生死观，通过生死教育课程、讲座、实践活动等帮助老年人从根本上消解对死亡的恐惧，珍惜现有生命与生活。

（三）残疾人群体

根据《联合国残疾人权利公约》第一条宗旨，残疾人包括肢体、精神、智力或感官有长期损伤的人。这些损伤与各种障碍相互作用，可能阻碍残疾人在与他人平等的基础上充分和切实地参与社会生活。

中国约有6000万残疾人，约占人口总数的5%。残疾人由于先天或后天的不幸，导致个人生理或心理的残缺，生活处处面临一个正常人想象不到的困难。但是，他们也对幸福怀着强烈的渴望，也有着与生俱来的权威和尊严，也渴望得到理解与尊重。相较于正常人，残疾者的人生将更为坎坷，他们的处境更为困难，他们更需要我们的抚慰和关爱。

关于残障学生，《国家中长期教育改革和发展规划纲要（2010—2020年）》指出："要提高残疾学生的综合素质。注重潜能开发和缺陷补偿，培养残疾学生积极面对人生、全面融入社会的意识和自尊、自信、自立、自强的精神。"生命教育是提升残障学生生存技能和生命质量，促进他们全面发展、更好地融入社会的基本途径，其根本目标是将残障学生鲜活的生命培育成身残志坚、心理健全、道德高尚，富有自主意识和创新精神的合格公民。

"以残障学生为本"的生命教育理念强调，应尽一切可能在各种教育教学活动中对残障学生进行"生态关怀"和"情感对话"，正视乃至珍视学生富有生活意义和生命价值的个体活动。"爱使生命动听"的生命教育宗旨要求，教师对残障学生鲜活而灵动的生命，满怀尊重和敬畏、呵护与珍爱、成全与欣赏之情，以极强的责任感和使命感，帮助学生建构尽可能完美的生命体验。

2009年，山东淄博市淄川特殊教育中心的刘淑慧老师，在《生命中不能承受之轻：谈残疾人生命教育》的文章中关于残疾人的生命教育的普遍性和特殊性谈到了自己的看法。无论是健康青少年还是残疾孩子，开展生命教育，都旨在帮助孩子认识生命、理解生命、尊重生命、热爱生命、提高生存技能、提升生命质量。但是残疾孩子因为身体某一或某些部位的残疾，影响其接受教育的能力，所以，残疾人的生命教育要特殊对待。她以聋生为例，谈到了自己生命教育的心得。

（1）热爱生命。只有在最初就在他们心中打上对世界的热爱的烙印，才能保证日后生命教育的进行。

（2）认识生命。到一定的年龄后，当对外界有了足够的认识，再从理论和情感上对其进行生命的教育，认识自己独特的生命，面对自身身体的残疾，树立生活的信心，珍爱生命，把握生命；用心体验亲情、友情、师生情、乡土情、爱国情，学会体验在付出基础上的生命快乐，从而不断充实自己的生命情感。

（3）品味人生。认识到生命的宝贵，珍惜生命，把握自己的人生。教会聋生掌握自我保护、应对灾难的基本技能；鼓励学生阅读人物传记，体悟他们的人生经历，在与他们的交流中，审视人生，反思自己，学会尊重生命、关怀生命，树立积极的生活态度，以一种积极的心态与人交往。[1]

（四）女性群体

中国妇女占世界妇女人口的1/5，妇女问题是中国的一个大问题。2015年9月，中华人民共和国国务院新闻办公室《中国性别平等与妇女发展》白皮书阐明：

20年来，中国在推进经济结构战略性调整和转变经济发展方式的改革创新中，充分保障妇女经济权益，积极促进教育公平，坚持贯彻性别平等原则，不断完善和健全妇幼健康法律政策和服务体系，制定和实施相关法律法规和政策规划，保障妇女享有与男性平等的政治权利，妇女在社会文化培育、生态环境保护和家庭建设中的独特作用日益凸显。营造尊重妇女和两性平等发展的社会环境，保障妇女权益的法律法规不断完善，妇女的社会地位、家庭地位都有极大提高。

但是，由于长期受压迫、被歧视的根源在短时间之内难以消除，适合女性发展的公正的社会环境并未完全形成，男性本位及以此衍生的传统妇女观并未完全改变，因而在现实生活中依然存在着男女间事实上的不平等。关于中国妇女自杀的情况，最近一项统计结果显示，中国妇女的自杀人数比男性高25%。而在西方国家，男性的自杀人数则是女性的3.6倍。[2] 因此，生命教育对于中国妇女的意义十分明显：生命教育可以帮助女性培养生命意识，进而懂得尊重生命、关爱生命、珍惜生命和呵护生命，对打造完美人生和构建平等和谐的两性社会起着举足轻重的作用。

（五）农民工群体

"农民工"一词，从1984年张雨林教授首次提出后，逐渐被国内外学者广泛接受并使用。农民工是我国改革开放后形成的一个特殊的群体，是指在城镇中务工的具有农村户口身份或非城镇非农村户口的劳动者（即因企事业单位或政府办公占地所产生的农转非农民工）。"农民工"的社会身份是"农民"，他们的职业却是"工人"，他们既是经济发展和体制转型的一个必然结果，也是改革尚未完成的标志性证明。在中国辽阔的大地上，有千百万人们艰难地生存着，他们手上托起都市的繁荣，但自己却失去了故乡的依托，游离在城市和农村边缘，迁徙、讨薪、流汗、挣扎。

新生代农民工虽然出生在农村，却对城市的工作和生活充满美好的向往，职业期望值因而也高。但他们与城市居民相比，其无论在学历方面还是求职技能上，都处于明显的弱势地位。这就导致他们在城市求职过程中遭遇各种困难，其合法权益

1　刘淑慧：《生命中不能承受之轻：谈残疾人生命教育》，载《现代企业教育》，2009（6）：68-69。

2　联合国驻华机构协调代表办公室：《中国实施千年目标进展情况》，2004：17。

得不到保障，人格尊严得不到足够尊重，进而容易导致新生代农民在城市中迷失自己的价值追求，出现漠视生命的情形。如果缺乏良性情绪发泄渠道，新生代农民工生命就可能产生异化现象，个体青年心理危机严峻。

对新生代农民工进行生命教育，可以提高其精神境界，激励其精神追求，使之更加客观地看待自己与他人、与社会的关系。这不但可以解决新生代农民工的心理问题，还能使之更好地融入社会。但在现实中，由于在社会转型期我国社会利益分配和保障机制还需逐步完善，政府、企业以及学校在新生代农民工生命教育过程中并没有完全发挥有效的作用，新生代农民工生命教育面临主体缺位的困境。

针对当前新生代农民工生命教育主体缺位的问题，必须充分发挥政府、企业以及学校的作用，以促进农民工生命教育机制的构建。首先，应发挥政府职能，营造和谐氛围。在新生代农民工生命教育问题上，政府应坚决履行社会管理职能，发挥自身在新生代农民工生命教育方面的重要作用，积极为新生代农民工生命教育提供制度保障，确保新生代农民工的合法权益不受侵犯。其次，农民工生产劳动的主要场所——企业，要为农民工发展提供空间，积极开展生命教育活动，应当本着以人为本的管理思想，关心农民工的生命安全和生命问题。鉴于此，企业经营管理者在获得经济效益的同时，也要承担起对社会、员工的责任。企业要加强自身的文化建设，突出对职工尤其是农民工的人文关怀。通过多种形式的组织活动、文体活动构建融洽的同事关系；通过柔性管理让农民工感受到企业的关爱和照顾，应当通过举办法律普及、心理教育、生命教育专题讲座帮助员工树立正确的生命价值观。最后，在农民工为了工作需要而参加的各种技能培训和接受再教育的过程中，也应当在进行知识教育的同时，为他们开设专门的生命教育课程；要在开展技能教育的同时，开展以生命安全和生命价值为主的信念教育，在具体课程中渗透生命教育，从职业、家庭、社会等角度教育农民工爱护自己、爱惜生命，引导农民工本着平凡之心去灌溉自己的生命大树。

（六）白领群体

在竞争越来越激烈的今天，随着城市生活节奏的加快和工作竞争压力的加大，白领几乎每一根神经都铆死在他的工作岗位上。终于，越来越多的人在紧张的节奏中败下阵来。[1]一项调查表明，心脏病等老年性疾病呈年轻化趋势，由于电脑辐射、超时工作、室外运动减少等方面原因，肥胖、记忆功能衰退、心脑血管系统等病的发病率正在增加。不少白领面临心理崩溃的危险。[2]

1　颜绍泸、周西宽：《体育运动史》，北京：人民体育出版社，1990：421-422。
2　钮文异：《女职工疾病预防手册》，北京：中国工人出版社，2008：65。

白领等阶层应当做"减压运动"。工作时间和休息时间需要进行人性化的合理分配，开展适当的娱乐休闲和运动调整枯燥乏味的办公室生活也是必然。面对生活的压力，生命永远是第一位的。

面对"过劳死"，全社会必须多管齐下。从生命教育的角度看，首先应当教育引导决策者与管理人员认真学习和理解科学发展观，树立真正的"以人为本"的健康发展理念，保持劳动者的身心健康与企业可持续发展的高度协调一致性。其次，工会组织要创造性地开展维权工作。如针对处于"过劳"状态的白领群体，上海不少企事业单位的工会组织把柔性维权作为工会的一项重要工作，开展各具特色的减负活动，通过职工疗养、文体活动、心理按摩等方式，为业务骨干、普通职工开出一张张预防过劳的良方。最后，职工本人要珍爱自己的生命健康。每个职场人都可以忙里偷闲，调节自己，丰富自己的业余生活，如听音乐、练书法等；坚持体育锻炼，如跑步、拉单杠和打篮球等；夫妻之间、朋友之间聊天倾诉，避免把压力和不快的情绪郁结在心。

二、不只是自杀等轻贱生命行为的救治工具

本节涉及的三方面内容包括自杀、他杀和轻贱生命行为。自杀和他杀是结束自己或他人生命的行为，而轻贱生命则是指吸毒、酗酒和吸烟等有损身体健康从而直接或间接地危害生命的行为。由于三者都是对生命的危害，因而合并为一类介绍。

在不少研究生命教育的文章甚至部分专著中，都是以人的自杀或他杀开篇。这一部分触目惊心的内容，在一定程度上容易使人产生误解，以为自杀和他杀是导致推行生命教育的直接原因。

吸毒、酗酒和吸烟等有损身体健康的行为，也同样是生命教育开展的直接动因。比如，1974年澳大利亚针对当时国内存在青少年吸毒致死的问题，提出"生命教育"（life education）的概念，并于1979年在悉尼成立了"生命教育中心"（Life Education Centre）的慈善性机构，以开展反吸毒的工作，协助学校进行反毒品教育。

生命教育有狭义和广义两种。狭义生命教育指的是对人的生命本身的关注，进而扩展到一切自然生命。广义的生命教育则指全人教育，因此除上述内容外，内容还包括对人的生命观、人生观、价值观方面的教育和培养。

三、不是单纯的生命知识的授受手段

生命教育在本质上是实践性的，其根本生命力也在于其实践。它是一种身教重于言传的实践性教育。实施生命教育不是仅仅靠语言或理论，而是以具体的行为或

举动打动人、影响人、感化人、教育人。

生命教育领域存在大量的理论研究和教学内容，而且，在生命教育领域起着重要影响的美国生命教育，其课程教学的比重也相对较大，也许正是这些原因导致人们误以为生命教育是一种单纯传授生命知识的教育活动，而忽视了它必须借助实践和体验活动的配合才能完成教育任务。

生命教育首先是以大量的理论问题呈现出来的，即使是狭义的生命教育也涉及大量的人生道理，如强调对生命的尊重，对生命的关爱、珍惜，要求人们追求生命的本真、特质，领略生命的美好，发掘生命的潜能，感受生命的艰辛困难等，这些内容都以理论性的知识呈现出来，由教师在课堂上以讲解的方式传递给学生。而广义的生命教育，除涉及上面这些内容外，作为一种全人的教育，更应着眼于受教育者生命价值的提升。这就涉及人的生命观、价值观、世界观的问题，这部分内容在很大程度上也属于采用讲授方式完成的部分。这两方面的内容主要是以课堂方式传授的，生命教育易于让人们将其误解为一门单向性的生命知识学问。

其实生命教育的方式不只是授课，事实上它是一门具有极强实践特点的教育活动，与人们的生命活动实践密切相关。生命教育实施过程中必须同时注重实践和体验环节的重要作用，必须开展一系列旨在增进学生实际的生存技能、身心素质和社会适应能力的实践教育活动，使大学生在社会实践活动中养成良好的行为习惯，提高人际沟通的能力，如开展生命教育的专题讲座、生命教育的主题班会，结合特殊节日开展生命教育的主题活动等。

生命教育也强调学生的亲身体验，因此应当引导学生开展多种形式的活动。例如，参观死亡博物馆；到殡仪馆参加葬礼；观看有关影片和欣赏音乐；阅读有关书籍；模拟情境、扮演不同的角色加深对生命与死亡的理解；讲述自己生命中发生的故事，再现当时的情景，加深情感体验，引起情感共鸣。我国也应该在生命教育活动中增加大学生的实践活动，例如，通过对地震、海啸、洪涝灾害的考察，感悟生死的内在关系，让学生感知死亡心理、死亡事件、濒死体验以及临终心理，从而使大学生真正认识到生的可贵。上海的"醒来死亡体验馆"便是一家从事生命教育的社会企业，着眼于表达生命的终极命题，为公众提供体验式的探索机会。

总之，生命教育既是对生命现象作整体考察的理论学科，又是指导人们生命活动行为、提供受教育者对生命过程实际知识的实践性学问，还是教导人们向善的价值学问。

第三节　生命教育的相关领域和学科

大学生生命教育不仅需要该学科的理论指导，而且还应当借鉴、运用其他相关学科、领域的知识和研究成果为其服务。

一、思想政治教育

思想政治教育是一定的阶级或政治集团为实现一定的政治目的对人们施加意识形态的影响，以期转变人们的思想，塑造人们的品德，进而指导人们行为的社会实践活动。思想政治教育侧重于思想理论方面的政治教育。法国学者拉扎尔认为，政治教育绝不是中性的，它包括宣传占统治地位的思想观点，每个社会成员都应该学会在所处的政治制度中生活，认识这一制度的规则与基本价值准则。

思想教育主要解决人们的思想认识、思想观点和思想方法问题，关注的是人们的世界观、人生观、价值观等方面的内容，属于认知范畴，从某种意义上说，就是做人的思想转化工作，通过不断解决思想矛盾提高人们的思想觉悟，提高人们认识世界、改造世界的能力。

思想政治教育作为一种社会实践活动，普遍存在于阶级社会的任何国家和一切历史阶段。重视意识形态领域的工作，用占统治地位的思想意识、价值观念、道德规范去教育、影响社会成员，并不是无产阶级政党的发明，而是带有规律性的历史现象。尽管很多西方国家没有或不使用"思想政治教育"这个概念，但在公民教育、道德教育、法制教育、宗教教育、政治社会化，甚至历史教育、地理教育等名目下，都开展了实质性的思想政治教育。而且，很多国家都非常重视"思想政治教育"科学化的研究，形成了各具特色的教育理论和教育实践，在有着鲜明的政治性的同时，强调教育的社会适应性、主体性、科学性以及思想政治教育活动的广泛性和渗透性。这对我国思想政治教育的改进和加强，应该是很有启发意义的。

二、马克思主义伦理学

马克思主义伦理学是在马克思主义的世界观、方法论指导下，研究关于道德的本质及其发展规律的科学，特别是关于共产主义道德本质及其发展规律的科学，它是马克思主义科学体系中的一个重要组成部分。

作为无产阶级的道德科学，它首先要研究的是共产主义道德及其一系列理论和实践问题，也就是揭示整个人类道德及道德历史发展的规律。从建设高度的社会主义物质文明和精神文明的实际情况出发，马克思主义伦理学研究共产主义道德的原则和规范，研究社会主义社会中个人和社会的道德活动，研究进行共产主义思想教育，培养、造就一代"有理想、有道德，有文化、守纪律"的新人成长的规律。

大学生生命教育与马克思主义伦理学有着密切的关系。大学生生命教育的目的在于培养具有社会主义道德品质的新人，并引导大学生向共产主义的道德目标前进，把先进性要求与广泛性要求结合起来。大学生生命教育者只有认真学习和正确运用马克思主义伦理学的知识，结合大学生的道德实际进行，才能正确地对大学生施以道德教育，达到大学生道德教育的目的。

三、心理健康教育

心理健康教育是高校开展生命教育的一项基础工作。对于全体大学生而言，心理健康教育既非一门专业性或学术性课程，要把大学生引向心理学科学研究的殿堂，也不是一门纯知识性或应试性课程，要向大学生传授一般的心理健康常识，而是一门以塑造人的心灵为目的的课程。

生命教育与心理健康教育关系密切，但在教育内容上各有侧重，可以相互补充。生命教育侧重于思想层面，心理健康教育则侧重心理层面。伴随着国内改革开放的进一步深入，大学生在校学习期间已经面临着环境适应、学习适应、人际交往、性与爱、理想与现实、国内与国外、学习与生活、学习与就业、学校与社会等诸多方面的心理压力与冲突问题。这些问题如果处理不当，就会给大学生的心理健康带来不良影响，甚至导致心理障碍和心理疾病，轻则会影响大学生正常的学习与生活，重则会使大学生产生弃学、轻生、犯罪或自杀等严重问题。心理健康教育在其教育过程中获得的成果对于生命教育都具有参考价值。

四、教育学

教育学是研究教育现象、教育问题，揭示教育规律的科学。教育是广泛存在于人类生活中的社会现象，是有目的地培养社会人的活动。为了有效地进行教育活动，必须对德育、智育、体育、美育等进行研究。

教育学是整个教育科学体系中的基础学科，它所揭示的教育的一般规律以及教育的性质、目的、原则、方法等，对教育科学体系中的其他学科都有指导作用。大学生生命教育是社会和学校教育的一个组成部分，它当然也要遵循教育学所揭示的教育的基本原理和方法。

借助教育学原理和方法的目的在于研究大学生生命教育的规律。另外，对大学生生命教育的研究可以充实和丰富教育学的科学体系和内容。

五、政治学

政治学是研究政治关系及其发展规律的科学。大学生生命教育工作者虽然不专门研究政治思想、政治关系和政治生活准则产生和发展的规律，但需要懂得政治学的一般理论，需要研究大学生的政治修养、政治教育，研究怎样通过生命教育使大学生的行为符合我国政治思想的要求。

大学生生命教育的任务和内容要适合我国的政治思想、政治关系的需要。政治学是大学生生命教育确定教育任务和内容的重要依据。政治学研究的科学成果和结论，对于大学生生命教育工作者帮助大学生认识政治现象、掌握政治规律、树立坚定正确的政治方向，起着重要的指导作用。

六、社会学

社会学是从社会整体出发，通过社会关系和社会行为来研究社会的结构、功能、发生、发展规律的综合性学科。

社会学研究的领域相当广泛，涉及社会生活的方方面面。其中很多方面的研究成果，如人的社会化（包括人的政治社会化、道德社会化、法律社会化等）、人际交往和人际关系、正式群体和非正式群体、社区化、社会控制、人的现代化以及青少年问题、家庭问题、人口问题、就业问题、犯罪问题等方面的研究成果，都能为大学生生命教育者所借鉴和应用。大学生生命教育的许多内容，如对大学生的历史使命教育、人生理想教育、爱国主义教育、政治教育、道德教育、法纪教育、人生价值教育、人生和谐教育等，都可以借鉴和利用社会学的有关理论。此外，社会学研究的基本方法，如社会调查法，也对大学生生命教育工作者了解和研究大学生，指导大学生的社会实践活动有重要的价值。大学生生命教育工作者借助社会学的理论和方法，就能更好地分析大学生的思想现象，探索大学生生命教育的规律，以实现大学生生命教育的目的。

第四节　生命教育的缘起与传播

生命教育作为一种社会教育实践活动，可追溯到历史上的任何民族、国家，但是，现今流行于世界各地的具名"生命教育"的关于生命的教育活动，却是现代生活的产物，有着清晰的来龙去脉。

一、生命教育的兴起与传播

（一）生命教育产生的缘由

任何一种理论的提出、学科领域的产生均有其特定的历史条件。马克思和恩格斯曾指出："一切划时代的体系的真正的内容都是由于产生这些体系的那个时期的需要而形成起来的。所有这些体系都是以本国过去的整个发展为基础的，是以阶级关系的历史形式及其政治的、道德的、哲学的以及其他的后果为基础的。"[1]当今的生命教育便与第二次世界大战后的新技术革命以及由此产生的经济奇迹有直接关联。

第二次世界大战以后，一场以信息技术为主导的新技术革命在世界兴起，引起社会生产和生活的巨大变化。人类实现了一次又一次科技突破，创造了一个又一个经济奇迹，物质生活水平普遍提高。但是伴随这些积极成果的出现，在社会生活中也清楚显现出现代科技带来的消极影响：人与自然之间的平衡被打破，随之而来的是各种世界性社会危机。人们甚至怀疑，人类是否将被自己创造的高度文明毁灭。

人类群体之间的关系在恶化，人类个体之间的和谐关系也无法建立。从20世纪50年代中期开始，年轻一代产生反传统、反理性等情绪，信仰危机开始出现。在这样的精神生活背景下，以反文明为其主要标志的青年文化运动首先在英国爆发，青年人以新左派运动、摇滚乐、朋克（Punk）运动、嬉皮士运动和"垮掉的一代"等多种形式向社会现实、道德观念和文化传统发起挑战。这一运动很快传入欧美各国，在美国也形成了声势浩大的青年运动。

在20世纪60年代的美国，科技迅速进步，社会经济发展，物质生活改善，而社会意识领域却出现了道德信仰的真空。许多青年已经无须同父辈那样必须通过辛勤的劳动才能过上好日子，但是心灵的空虚和寂寞却无法排遣和消除。他们对社会现实的不满情绪不断高涨，美国精神信仰危机达到了空前激化的程度。信仰危机不仅动摇了美国人民传统的家庭观念，还滋生出各种腐化与堕落现象，特别是青少年的吸毒、纵欲、暴力犯罪等。这些现象严重威胁着美国社会的各个领域，特别是文化和教育领域的健康发展。

青少年的信仰危机和道德失范，引起了西方国家各界的不安，他们纷纷探寻救助之法。20世纪60年代末，由来自世界各地的科学家、教育家和经济学家组成的罗马俱乐部也着手探讨与解决青少年问题，甚至连美国的战略家布热津斯基、英国学

1　中共中央马克思恩格斯列宁斯大林著作编译局：《马克思恩格斯全集（第3卷）》，北京：人民出版社，2002：544。

者汤因比、日本学者池田大作等都在为这场反主流文化的灾难性乱象找寻救治之法。

在此情况下，中国台湾教育学学者邱天助指出，早在20世纪70年代，西方的经济学家、哲学家、社会学家就已经清醒意识到，除非彻底改变我们的生活秩序，否则终会走向经济的灾难；人类若要避免经济上和生态上的祸害，就必须从人内心最深处做改变，也就是从生命的教育着手做起。[1]

于是，英国教育家A. S. 尼尔于1921年创办了以学生的自由、快乐成长为目标的夏山学校。连哲学家艾瑞克·弗洛姆也高调推荐尼尔"没有恐惧"、"没有强迫"、能实现"教养方式的根本性变革"的办学原则。[2] 而在西方国家教育界为拯救青少年群体的信仰危机、道德失范而进行的教育救赎努力中，美国学者杰·唐纳·华特士在美国所进行的理论探索和实践尝试，则可视为今天生命教育的起点。

在20世纪20年代生命教育开展之前，在美国就已经有人开始推行死亡教育，因其能够促使对生命价值意义的思考而被教育界引入生命教育领域，从而实现了死、生教育的贯通与融合，生命教育因而在内容上也变得更加成熟完整。

（二）生命教育在美国的产生与早期发展

1. 华特士其人及阿兰达学校

为生命教育的理论和实践探索跨出第一步的是美国人杰·唐纳·华特士（James Donald Walters）。1926年5月19日华特士出生在罗马尼亚特里津的一个美国人家庭。1939年，第二次世界大战爆发，华特士一家返回美国。华特士在美国接受了高等教育（在布朗大学毕业前一学期离校）。50年代，华特士曾师从加利福尼亚印度著名瑜伽师尤嘉南达。1955年尤嘉南达逝世，华特士遵其"写作、编辑和演讲"的遗训，完成了其建立"世界兄弟情谊部落联盟"（World Brotherhood Colonies）的遗愿。面对美国青少年每况愈下的道德品格，华特士指出："现代的教育，多了物质、知识的追求，少了精神生活的建构。""多数成人依着传统的期待希望，训练孩子们出人头地、生活无忧，却很少教导他们成为成功的'人'。"

与40年前相比，当时学校面临的道德环境变得更加恶劣。在20世纪四五十年代，"学校行政人员面临的问题是不按秩序抢先讲话、嚼口香糖、制造噪音、在室内奔跑、不好好排队、服装不合规定以及乱丢纸屑等；到了20世纪90年代，学校的

---

1 杰·唐纳·华特士：《生命教育：与孩子一同迎向人生挑战》，成都：四川大学出版社，2006：4-5。
2 夏洛特·布勒：《人本主义心理学导论》，南京：华夏出版社，1990：98。

问题则包括滥用毒品、喝酒、怀孕、自杀、强奸、抢劫与人身伤害"[1]。华特士深感必须采用新的教育方式和原则，以促进人的"心灵成长"。

1968年，华特士为了实践其生命教育的理想，在美国加州北部内华达山脚下的丘陵地带建立了"阿南达村"（Ananda Village）。这是华特士建立的第一个"兄弟情谊部落"，占地33.4公顷，成员大约800名。在该社区里，生活就是一种学习，生命就是一种体验，每个成员都致力探索蕴涵在生命教育中的原则，并且遵循原则生活。

阿南达学校（Ananda School）是社区生活不可分割的一部分。参与的学生不仅有社区里的一百多名孩子，还有外面来的学生。在这里，孩子们所学习的是如何生活在这个世界上，而不只是如何找到一份工作、从事一种职业；他们必须懂得如何明智、快乐而且成功地生活，而不违背自己内在深层的需求；当然，更不会执着于金钱和权力。阿南达学校的老师并不执着于教育教条，只是想要找到最好的方式，让学校保持有机的发展。生活本身取代了书本成为真正的老师。学生们学习倾听自己、他人与大自然，学习如何认真思考，更重要的是学习谦卑，让身体、情感、意志力及智能得到全面发展，以面对复杂的人生。

华特士不仅是一个梦想家，也是一位实践家，他所有的思想和行动无不抓紧生命的议题。他强调克服外在的困难，首先必须面对自己内在的领域，唯有涤清自己的心灵，才能掌握未来的幸福。他在阿南达学校倡导和实践生命教育思想，并且出版了《生命教育》一书，提出教育必须关注人的生长发育与生命健康的教育真谛。此外，他的《生命教育》扩展了当前学校教育的定义，将教育转化成浑然一体的过程，完美地融合了书本的学习和人生的体验，为父母、教育者以及关心教育的人士提供了有效的技巧。这本书旨在推荐一套已被验证成功的教育系统。这套系统在传授"基本学科"时会强调其相关性，同时教会孩子生活的艺术。如同华特士所陈述的，这本书更进一步的目标是帮助人们"将一辈子的人生，而不仅是上学的岁月，视为教育"。因为这本书为那些认为教育的意义不该只是事实的获得、不该只是在知性上接触大量未经验证的概念、不该只是为了做好求职准备的人提供了一个崭新的方向。首先，华特士试图推荐一套教育系统方式，这套教育系统可以帮助孩子做好准备，迎接人生的挑战，而不只是训练他们求职或获取知识；除此之外，华特士的另一个目标是，帮助读者明了，不只是学生时代，人的一生都在受教育。

生命教育提出后，很快就风靡许多国家和地区，并逐步形成一种新的教育思

1　A. 威尔森著，湘学译：《美国道德教育危机的教训》，载《国外社会科学》，
　　2000（2）：51。

潮。英国、澳大利亚、法国、新西兰等国家都在不同的社会背景和社会现象下开展了生命教育工作。今天，在美国，阿南达社区是公认的最优秀的精神社区和"无毒品"社区。其他的阿南达社区分别建在阿西西（Assisi）、波特兰、俄勒冈、西雅图、华盛顿以及加利福尼亚州首府萨克拉门托和帕罗奥多（硅谷）等地。

1996年以来，华特士大部分时间在意大利的阿南达社区度过。2004年，他去了印度，在新德里建立了一个阿南达社区中心。2006年，因其对人类精神的杰出贡献，华特士被提名并获得布达佩斯俱乐部[1]的"荣誉成员"称号。

2. 美国生命教育的早期发展

在美国，华特士的生命教育顺应了时代的需要，因而具有强大的生命力。越来越多的家长选择了生命教育学校，越来越多的学校也开始采用华特士的生命教育体系，加入了生命教育的行列。到1976年，美国有1500所中小学开设了生命教育课程；20世纪90年代，美国中小学生命教育已基本普及；目前，美国已形成了一套科学的、完整的生命教育体系。同时，教育界还在开展幼儿园、小学、初中、高中、大学的生命教育，还进行生命教育教师职前专业师资培训和教师继续教育。

现代美国的生命教育大致分为品格教育、迎接生命挑战的教育、情绪教育三部分。20世纪80年代美国教育部门提出了"新品格教育"理念。"新品格教育"的提出是对当时青少年早孕、吸毒、自杀、暴力等现象的反思，目的是让学生树立正确的道德价值观，形成于人于己都有利的良好品格。道德教育试图通过灌输和强化传统文化中永恒的价值和精粹，从复归传统的核心价值观上制衡现代性中的激进，减少科学技术的极大膨胀所造成的危害。品格教育的核心观点即认为核心伦理价值是形成优良品德的基础；通过课程有计划、有目的地渗透核心价值观是品格教育的主要途径；其具体做法是重视人文学科的价值观教育，重视理工科的伦理道德教育，所有教师都承担起有意识培养学生品格的职责。迎接生命挑战的教育是生命教育的主体部分，一般通过课程、活动等形式实现。情绪教育则渗透在死亡教育等内容中，一般通过活动的形式来完成。美国学校还十分重视对学生特别是大学生的人文教育，包括语言、文学、历史、哲学、神学等，在人文教育中渗透大量生命教育的内容。目前美国的大学生生命教育主要包括道德教育、善待生命、婚姻与性健康、环保教育、热爱劳动、爱的教育、诚信教育、法制教育、职业与生存教育、家庭教

1　布达佩斯俱乐部（The Club of Budapest），前身为罗马俱乐部，是研究人类面临的重大问题的学术机构，由全球100位在各领域有影响的精英人物组成。该俱乐部首先提出全球问题研究，其发表的研究报告《增长的极限》，唤起世人开始关注和研究全球问题，影响极大。现在的环境保护、生态保护、绿色和平组织等都是在其启发下开展起来的。

育、死亡教育等方面。

美国高校通过多种途径开展生命教育。美国的生命教育与思想政治教育、心理健康教育紧密结合。美国大学生生命教育的内容并不以独立的课程形态出现，而是渗透在道德教育、职业与生存教育、死亡教育等专题教育、学科教学和课外活动之中。

（三）其他国家的生命教育活动

华特士所创生命教育迅速传向世界各国、各地区。在世界各地，受不同国家和地区传统文化、政治、经济条件等因素的影响，在适应其社会发展需要以及配合心理健康教育、价值观教育等专题教育的过程中，生命教育的初始形态和目标得到不断的调整，逐步成熟完善，进而形成了不同国家和地区各具特色的生命教育理念和实践运行模式。

1. 澳大利亚

澳大利亚的生命教育主要起源于反毒品。1974年，针对当时青少年吸毒并致死这一社会问题，特德·诺夫斯牧师正式提出"生命教育"的概念，并于1979年在悉尼成立了"生命教育中心"（Life Education Centre）的慈善性机构，以开展反吸毒的工作，协助学校进行反毒品教育。该中心后来发展成一个国际性机构，成为联合国的"非政府组织"中的一员。该中心面向青少年开展"生命教育"，培养他们积极、健康、向上的人生观，创设健康的生活环境，防患于未然。

在澳大利亚，对生命负责是公民的责任。一个人的生命不仅属于自己，也属于家庭，属于国家，如果不珍惜生命就是对家庭不负责任，对国家不负责任。

澳大利亚政府经常通过各种媒体告诫公民要教育孩子对生命负责。比如遇到任何意外情况时，首先要考虑的是保护自己的生命安全而不是其他；家长经常教给孩子各种保护自己的方法和安全注意事项，例如如何在灾难中逃生、如何逃离暴力等，还会带孩子去教堂，参观坟墓，模拟意外事件情景让孩子选择应对；学校鼓励学生一旦有任何情况，哪怕只是受一点轻伤，都要向学校报告；社会形成了将建设安全的社会环境作为每个人的责任和义务的良好氛围。澳大利亚大学生生命教育渗透在学生日常教育管理之中，通过心理健康咨询、危机事件处理、就业指导服务、校园文化活动和思想道德教育等实现生命教育的目标。同时，宗教影响、法制健全、诚信管理和官员示范等也是澳大利亚生命教育的途径。

澳大利亚人的自杀率在全世界很低，一方面原因是福利很好，另一方面则是公民受教育程度较高，特别是生命教育开展得很好。

2. 新西兰

新西兰的生命教育始于非政府组织开展的活动。1988年，新西兰成立非营利性机构生命教育基金会（Life Eduaction Trust），颁布了《生命教育（草案）》法案。该法案次年得到时任总理达维德·朗格的签署认可，并在全国范围内推广。受到整个澳洲生命教育哲学理念的影响，该组织致力"教会学生认识世界、自身与他人的特点，指导学生充分认识和发挥自己的潜能"，其目标是将生命教育的精神和理念传达到每一所小学和中间学校（intermdeiate school，介于初中和高中之间）。经过多年教育实践，该组织已经探索出一套较为成熟的课程模式，针对5至12岁的学生，其课程涵盖五个方面的内容：自尊、社会交往、人体构造、食物及其营养以及物质认识。其课程在学校课程架构范围内，联结学校教授的健康和体育课程，将课程资料发给学生和老师，还包含课后功课，以延续对人类身体的认识。其内容是介绍学生身体的奥妙，重点是"如何照顾身体"（caring for the body），例如保持干净，定时睡眠和吃早餐。课程取向积极，所坚持的原则是让学生学会自我尊重，也教导学生拒绝的技巧和认识健康生活的好处及结果。另外，课程的目的是让学生在就学阶段能够认识人类身体的功能及其被其他物质破坏后的失衡状态，证明身体滥用后生理、心理和情绪上的影响，发展学生在生活中拒绝朋友同学无理要求的技巧，以及建立学生对个人健康和日常生活冲击的正确理解。

3. 英国

在1986年威尔士王子访问澳洲之后，在英联邦14个国家都建立了与前述澳大利亚慈善机构相同的生命教育中心。从生命教育中心的计划报告及其使命定位可以看出，教育中心所开展的生命教育计划是对英国的个人社会健康和公民教育计划的支持性行动。生命教育同公民教育虽然名称有异，但在教育理念、内涵外延和追求的目标等许多方面一致，是围绕并伴随公民教育一起产生和发展起来的。英国的生命教育贴近生活，其教育主题和内容尽可能包含学生人生及生活的历程，着重探讨与贴近学生的真实生活，从知识、能力和理解三方面着手，使学生具备一位公民应有的知识，发展和提高探究问题的技能，发展参与解决问题的技能。生命教育课程包含失落体验和悲伤、为死所做的准备教育、健康教育等主题。

英国生命教育采取渗透型实施模式，在开设专门的公民教育、个人社会与健康教育课的基础上，还把对学生的生命教育融渗在各种相关的课程中，让学生多角度、多方面地提升对生命的认识，最常见的做法是将生命教育渗透在历史、地理、英语、艺术等与生命教育课程内容、背景、教学和学习方式相近的科目中，同时认为数学、物理、生物等学科也能对生命教育做出独特的贡献。比如在生物课程中，教师可以以生命为题，解释动植物的生长、发育、死亡和人类的生老病死的过程。英国生命教育作为跨领域课程被英国政府纳入国家和学校的正规教育课程，这项措施成为英国当前最重要的教育改革政策之一。为了配合生命教育的开展，英国政府加强了对教师的在职训练，促使教师在教育过程中焕发个性的光彩并展示出人格魅力。总的来看，英国的生命教育受德育式教育模式的影响，政府的干预力度很大，以课程为主。

1986年年初，英国第一个流动教室在多样化俱乐部的赞助下组建；1987年，慈善信托机构——生命教育中心英国基金会成立；1995年，又有二十多个流动教室出现于英格兰、威尔士和贝尔法斯特等地区。

在英国，生命教育被理解为全人教育，因此，英国的生命教育既包括促进个人的社会化发展，还包括实现个人的健康与幸福，强调学生需要了解自我，以正向的自尊心和自信心尽可能地维持自己与他人的安全，允许人与人之间的差异化发展，保持独立的精神和责任感，达到灵性、道德、社会及文化之发展的全人目标。

随着英国社会在死亡观念上的变化，巴斯大学死亡与社会研究中心和英国殡葬司仪协会达成价值15万英镑的协议，创立了公共基础专业课程，并于2006年秋季开始招收研究死亡与社会学的硕士研究生。巴斯大学表示，该专业最主要的不是教学生如何抬棺材或处理尸体，而是旨在让学生更多去了解如何面对失去亲人的伤痛，如何慰问人们的心灵，甚至如何处理大规模死亡的情况。[1]

此外，英国宗教组织及其机构也有开展生命教育，侧重于精神生命的神性感化。这本身也是西方精神生活的重要方面。

4. 德国

德国生命教育的目标在教育政策中得到了体现。德国注重培养学生面向世界开放的人格。高校以现实为起点，解决学生现在和将来在生活道路上会碰到的一系列问题。

德国的高校并不简单地停留于理论宣传，而是首先让学生理解社会、现实、自己、他人，以便从现实出发，培养良好的人格和行为习惯，使学生具有诸如诚实、自尊、慈爱、克己、互助、责任感、相互谅解、协作精神、群体观念、健全人格等品质，培养学生对真、善、美的感受性，培养敬神和宗教信念。

目前德国大学生思想教育的侧重点已由前些年追求个性自由转向追求民族意识、吃苦耐劳、遵守纪律和团结协作精神，从"以个人为本"转向"以社会为本"，着重培养以爱国主义为核心的民族精神。

德国的生命教育有"死亡教育"和"善良教育"两个重点。死亡教育，又称"死亡的准备教育"。德国教育部门特意出版了《死亡准备读本》，并组织学生参

1　巴斯大学：《英国留学　巴斯大学死亡学与殡仪专业介绍》，http://www.liuxue86.com/a/2175643.html，2014-05-04。

观殡仪馆，让青年人直面人生的终点，引导他们以坦然、明智的态度面对死神的来临。善良教育重视对学生善良品质的培养，主要内容有爱护动物、同情弱者、宽容待人和唾弃暴力。德国高校大学生生命教育以课堂教学为主，同时也采取知识渗透方式，将生命教育的内容渗透到思想道德教育、伦理学、教育学、神学等课程中，也利用大众传媒包括网络等多渠道地介绍生命教育的内容。德国通过社会团体、公共机构的引导，采用心理咨询的方式来辅助学校的生命教育。

此外，德国重视高校德育师资队伍的建设，重视从事生命教育教学教师知识结构的合理构成，同时多选用兼职、服务性的德育教师。

5. 日本

鉴于唯物主义盛行，导致亲子与师生关系的决裂，1964年日本学者谷口雅春出版了《生命的实相》一书，率先呼吁开展生命教育。有学者认为这是日本生命教育的起点。

日本于1989年修改的新《教学大纲》中针对青少年自杀、杀人、环境破坏、铺张浪费等日益严重的情况，也明确提出了以尊重人和敬畏生命作为道德教育的目标。

目前，日本的教育体系将生命教育作为道德教育的目标和内容，在道德教育中体现生命教育的内涵。1990年，日本将德育目标表述为"将尊重人的精神和对生命的敬畏观念贯彻于家庭、学校及社会的具体生活中，为创造有个性的文化及发展民主社会及国家而努力，进而培养对和平国际社会做出贡献的具有自主性的日本人，以培养作为基石的道德情操为目的"。日本政府还根据青少年身心发展的规律将德育目标具体地分解到小学、中学和大学各个阶段。其中高中和大学的任务是培养具有主体性精神的日本人。[1] 日本现行之生命教育与道德教育目标充分体现了日本教育独特的思想文化渊源和紧迫的现实需求。

由于学生的道德水平下降与能力主义教育政策、考试竞争过热紧密相关，因此日本政府制定了以培养生存能力和丰富人性为中心的道德教育内容，并将道德教育作为教育的首要任务。日本大学生道德教育和生命教育的主要内容包括大自然教育、人格与个性教育、纪律教育、劳动与职业道德教育、爱国主义与民族精神教育、世界观和人生观教育、伦理道德教育、政治教育、国际化教育、生活教育、健康教育等方面。其中，日本大学生生命教育的重要内容是人生观教育，内容有三：珍惜生命，尊重人性；追求生命的价值，展示生命的意义；正确处理自己同他人、

1　廖桂芳：《生命与使命——大学生生命教育创新模式构建》，成都：电子科技大学出版社，2012：65。

同自然及社会的关系。

为实现生命教育、道德教育策略，日本编制并分发《心灵笔记》教材；聘请社区人才及各种专门领域杰出的社会人士为各校的"心灵导师"；为充实道德教育，与师资培训机构合作研究开发教材教法；为提升教师指导能力，开办教师在职研修活动。文部省自2003年起实施"丰富的体验活动"促进计划，推行体验活动；支持家庭教育，建立社会支持系统；集合全社会的力量，加强自然环境、人文环境和设施的营造。日本在"特设道德时间"的基础上，提出了通过"综合学习时间"来培养"丰富的人性"和"生存能力"的新的道德教育政策，完成了大学生道德教育向混合德育模式的转变，等等。[1]近年来，日本还特别注重发挥诸如电视台、大公司等社会机构的力量，拓宽德育和生命教育渠道。

日本于20世纪70年代开始关注死亡教育的研究和教学。1982年以来，上智大学一直坚持举办死亡教育讲座，并成立了"生死问题研究会"，每年定期召开学术研讨会，人们在互动中领略生命与死亡的意义。自1973年开始，教会医院开始对临终病人及其家属进行关怀照护。1975年以后，有关死亡主题的出版物迅速增加。

日本还通过各种主题活动来拓宽和深化大学生生命教育内容。近年来日本流行"余裕教育"，其口号"热爱生命，选择坚强"是针对现在日本青少年的脆弱心理和青少年自杀事件而提出的，用寓教于乐的方式让青少年认识到生命的美好和重要。该活动也要求人与自然和谐相处，并热爱其他生命。为此，他们鼓励学生经常到牧场体验生活，甚至建议把中小学体验农村生活变为"必修课"。

与学校生命教育活动相配合，一些民间机构组织了"心的关怀""笑的运动"等主题活动；日本非常重视培养学生的生存意识和生存本领，生命安全教育的内容丰富而实用，有关防震抗灾等方面的意识和知识教育普及程度相当高。在日本有一项名为"人工心肺复苏"的训练，要求所有的中小学生都必须过关；其自杀干预计划非常细致，具有很强的技术性和可操作性。

6. 俄罗斯

早在20世纪七八十年代，西方文化就已经渗透进了意识形态管理甚严的苏联，并得到广泛传播。从70年代开始，西方反主流文化的嬉皮士运动已传入苏联，在莫斯科、彼得格勒等大城市出现了一批仿效西方嬉皮士的年轻人，他们身着奇装异服，酗酒吸毒，招摇过市，弹唱流行音乐，成为当时民众眼里的异类。

苏联解体之后，"曾经的突发性改革，以及同时涌入的新思想、新观念，颠覆

---

1 廖桂芳：《生命与使命——大学生生命教育创新模式构建》，成都：电子科技大学出版社，2012：67。

了苏联时代形成的道德和审美价值。这对于整个青年一代的社会认知和道德观念产生了极大的负面影响，青少年因而萎靡不振，消沉绝望，越来越将吸食麻醉品当作消遣、减压的手段。这令人触目惊心的现象正不断蔓延，对国家的未来将产生灾难性的影响"[1]。令人尤其震惊的是，青少年自杀事件频频发生（随着经济和社会形势的日趋稳定，自2001年起，俄罗斯的自杀率稳步下降，但青少年的自杀现象却维持高发态势），在每年死于酒精中毒的人中，青少年人数也一直居高不下。因此，"对于正在成长的一代人，国家和社会应当关注其精神价值、道德品质、审美思想、生活方式等"[2]各方面问题，应当竭尽全力教育好这些青少年，把他们从堕落的深渊中挽救回来。

俄罗斯于20世纪90年代中期起开始推行的"健康生活方式"运动便是对青少年实施教育的一个有效途径。"健康生活方式"运动，在俄罗斯也称"民族健康"运动，是一个维护身体健康的跨地区性质的社会运动。第一，吸引青少年参加该运动，不仅在于使之远离具有不良行为的群体，而且在其享受体育快乐的过程中同时向其传授时代所需的道德品质和实用知识。第二，在实施体育运动过程中，强调让青少年通过诸如克服困难、战胜自我等训练过程，以形成其未来生活中必备的自制、自控、自律等能力。第三，在青少年中开展奥林匹克思想和原则的教育，使之成为他们思考和行动的参照标准。第四，建议在中学生中进行有关吸毒、吸烟、酗酒危害性的宣传，在大学开设关于吸毒、酗酒成瘾行为的成因和预防方法的选修课，作为体育课的补充教学内容。

俄罗斯的生命教育是与安全教育紧密联系在一起的，其特点主要体现在政府重视、法律保障、目标明确、内容丰富、形式多样、理论联系实际、各方有效合作等方面。1991年俄罗斯联邦教育部规定自1991年9月1日起普通学校、中等专科学校、职业技术学校废止"青年应征训练"课程，代之以"生命安全基础"课程，在普通教育机构的二、三、六、七、十和十一年级开设生命安全基础知识课程；1994年俄罗斯教育部建议在普通教育机构一至十一年级全部开设生命安全基础知识课程；2003年，新修订的《俄罗斯普通教育国家标准》把生命安全基础知识课程作为必修课程。

1　П.И.Витальевна: Образовательная модель профилактики наркомании подростков и молодежи средствами физической культуры и спорта, http://www.referun.com/n/obrazovatelnaya-model-profilaktiki-narkomanii-podrostkov-i-molodezhi-sredstvami-fizicheskoy-kultury-i-sporta, 2016-7-8.

2　В.П. Моченов: Физическая культура и спорт в профилактике наркомании и преступности, Теор. и практ. физ. культ, 2001(1): 60-62.

（四）生命教育形式和主题的拓展

随着生命教育活动在全世界的传播和发展，一些国家也纷纷开始尝试推行不同形式和主题的生命教育活动，如日本的寒冷教育、北欧国家的孤独教育等。这类具有地域和时代特点的尝试，现在已经成为世界性的新潮，对于包括中国在内的其他国家推行因地制宜的生命教育活动，都十分具有启发性。

经过几十年的发展，在全球范围内，生命教育呈现多渠道发展的态势。首先是通过正规学校教育开展的生命教育，比如在中国台湾地区和香港特别行政区中小学开展的纳入正规课程计划的生命教育。其次是通过各类生命教育计划开展的生命教育。为了青少年的健康成长，欧美国家提出了名目繁多的生命教育计划，如"全美遏制青少年早孕计划"（National Campaign to Prevent Teen Pregnancy）、北欧的孤独教育计划等。第三，通过各种教育团体开展的生命教育，如美国"死亡教育和咨询委员会"（Association for Death Education and Counseling）开展的死亡教育和丧亲抚慰，澳大利亚、新西兰的"哈罗德生命教育中心"开展的帮助孩子们远离毒品与罪恶、学习健康生活的教育等。最后，通过网络互动开展的生命教育。如在主题网站"英雄"上，来自世界各地的人们将自己身边的英雄人物和事迹用英语制作成网页上传到网上与大家分享，通过这种有益的网络互动实现群体生命的成长。[1]

二、中国的生命教育

（一）港澳台地区

1. 台湾的生命教育

台湾民间团体早在1976年就已经从日本引进生命教育，直到1996年前后，台湾地区校园一再发生暴力与自戕案件，引起台湾地区相关教育部门的高度重视，开始在学校开设生命教育课程。1997年，台湾地区相关教育部门制订"生命教育实施计划"，并成立"生命教育推广中心"。为了推动生命教育的深入实施，台湾教育主管部门委托台中市晓明女中设计生命教育课程，并负责举办研习班、培训师资，该校已实施伦理教育多年并积累了丰富的经验。直到1998年，台湾教育行政机构才开始在伦理教育的基础上推行生命教育，开展生命教育理论与实践的研究。台湾的生命教育目前发展势头良好：生命教育指导纲领已经制定出来，并在中等学校得到普遍实施；2000年，台湾地区相关教育部门成立"推动生命教育委员会"，并决定将2001年定为台湾地区的"生命教育年"。

1　刘雨生：《詹姆斯·华特士生命教育理论研究》，开封：河南大学博士论文，2007：25。

台湾生命教育主要实施的措施如下：

第一，注重实践在生命教育中的作用。台湾的生命教育非常强调和重视实践的作用，特别强调通过课外活动进行生命教育。如小学"生命的旋律"教学，主要是在参观台大医院的活动中进行的，让学生参观产房、婴儿室、手术室等，使学生了解生命的起源，体验生命诞生的喜悦，理解生命的尊严。

第二，重视和加强中小学生命教育师资的培训。台湾的生命教育在重视教材编写的同时，也十分重视师资的培育。他们认为，生命教育在教育领域是一个新生的事物，要提高教育效果就必须把加强师资培育放在首位。台湾教育主管部门的做法是，把中小学中教授生命教育有关科目，如生物、道德与健康、生活伦理等科目的教师及对生命教育有兴趣的教师集中起来，进行生命教育培训，为此，还制定了生命教育教师手册。可以说，重视和加强生命教育师资的培训，是台湾中小学生命教育成功的重要保证。

第三，积极开展中小学生命教育研究。台湾前述"推动生命教育委员会"负责研究如何推动生命教育在各级各类学校的实施。同时，各中小学成立相应的"生命教育中心"，负责研究生命教育的内容、途径与方法，研制生命教育教材。生命教育实施后，许多学者致力生命教育的调查和研究，写出了许多颇有价值的调查报告和研究论述。这些研究有力地推动了台湾中小学生命教育的发展。

第四，开设生命教育课。开设的生命教育课程有显性课程，同时也有隐性的渗透课程。一方面，开设独立的生命教育课是台湾各级中学进行生命教育的最主要途径，并规定了课时，设置了专门的教师。在台湾，生命教育的"领军"学校是台中市晓明女中。这所女中在开展伦理教育方面颇有经验。该校从1998年起，把原来的"伦理教育课"改为"生命教育课"，每周两节，并有专门的生命教育教材及生命教育手册。为开设生命教育课，晓明女中专门培训了一批从事生命教育课的教师。这样，设置专门的科目和课时，可以使教育内容更加系统和集中，使生命教育目标的落实有了切实的保证。在台湾，大多数小学还未开设独立的"生命教育课"，基本上采取综合课的方式实施生命教育，也有的学校在"道德与健康"课中讲授生命问题。这是因为许多台湾学者认为，生命教育与道德教育、人生观教育、环境教育、美育等存在交叉关系，在内容上容易出现与其他学科课程的重叠。综合课正好有效整合和充分发挥学校生命教育资源的合力，教育效果也不错。所谓综合课，就是将生命教育作为综合课程里的一个单元讲授，如"生存教育""生命美育"等。这样，一方面可以使学生获得系统的生命教育知识，另一方面又能与其他跨学科课题，如品德教育、环境教育等有机联系起来。小学生命教育的内容主要包括两个方面：一是生命的旋律，二是温馨你我他。在"生命的旋律"的教学中，教师首先讲解生命起源的问题，让学生了解迎接新生命的喜悦以及成长、生病、衰老、死亡等现象，具体包括"生命的跃动""生命的喜悦""生命的挑战""科技与生命""生命的尊严"等内容，主要通过教师的讲授及各种课外活动来完成。"温馨你我他"的教学主要是通过课外拓展来完成。学校组织学生到养老院、孤儿院等机构参观、访问，通过这些活动，培养学生对社会及他人尤其是残疾人的关心，使他们在人格上获得全面发展。另外一方面，渗透式课程也是台湾实施生命教育的一条重要途径。所谓渗透式，就是指将生命教育渗透到各科教学和学校的其他活动中实施，主要通过课堂教学和课外活动来完成。在课堂教学中，与生命教育有关的各科目教师有机地渗透生命教育，可以调动更多的教师参与和关注生命教育，充分挖掘和利用一切生命教育资源，增强教育效果。针对生命教育实践性很强的特点，可以通过形式多样的课外活动，让学生在活动中了解和掌握生命知识，从而形成正确的生命态度，增强生命意识。

2. 香港的生命教育

1994年香港成立了"生活教育活动计划"慈善组织，组织的目的是为学生提供正面的、有系统的药物教育课程，协助预防药物滥用。这是香港生命教育的萌芽。

1995年，香港的生命教育正式起步，其标志性事件是由民间教育团体与社会福利组织发起的生命教育活动计划，得到了香港特别行政区政府和各种社区机构的大力支持和赞助。

从教育系统的实践来看，1996年天水围十八乡乡事委员会公益社中学开设"生命教育"课程，则表明生命教育已正式进入学校。

1999年，香港宗教界也参与到生命教育活动中。香港"天主教教育委员会"推出"爱与生命教育系列"，除了为家庭生活教育提供素材与方法，也鼓励教师将这些内容融入相关科目的教学。

进入21世纪后，生命教育组织和机构相继成立。2001年，香港特别行政区设立生命教育委员会。该组织与训辅委员会、联课活动委员会、家校合作委员会以及校外团体共同协作，推动生命教育的发展。2002年12月，香港成立了生命教育中心，以社区和中小学为阵地开展生命教育，学校、传媒和非政府机构成为生命教育的主要力量。经过多年的生命教育实践，取得了较好的成果，并得到推广实施。

由于生命教育内容的涵盖面广，且与公民教育和价值教育内容多有搭界，因而2002年，香港教育学院公民教育中心明确提出以生命教育整合公民教育及价值教育，并在多所学校推广生命教育课程。

3. 澳门的生命教育

澳门特别行政区的生命教育多受香港和台湾的影响，早期的生命教育是由台湾生命教育导师主导。从2000年起，生命教育的实践活动逐渐增多。2002年，澳门政府组织开展的"全人培训计划"，以学校辅导员为主力，针对中小学、高级中学学生开展非正规的生命教育，主要包含少年心理、生理成长、少年人际关系、社会角色等内容。2005年澳门政府成立了德育中心，倡导预防重于治疗的原则，为辅导员、教师、家长和相关人士提供培训和支援。

2008年汶川大地震后，生命教育在澳门得到进一步推广。学界认识到，对学生开展生命教育，远非一堂课就足够，生命教育应包含在整个教育过程之中。

（二）中国内地

生命教育从20世纪90年代开始，大致经历了三个阶段，逐渐成为中国内地教育界、哲学界和社会学界共同关注的热点议题，站稳了脚跟。

1. 历程

（1）"生命"研究与"教育"搭界。

20世纪90年代，西方生命教育观念传入中国，教育同生命的关系引起学界的注意。1993年，受《教育评论》委托，张文质先生就生命与教育问题采访了著名哲学家黄克剑先生。黄克剑先生在对话中阐述了自己的看法："教育所要做的事可以放在三个相贯通的层次去理解，即授受知识，开启智慧，点化或润泽生命。这后一方面也可以理解为确立人的生命的价值向度，陶冶人的虚灵的精神境界。"[1]这一看法后来被浓缩为"以生命治学，为生命立教"的经典表述，并形成一项命名为"生命化教育"的课题实验，正式在福建省城乡学校以及全国各地的学校逐次开展。后来张文质说："'生命化'按照黄克剑先生的表述就是'生命的战场'，即教育者和被教育者都作为一个个具体的、无法被任何一个人所代替的人而存在，教育始终不能遗忘和忽略人生命的存在，也因为人生命的独特、丰富、多样，使教育变得富有魅力、费心和困难，任何教育的探索都永无止境。"[2]

1997年，继黄克剑、张文质对话之后，叶澜教授也注意到生命与教育的关系问题，在《教育研究》杂志上发表《让课堂焕发出生命活力——论中小学教学改革的深化》一文，主张"从更高的层次——生命的层次，用动态生成的观念，重新全面地认识课堂教学，构建新的课堂教学观"，并呼吁"让课堂焕发出生命的

1　张文质：《教育的价值向度与终极使命——访黄克剑先生》，载《教育评论》，1993（4）：3-7。
2　张文质：《跨越边界——生命化教育的一些关键词》，载《中国校外教育》，2007（1）：27。

活力"[1]。

与此同时，部分高校学者开始关注国外流行的死亡哲学研究，并陆续开设相关课程。如段德智1989年在武汉大学开设"死亡哲学"课，探讨死亡的哲学内涵；郑晓江1994年起在南昌大学开设"中国死亡智慧"课（1997年调整为"生死哲学"课）；2006年起，郑晓江与人合作，在江西师范大学开设全校公选课"生死哲学与生命教育"。如果说段德智的"死亡哲学"课还仅限于哲学领域，同生命教育还只存在间接的联系，而郑晓江以及他与人合作开设的课，因把死亡作为生命过程的一个环节看待已经是生命教育的有机组成部分了。郑晓江于2000年就死亡问题在《国外死亡教育简介》和《台湾中小学的生命教育课》两篇文章中，介绍了国外死亡学研究和死亡教育实践，进一步扩大了死亡教育在内地的影响。

总之，这一时期在生命与教育关系上的正确定位，以及高校教师将死亡教育纳入生命教育研究，从而使得生命教育的内容得以完善，表明中国内地生命教育的推行起点是很高的。

（2）"生命教育"的出现。

继生命与教育的关系探索之后，我们从学术成果出现的时间可以判断作为一个教育门类或一个教育领域的生命教育出现的时间。

1996年，在张志刚、叶斌合写的《大学生自杀原因浅析及对策》一文中，已经出现"生命教育"的概念；在1997年，范春梅《世界环境教育的发展与特点》的二级标题中，也出现了"生命教育"一词。

在硕、博士学位论文中，生命教育出现稍晚，程红艳《生命与教育——呼唤教育的生命意识》的硕士学位论文的关键词中出现了"生命教育"，此文于2001年通过答辩。"生命教育"正式出现在标题中见于1999年易健《现代美育是一种感性的情感的生命教育》。

（3）"大学生生命教育"的出现。

尤其重要的是，也正是在这一阶段，当跨入新世纪以后，"大学生生命教育"或"高校生命教育"的研究选题也出现了。高锦泉《大学生生命教育初探》（2003）是较早面世的论文之一。赖雪芬《大学生生命教育探析》（2004）、任丽平《论大学生生命教育》（2004）、张忆琳《当代大学生生命教育透视》（2004）、陈晶《关于大学生生命教育的意义、内容和方法的新探究》（2004）、赵立军《高校生命教育刍议》（2005）便是这样的论文，它们的出现标志着大学生

1　叶澜：《让课堂焕发出生命活力——论中小学教学改革的深化》，载《教育研究》，1997（9）：5。

或高校的生命教育已经在生命教育领域具有相对的独立性。

而且，大学生或高校的生命教育也同样成为硕、博士生的论文选题。王晓虹《大学生生命教育研究》（2005）、江晓萍《大学生生命教育研究》（2005）、戴曦《高校生命教育实证研究》（2005）、尹伶俐《大学生生命观研究》（2005）等学位论文都是在这一阶段出现的。

随着内地学者研究的逐步深入，生命教育的专著和教材也开始出版。冯建军《生命与教育》（2004）、刘济良等《生命的沉思　生命教育理念解读》（2004）、刘志军等《生命的律动　生命教育实践探索》（2004）、刘济良《生命教育论》（2004）、吴文菊《生命教育　初中》（2005）、刘海虎《阳光下盛开的玫瑰　生命教育人文读本》（2005），是生命教育领域较早的著作。

（4）生命教育上升为国家教育发展战略。

2010年7月29日，国务院颁布了《国家中长期教育改革和发展规划纲要（2010—2020年）》（以下简称《纲要》）。《纲要》第一部分"总体战略"的第二章"战略目标和战略主题"明确指出，要"重视安全教育、生命教育、国防教育、可持续发展教育"。生命教育学界深受《纲要》的鼓舞，因为这标志着生命教育正式上升为国家教育发展战略。值得一提的是，《纲要》把"生命教育"与"安全教育"并列在一起，说明生命教育并非包含在安全教育之内，可纠正一些人（主要存在于中小学）把生命教育等同于安全教育的认识。四年来，内地生命教育理论研究不断拓展和深入，实践探索亦遍地开花，逐渐呈现蓬勃发展的态势。

2. 早期学术成果

任何一个地区或国家，要引进某一思想都首先要引进相关资料做参考。由于中国的生命教育初起步，急需引进相关资料做参考才可能顺利完成该领域的建设，因此从20、21世纪之交开始，我国教育学界在这方面做了大量工作。

代表性作品有：林素英《古代生命礼仪中的生死观　以〈礼记〉为主的现代诠释》（1997）、丽塔·克雷默（Rita Kramer）《玛丽亚·蒙特梭利：第2部　儿童之家》（1998）、李远哲等《游丕若摄影·享受生命　生命的教育》（1999）、李锡津《小故事大哲理》（1999）、吴庶深等《生命教育概论：实用的教学方案》（2001）、三浦真津美《小学六年决定一生　孩子进小学时必须要读的一本书》（2002）、海涛法师《云子绘图·佛经寓言故事选辑》（2005）、林恩·德斯佩尔德和艾伯特·斯特里克兰（Lynne Ann Deapelder & Albert Lee Strickland）《生命教育　生死学取向》（2006）。2002年，《上海教育科研》转载了郑崇珍、张振成两位学者的文章，分别介绍台湾生命教育的目标与策略、本质与实施，进一步推介台湾生命教育的成功经验。这些早期关于生命教育的成果，对介绍、普及该领域的知识起了很大作用。

直到2006年，生命教育研究领域中的重要著作美国学者杰·唐纳·华特士《生命教育：与孩子一同迎向人生挑战》才终于经林莺翻译，由四川大学出版社出版，与读者见面（该书在台湾已于1999年出版）。

我国学者撰写了一些论文，介绍国外和我国港澳台地区生命教育的研究和开展情况。如刘济良、李晗《论香港的生命教育》（2000）、王学风《台湾中小学生命教育的内容及实施途径》（2001）、徐秉国《英国的生命教育及启示》（2006）、南志涛《香港地区与发达国家生命教育比较》（2008）等，都是早期国内作者撰写的对生命教育的介绍性文章。南京师范大学道德教育研究所的冯建军教授在生命教育、生命化教育领域的研究成果甚丰。

一方面大量学术文章、著作和教学教材竞相发表和出版，各类年会、论坛相继举行，争芳斗艳；另一方面实践推广和课程开发也如火如荼地进行。

3. 机构组织及学术交流

各类生命教育研究机构和实践基地相继成立。如：

2006年8月5日，在天津召开的大陆与台湾殡葬文化与生命教育研讨会上，"天津永安生命教育与殡葬文化研究所"成立。据介绍，这是国内第一个此类性质的研究机构。

"天津永安生命教育与殡葬文化研究所"所长郑晓江教授介绍，该研究所在理论探讨方面有三大重点：生死问题、生命教育、殡葬文化。研究所将与中国殡葬协会、宋庆龄基金会以及全国这方面的研究专家密切合作。他们今后将召开有关生死问题、殡葬文化、生命教育等国际与全国性论坛及学术会议，大力推进生死问题的研究。

浙江传媒学院"生命学与生命教育研究所"和"大学生心理健康与生命教育中心"（2008）、北京师范大学"生命教育研究中心"（2010）、河南大学教育科学学院河南大学生命教育研究中心（2013）、我国首家全国性的生命教育学术专业机构——"中国陶行知研究会生命教育专业委员会"（2013）等组织机构，前面已经述及，这里不再重复。

第二章　大学生生命教育的哲学思想

一门学科或一个领域的核心，总是体现在它的哲学思想上：哲学思想对其起着基础性作用，为其提供具有指导意义的、根本性的方法论原则，因而是建立学科或支撑学术领域理论体系的前提和基础，关系着整个学科理论体系的科学性。大学生生命教育也不例外。

　　在当下通行的关于生命教育的著作中，多半有关于哲学思想的章节，它们一般包括现代西方哲学、中国传统生命观和马克思主义生命价值观三个方面的内容。三方面内容已经成为一个哲学的统一体，发挥着理论基础的作用，因此这三方面内容在这里一并讨论。

　　另外必须说明，"现代西方哲学"是一个有着多种含义的概念。广义上来说，它所涉及的内容理应包括产生于西方并流传于世界各地的马克思主义哲学，但马克思主义哲学在我国哲学教学的课程体系中一直作为主导课程单独开设，不再包含在"现代西方哲学"课程中，故而本书"现代西方哲学"部分也不把马克思主义包括在内，而将其独立成篇介绍。

第一节　中国传统哲学思想

　　我国是一个历史悠久、幅员辽阔的多民族统一的国家。在五千多年漫长而曲折的历史过程中，我们民族创造了独具风格、丰富多彩的文化。从根源上讲，它不是一源分流，是在各种文化的相互影响和渗透中形成的具有无限生命活力的多元统一性文化。

　　在中国传统哲学中，儒、道、释三家对中国人的心理结构、思维方式、行为准则、价值观念等影响最为深远，但三家在历史上既冲突对立，又渗透融合，形成了以儒为核心而又包容各家思想的中国文化的主流。

一、中国古代哲学的特质

　　所谓"特质"，指事物特有的性质，是一种结构化的特征。中国传统哲学作为一种"事物"，自然也有其不同于其他哲学的特点或特殊性。

（一）经世致用

西方哲学纯知性的活动成分很高，讲求理论的分析与系统化。恩格斯说："全部哲学，尤其是近代以来的哲学基本问题是思维与存在的关系问题。"[1] 这句话道出了西方哲学的特质。全部西方哲学一直都在努力探讨思维与存在的同一性问题：思维如何可以达于存在，思维如何可以言说存在的本然状态。其最高的价值在于探究的过程，而不在其所得的成果。

中国古代哲学则不同，哲学家之立学旨趣非纯智问题的探究，而是以用世、人伦日用和现实功效为目的。孔子说："道不远人。人之为道而远人，不可以为道。"（《中庸》第十三章）这说明儒家哲学与人伦日用是合二为一的。老子说："故有之以为利，无之以为用。"（《老子道德经》第十一章）这表明老子哲学也离不开日用价值。《易》追求开物成务、盛德大业："夫易，圣人所以崇德而广业也。"（《易传·系辞上》）这更是把建功立业和实践价值当作最终目的。因此，就中国哲学家而言，其主要的任务，并不是建立一个哲学系统且以学问传世，支持其生活的一个最强烈的因素，不是对思想本身的探索，而是历史文化的使命和社会教化的责任，如能得君行道，那才是儒者最高愿望的实现，著书立说只不过是人生余事。与中国传统哲学关注生命相一致，支持他们生活最强大的动力是用世，是直接参与政治并影响社会，他们对政治社会有强烈的责任感、使命感，能遇明主采纳他们的意见实现他们的抱负，才是人生最大的愿望。

在西方哲学家眼里，现实的社会政治、实践和实用不过是次要的问题，可是在中国，却正是哲学问题的重心所在。韦政通教授说得好："认清这一点，在处理中国哲学时，如仅以西方的形而上学和知识论为准，或仅抽象地讨论一些零星的概念，都可能只搜罗了中国哲学的糟粕，不足以显出它的精彩。"[2]

（二）以群为重

与西方哲学个体至上的价值观不同，中国哲学强调以群为重，这个特点是由社会生产力水平低下决定的。荀子曾说："人，力不若牛，走不若马，而牛马为用，何也？曰：人能群，彼不能群也。人何以能群？曰：分。分何以能行？曰：义。故义以分则和，和则一，一则多力，多力则强，强则胜物……故人生不能无群，群而无分则争，争则乱，乱则离，离则弱，弱则不能胜物。"[3] 这里强调的是社会性的

1 中共中央马克思恩格斯列宁斯大林著作编译局：《马克思恩格斯选集（第4卷）》，北京：人民出版社，1995：223。

2 韦政通：《中国思想史（上）》，长春：吉林出版集团有限责任公司，2009：14。

3 荀况：《荀子》，上海：上海古籍出版社，1989：44-52。

结合，只有结合起来，人才能战胜自然；削弱了这种结合，则会被自然降服。而且人的结合是要按"义"的要求来实现的。这是一种非常有意义的人生价值观。因为这种思想一方面看到了个人对群体的依赖，另一方面也看到了社会要发展、要战胜自然，同样也离不开个人的组合；同时还看到了"义"的作用，看到了社会分工的作用，如果人人都尽力于自己的社会职责，那么社会就会强盛起来。实际上这种思想已经为人们提供了一种价值选择，那就是个体利益应该从属于群体利益。

这种以群为重思想的延伸，便是视国为家。关于这点，宋代张载的《西铭》中"民胞物与"说较有代表性："乾称父，坤称母；予兹藐焉，乃混然中处。故天地之塞，吾其体；天地之帅，吾其性。民，吾同胞，物，吾与也。"[1]张载的理论把社会关系家庭化了，而且在《西铭》中他还进一步写道："大君者，吾父母宗子；其大臣，宗子之家相也。尊高年，所以长其长；慈孤弱，所以幼其幼；圣，其合德；贤，其秀也。凡天下疲癃、残疾、茕独、鳏寡，皆吾兄弟之颠连而无告者也。"这一思想体现了中国古代社会的一种人道精神，虽然带有阶级调和论的色彩，并且是建立在封建等级制度的基础上的，但对于稳定社会、安定人民生活是有着积极的意义的。

（三）道德为上

在西方文化中，幸福是人生最高价值，凡有助于实现这一价值的思想和行为才是道德的，而幸福的主要途径是通过人们对物质欲求的满足来达到的，加上西方思想传统中的利己主义，往往使人们自取其利、自爱自保，实现个人幸福具有天然合理性。同时，针对人与人之间相互敌视、个人私欲膨胀，甚至严重侵害他人利益的社会危机，西方的宗教传统又主张禁欲主义，把人生的肉体幸福和精神幸福截然分开，竭力排斥肉体幸福，以求达到精神幸福。在道德观上宗教传统倡导利他主义，甚至把幸福观建立在对个人私利的绝对排斥的基础上。而中国传统人生价值观则主要是从道德的角度去考虑人的幸福，孔子认为君子追求的是一种道德上的快乐，所谓"仁者不忧""饭疏食饮水，曲肱而枕之，乐亦在其中矣"[2]。这种内心道德的内容是"内省"的快乐，是"仰不愧于人，俯不怍于人"的快乐，是"父母俱在，兄弟无故"的快乐，是"得天下英才而教育之"的快乐，是"仁者爱人"的快乐，是"闻道"的快乐，等等。可以看出这些都是道德感得以满足的幸福，儒家思想中对道德幸福的推崇影响了中国古代许多思想流派的人生幸福观，成为中国人评价人生意义的重要标准。

---

1 张载：《张载集》，北京：中华书局，1978：62。
2 孔子：《论语》，长沙：岳麓书社，2000：62。

中国人追求的幸福是一种完满，既排斥享乐主义，又排斥禁欲主义，人们的道德感也是建立在一种对天地人生和谐统一关系的认识上的。在人世间人们所追求的是多方面的幸福，只不过这种幸福是以有度为美，一旦过度，则过犹不及。在社会生活中人们的幸福标准是伦理的完满，君贤，臣忠，父慈，子孝，夫妇和；在思想道德中的幸福是能达到君子乃至圣人的修养程度，真正做到恭、宽、信、敏、惠，和温、良、恭、俭、让，这些实际上是一种内心道德感的崇高意境，而不是身体自然欲望的放纵，本质上提倡的是一种对个人欲望的节制。

（四）重义轻利

义利观体现的是人们的价值选择。义与利的问题之所以能引起哲学家的重视，从本质上看是由其与人的生活密切关联性所决定的。它直接对应的是人存在的二重性，即人既是一个自然的存在物，又是一个社会的存在物。人作为一个自然的存在物有其自身的物质生活需要和感官需求，其满足方式不得不通过对物质利益的追求表现出来，否则，人就不能生存。人作为社会的存在物，又有其自身的社会生活，必然也应当考虑行为方式的正确性与合理性，其行为必然受到社会的制约和他人的影响，从而将其自然需求和谋利行为纳入道义的宰制与规约之下。[1]

而在中国古代，传统思想中重义轻利价值观非常突出，儒家的义利观影响很大。孔子说："君子喻于义，小人喻于利"，"君子谋道不谋食"。孟子则更明确："王何必曰利，亦有仁义而已矣。"荀子认为应该"先义而后利"。这些是儒学中很典型的义利观。虽然，在中国历史上有的学者将义利统一起来，在利的基础上强调义的作用；还有近代一些有资产阶级思想特点的学者，如颜习斋、梁启超等都竭力主张"利"的作用；另有一些思想家认为应该兼顾义利，二者皆不可去，但始终占据主流思想的仍是将义利对立起来，并主张轻利、去利的孔孟学说，后来这一学说得到了董仲舒、朱熹等人的继承和发挥。

重义轻利的儒学思想是一种理想的道德规范，虽然它在中国思想理论的发展史上影响较大，但在实际生活中常常被架空，特别是对于封建社会里贪图物欲的剥削阶级来说，重义轻利常常只是一种口头上的装饰语。事实上，中国封建社会中儒家提倡的重义轻利的道德思想是较弱的，它根本无法约束多数人对物质利益的追求。

社会主义义利观本质上是在无产阶级义利观的基础上发展起来的，是以马克思主义的义利学说为指导，适应社会主义建设特别是发展社会主义市场经济的实际需要而确立起来的。因此，社会主义义利观具有自己特有的阶级基础、理论渊源和现实条件，从某种意义上说是马克思主义义利学说同社会主义现代化建设的具体实际

1　王珂：《经济伦理学》，北京：北京理工大学出版社，2013：19。

相结合的产物。它凝聚着人类历史上义利学说的精华，同时又展现着时代精神和改革开放的当代社会的价值选择和价值创造，集历史的继承性和当代的创造性于一身，体现着扎根历史、正视现在而又面向世界和未来的特点，成为社会主义伦理学和当代中国马克思主义伦理学的基本价值观和核心问题。

（五）直觉顿悟

西方哲学以天人相分为旨向，主张运用概念、判断、推理的逻辑思维方法占主导地位。逻辑思维要求人们从感性、个别的材料中，抽取一般、本质的东西，从而由现象抓本质，获得真理性认识。而中国哲学在思维方面则与之不同，采用的是直觉与顿悟两种创造性很强的非逻辑思维方式。

直觉是指不受人类意志控制的特殊思维特性，它是基于人类的职业、阅历、知识和本能存在的一种思维特性，具有直接性、迅捷性、或然性等特点；而顿悟是指创造性思维的一种特性和状态，指当思考某个问题长期得不到解决时，在某个时刻问题突然获得解决的豁然开朗的状态，具有突发性、诱发性、偶然性等特点。

郭齐勇教授说，中国儒、释、道三家都主张直觉地把握宇宙人生之根据和全体。儒家的道德直觉、道家的艺术直觉、佛家的宗教直觉都把主客体当下的高峰体验推到极致。中国哲学认为，对于本体的"仁""诚""道""无""太极"，不能依靠语言、概念、逻辑推理、认知方法，而只能靠感官、直觉、顿悟加以把握，中国人的"知"与"感""感通""悟""会悟"是相联系的，中国人的"知"是体验之知，感同身受，与形身融在一起。于是，老子推出了"涤除玄览"，庄子推出了"心斋""坐忘"；还有儒家孔子的"默而识之"，孟子的"不学而能""不虑而知"的良知良能，荀子的"虚壹而静""大清明"，王弼的"圣人体无"，等等；佛家也强调一种精神性的内心体验，彻见心性之本源，参究方法是不立文字，教外别传，直心而行，无念为宗，触类是道，即事而真。[1]

（六）整体认知

还原论是西方认识客观世界的主流哲学观，认为万物均可通过分割成部分的途径了解其本质，把生物的性质归结于组成生物身体的所有物质微粒的物理运动，重实证、实验、分析，有客观、规范、定量、精确的要求，因其实证性、可检验性而渐渐成为认知领域理论的主流。但是，到20世纪时它的局限性也显现出来。1982年，美国加州大学伯克利分校著名高能物理学家弗里乔夫·卡普拉在其新著《转折

1　郭齐勇：《中国传统哲学的特质及其创造性转化的新契机》，载《华中科技大学学报》，2003（3）：7-8。

点——科学、社会和正在兴起的文化》中，指出了还原论的不足："自从伽利略、笛卡尔和牛顿以来，我们的文化一直极为追求理性知识、客观性和定量化，以至于我们在对待人的价值观和人的体验时变得非常没有把握。"[1] 于是，他指出了一种新的实在观——整体观。这种整体观强调关系而不是孤立实体，认为关系在本质上是动态的。整体思维是过程思维，结构和过程相联系，相互关系和相互作用相联系，对立通过振荡得到统一，并且认为："对有机体采用还原论的方法加以描述是有用的，在有些情况下是必不可少的。但将其作为对有机体的全面阐述则是危险的。还原论与整体论，分析与综合，都是互补的方法，适当保持这两种方法的平衡将有助于我们更深刻地认识生命。"[2]

卡普拉这里所指的整体论便是在"气"、阴阳哲学范畴之上建立的古代中国整体观。"气"论与"阴阳"观不仅用来说明自然，也被用来说明社会、人事、人文现象等，它同时也被用来表达人的生命现象。

二、传统哲学思想中的生命内容

中国传统哲学最能代表中华民族的精神生活，贯穿中国古代社会始终，表现于大多数中国哲学家思想中区别于别的族类的哲学特质。其中，自然哲学、儒家、道家、佛家、医家等各派哲学思想中有着大量关于生命内容的论述，集中反映了中国人对待生命的价值观念和思维方式，并直接影响了人们的生命行为。

（一）自然哲学

自然哲学，是关于自然整体及其基本要素的哲学，研究自然本体的一般性质和人类的自然图景，提供人们对于自然界以及人与自然关系的总观点即自然观。

中国先民认识自然、社会、人身与人生，经历了复杂的过程。他们在日常生活中，在"仰则观象于天，俯则观法于地……近取诸身，远取诸物"的活动中，力图把握天、地、人、物、我等各种现象，特别是身边的现象及现象间的因果联系，于是逐渐产生了早期的自然哲学。就中国哲学中的自然观而言，气学说、阴阳说、五行说不仅对古代学说产生过极大影响，并在今天还在继续发挥着作用。

气学说中"气"与"阴阳"的观念出现在春秋初期。"气"具有无形无象、无所不包、弥沦无涯、能质混一的特性，是能动的、生机的、连续的、整体的。"阴阳二气"论则把事物运动变化的根据表述为内在的诸种力量中相互克服与制约的两

1　弗里乔夫·卡普拉：《转折点——科学、社会和正在兴起的文化》，成都：四川科学技术出版社，1988：311-312。

2　弗里乔夫·卡普拉：《转折点——科学、社会和正在兴起的文化》，成都：四川科学技术出版社，1988：258。

种主要的力量，这两种力量又是交互作用、相互补充与促进的。但在一个系统中，需保持均势与平衡，任何一方偏胜，不能"交通成和"，则失去正常的秩序。因此，人们要善于"燮理阴阳"。"气"论与"阴阳"观不仅用来说明自然，也被用来说明社会、人事、人文现象、身心等。它尤其便于说明自然、社会、人事之间也处在一个大系统之中。[1]

古人根据日常的观察经验，以为世间万物均可分为相互对立又可相互转化的阴和阳两种基本力量或两种属性。《老子》则说："道生一，一生二，二生三，三生万物。万物负阴而抱阳，冲气以为和。"即万物从混沌未开之气，分化出天、地，再分化为阴气、阳气及其混合之气。正式将阴和阳作为一对哲学范畴来解释各种自然现象，首见于《易传》。其中，《系辞（上）》有："一阴一阳之谓道，继之者善也，成之者性也。"《说卦》进一步认为动态的阳刚与静态的阴柔的适当结合，是自然与人事有序的条件。阴阳五行学说不仅被用来解释自然界的本原、属性、功能，还解释了自然万物的生化发展的基本规律。同时，它又渗透到社会政治等领域，成为统摄一切的综合性的自然哲学理论体系。

五行说被称为古代中国的"原始的系统论"，它的历史同阴阳说、气学说一样久远，其概念在西周之前已出现。至于五行说的产生，从直观上看，先民处于农业社会，与自然打交道最多，最基本的自然物乃水、火、土、金石、树木等，逐渐成为自己的自然崇拜对象。古人采用取象比类的方法，将世上万事万物按上述对象朴素地分为五类，以此五类物质作为自然界的本原，以最基本的物质形态来解释世间万物，有一定道理。五行说是集哲学、占卜算命、历法、中医学、社会学等诸多学说于一身的理论。五行说不仅能解释事物的本原、属性、功能等问题，同时也在其基础上，运用生克制化的关系，说明和解释事物之间的相互联系和变化。这即是五行说的相生相克观念。

气学说、阴阳说、五行说是古代中国人解释自然现象和社会现象的重要理论，儒家、道家、佛家尤其是医家都从这些概念中获得养分。

（二）儒家的生命观

儒家哲学也称儒学，是先秦诸子百家学说之一，由孔子所创，后来以之为基础逐渐形成完整的儒家思想体系，成为中国传统文化的主流。以儒家生命观为主，结合道家、佛家以及医家的生命观念，便是古代中国生命观的多元构成。这一构成历经数千年的演进、发展，最终保留下来，直至今天仍然在发挥着作用。

儒家重生。重生即重视生命，这种观念多现于儒家思想中。孔子曾说"未知

1　郭齐勇：《中国哲学史》，北京：高等教育出版社，2006：21。

生，焉知死？"[1]，意思是"还没明白活着的道理，又怎能理解死呢"。这句话可以说充分体现了孔子的生死观。在孔子的认知中，生先于死，或者说生大于死，他强调要重视现世。传说为孔子之作的《孝经》也说"天地之性，人为贵"[2]，意思非常明了直白，是强调天地之间人的生命最为尊贵，这也是孔子重生观的重要表述之一。据《论语·乡党》所记："厩焚。子退朝，曰：'伤人乎？'不问马。"他首先关心的是人的安危而不是自己的财产，由此可以看出孔子对他人的仁爱之心。上古时期，中国有以活人殉葬的例子，但是孔子坚决反对，不仅如此，他甚至连对用人形的木俑去陪葬都深恶痛绝。重生观在其他的儒家典籍中也有体现，例如"天地之大德曰生"[3]，意思是"天地间最伟大的道德是爱惜生命"。

孝是儒家重生观念的出发点。《孝经》强调："身体发肤，受之父母，不敢毁伤，孝之始也。"这里说的是，人的身体发肤来自父母，应当十分爱护，不得轻贱，这是孝的开始，是孝的基本要求。同时，孝也同生命的延续直接关联。孟子就说："不孝有三，无后为大。"[4]显然，儒家把生命的延续看得很重。

"仁"是孔子的核心思想之一，其核心内容是"爱人"。孔子倡"仁"，意在用人与人之间的爱来消除隔阂和敌对，其提倡的仁道是人文主义的价值理想。孔子认为主宰知识的灵魂是仁德，而不是知识本身。他说："知及之，仁不能守之；虽得之，必失之。知及之，仁能守之。"[5]孔子在这里强调了仁德高于聪明才智的知识观和道德观。他说："弟子，入则孝，出则悌，谨而信，泛爱众，而亲仁。行有余力，则以学文。"（《论语·学而》）意思是说，做一个有道德修养的人，在家的时候要孝顺父母，兄弟姐妹之间要有爱心，与同学、朋友交往的时候要讲信用，对所有的人都应该充满爱，推己及人，努力追求仁德的精神境界。如果做到了这一切，并且有多余的力量，就可以读书了。换句话来讲，孔子认为，我们每一个人的道德修养是最为重要的，只有首先达到了仁德的要求，在此基础之上，才有可能掌握学习的方向，才能够使学到的知识发挥积极作用。以此作为前提和基础，在社会道德和社会功利之间，在德政与法治之间，孔子都选择前者。孔子认为，升官发财是人人所盼望的，然而不用正当的手段去得到它，有道德修养的人是不会接受的。所以，对于有道德修养的人来讲，一刻也不会离开仁德的关照，即便是仓促匆忙、颠沛流离，都应该与仁德同在。

1　孔子：《论语》，长沙：岳麓书社，2000：98。
2　戴圣著，贾德永译注：《礼记·孝经译注》，北京：北京联合出版公司，2015：283。
3　姬昌著，祚胤注译：《周易》，长沙：岳麓书社，2000：345。
4　孟轲：《孟子》，北京：北京燕山出版社，1995：130。
5　孔子：《论语》，长沙：岳麓书社，2000：153。

孔子和孟子都承认人为正常的生活而追求满足自然需求是正当的、合理的。孔子说："富与贵，是人之所欲也；不以其道得之，不处也。贫与贱，是人之所恶也；不以其道得之，不去也。君子去仁，恶乎成名？"又说："君子无终食之间违仁，造次必于是，颠沛必于是。"[1]孟子说："无恒产而有恒心者，惟士为能。若民，则无恒产，因无恒心。苟无恒心，放辟，邪侈，无不为已。及陷于罪，然后从而刑之，是罔民也。焉有仁人在位，罔民而可为也？是故明君制民之产，必使仰足以事父母，俯足以畜妻子，乐岁终身饱，凶年免于死亡。然后驱而之善，故民之从之也轻。"[2]

儒家虽然重生，但更关注和探讨人的精神不朽。《左传》记载叔孙豹言："大上有立德，其次有立功，其次有立言，虽久不废，此之谓不朽。"[3]这就是著名的"三不朽"思想，死而不朽当时已经是人生价值的一种追求。《论语》记载了孔子对此论所做的进一步发挥："君子疾没世而名不称焉。"在孔子看来，人的名誉和名声比什么都重要，如果生前身后不为他人所知，这个人就白活了。北宋名儒张载言简意赅的"横渠四句"道出了人生应有的志向和追求，故能一直被人传颂而不衰。

儒家重生，但以高度的原则为前提，为道义是可以放弃生命的。孔子、孟子提倡"杀身成仁""舍生取义"，便反映出在面对生死时儒学所主张的基本道德准则：宁愿牺牲自己的生命以成就自己的崇高志向，宁愿抛弃自己的生命也要保全正义。

（三）道家的生命观

道家学派的创始人是老子。老子以"道"为宇宙的最后根源，并在此基础上建立了一套关于宇宙人生的理论，故被称为道家。

在肯定人的生命价值方面，同儒家一样，道家也重人贵生。老子曰："名与身孰亲？身与货孰多？得与亡孰病？是故甚爱必大费，多藏必厚亡。故知足不辱，知止不殆，可以长久。"老子以声名为社会祸首，以物欲为可耻。在"名与身""身与货"的抉择上，他重"身"而弃"名"和"货"，并强调"故贵以身为天下，若可寄天下；爱以身为天下，若可托天下"[4]。将个体生命看得比天下还重，可见老子对个体精神自由追求的重视。庄子的人生哲学更是突出强调了个体的存在及其价值。庄子认为，个体生命之所以可贵，并不在于他有无完美的德性，而在于他是一

1　孔子：《论语》，长沙：岳麓书社，2000：28。
2　孟轲：《孟子》，北京：北京燕山出版社，1995：27。
3　左丘明著，李维琦等注：《左传》，长沙：岳麓书社，2001：433。
4　李耳：《中国传统文化读本　老子》，北京：北京燕山出版社，1995：43-44。

个生命的主体。《庄子·养生主》说："为善无近名，为恶无近刑。缘督以为经，可以保身，可以全生，可以养亲，可以尽年。"显然，庄子认为尊重个体生命主要体现在保身全生、养亲尽年上，人生价值不在德性的升华，而在生命的完成。庄子还在《逍遥游》中表达了追求精神解放的价值取向，其特点就是要摆脱各种外在的束缚，使个体的本性得到自由的伸张。《庄子·养生主》说："泽雉十步一啄，百步一饮，不蕲畜乎樊中。"沼泽中的野鸡尽管生存艰难，但它也不愿被关在笼子里，因为天然的自由生存更重要。在庄子看来，个体生命的首要意义就应该是自由生存，而现实社会中的伦理道德和功名利禄等，都不过是束缚这种自由的樊篱。为了实现个性的自由，人们应该摆脱世俗的精神奴役和羁绊，从思想的牢笼中解放出来。在封建社会中，庄子及大多数道家人物都采取了"独乐其志"以"适己"的避世生活态度，这便是他们追求精神解放和个性自由的重要方法。道家的这种自由观念在传统文化史上产生了深远影响，许多重要的思想家和文学家都以此来反对封建礼教。舒其意而逞其情，越名教而任自然。如嵇康、阮籍、陶渊明等人，都各自表现了对自由人生的诚挚追求。

老子用"道"说明包括生命在内的宇宙万物的本质、构成、变化和本源。在老子那里，"道"不仅是一种自然之道，也是一种生命之道，其中蕴含着无穷的生命创造力。崇尚自然是道家哲学的主要思想特点。道家的思想体系虽然以"道"为核心，但其基本精神却在"自然"二字。道家哲学是一种以自然哲学为构架的，以"自然之道"以贯之的思想体系，其人生观无不主张"道法自然"，体现了鲜明的自然主义色彩。

道家崇尚自然的真正含义，是要求人类顺应"自然之道"，以"自然""无为"作为人生的理想追求。道家的自然无为理想，首先是崇尚天道（自然界的法则）的自然无为，如《老子》所说："人法地，地法天，天法道，道法自然。"[1]道家还认为，"气"在人的生死之变中起着重要的作用。庄子将这一机制归结为"气"的"聚散"变化："人之生，气之聚也；聚则为生，散则为死。"[2]之后，《吕氏春秋》《淮南子》等更进一步将道家生命气化思想细化和深化。

道家思想从"道法自然"的原则出发，推崇人和社会的自然状态，批判人的异化物对人的限制，在消极的外表下，以浪漫的形式肯定了人对自由平等的追求。它对于弥补中国传统文化中以儒家为主的道德人伦主义人学观的不足，打破僵死的封建专制主义观念及不平等制度有着重要的理论价值和实践意义。不过，道家所追求

1　李耳：《中国传统文化读本　老子》，北京：北京燕山出版社，1995：70。
2　郭庆藩、王孝鱼整理：《庄子集释》，北京：中华书局，1961：733。

的生命价值和个体自由主要是精神超脱，并不可能真正实现人们在社会中应有的自由权利，具有主观空想的性质。同时，过分强调个体的生命价值，就会忽视个体应当承担的社会责任和社会义务；过分强调个体自由，也必然会弱化群体认同，更多地转向个体的内在精神世界，从而排斥了兼济天下的应有抱负。总之，道家重个性的价值取向，如果把持不当，很容易导向个人主义，杨朱学派所谓"拔一毛而利天下，不为也"[1]可以说就是一个极端例子。所以，道家重个性的特征也有其不可忽视的负面影响。

（四）佛家的生命观

佛教于东西汉之交从印度传入我国。释家缘起性空，超越生命，生死自然，但受儒道的重生、贵生观念影响，逐渐放弃了苦行传统、轻生观念和出世意识。隋唐时期，佛教中国化改造完成，佛教的出世意识也染上了世俗色彩。于是，佛家与儒道共同构成了中国哲学重人贵生的基本倾向和特质。

佛学首先是宗教，其次才是哲学。作为哲学，它的基本范畴就是"缘起说"。"缘起说"是梵文的意译，是说一切事物或现象均处于因果联系中，依一定条件生成、变化，离开关系和条件，就不会有任何一个事物或现象的生成。"缘起说"被用以揭示人的生命及生存价值的因果关系，可称为人生观。这种学说将人的过去、现在、将来概括成三世二重因果关系，认为整个人生就是十二因缘的流转过程。人生如果不努力从这种轮回中超拔出来，就只能永远沉陷于苦海之中。基于这样的认识，佛学又有"诸行无常""诸法无我""涅槃寂静"的三法印理论。"诸行无常"，是指世界万物变化无常；"诸法无我"，则指世界上一切现象皆由因缘和合而成，没有单一独立的自我存在、自我决定的永恒事物，一切事物都只是因缘凑合而成的，是相对的和暂时的。"涅槃寂静"，是指超脱生死轮回，进入熄灭一切烦恼、内心寂然不动的境界。

由"缘起说"决定的人生观认为宇宙万物都是假的、空的、无的、不真实的，它如同水中月、镜中花、梦中景虚幻不实，主张生命的意义在于追求成佛，否认人的正常合理需要。人来到世间究竟应该做些什么？佛教告诉我们，既然人身自我都是假的、空的、不真实的，那么就无所谓争什么、贪什么、爱什么。一切都是身外之物，乃至人的肉身也都不过是"臭皮囊"，把远离社会的佛门及其佛教追求的理想视为生命的全部意义，人只有在净土中才能得以充分展示和得到升华，达到人格完美和自我价值的实现。

佛教在东汉时传入中国之后，经魏晋和南北朝而在南北各地广泛传播开来。为

---

1 孟轲：《孟子》，北京：北京燕山出版社，1995：229。

了能让中国人理解接受，在相当长的时期内一直借鉴学习中国传统的儒道学说，因此佛徒们也都大讲元气。宋元以后，佛学在理论上的发展，一方面主要是借鉴学习儒学，把忠、孝、仁、义等儒学内容引入自己的教义之中，把"天下国家""忠君忧时"等社会责任也担在自己的肩上；另一方面便是竭力论证佛学的积极意义，力图建立起佛学不可轻弃的社会意识。

佛家的坐禅对于儒家的静坐有着很大的影响。袁黄在其《静坐要诀》序文中写道："静坐之诀，原出于禅门，吾儒无有也。"他的静坐法甚至完全取法于天台宗的坐禅。高攀龙也说："大抵释氏立静坐一法，与孟夫子平旦之气一段话头，意思尽觉相近。吾儒不废其所长，往往用以入门。"

当然，宋明理学家的静坐是以应事物、允思虑的干预社会生活的原则为前提的，这与佛道修养术那种"块然兀坐""耳无闻，目无视"，旨在离世绝俗的修养静坐原则大相径庭。朱熹说过"静坐非是要如坐禅入定，断绝思虑"，"今说主静然亦非弃世物以求静"，因为"既为人，自然用事君亲，交朋友，抚妻子，御僮仆。不成捐弃了，只闭门静坐，事物之来，且曰：候我存养"！

佛教非常重视人的心情、心境、心绪在参禅悟道过程中的重要作用，认为必须要有一个宁静的心境和心情，才能真正地体会到道的真谛。所以，一个人在参禅悟道中要能够做到"心静如止水"，因为在这种心境下，人没有了尘世的烦扰，没有了利益的争夺，一切都将化作一缕清香、一方净土，这样就可以使人正确把握自己、肯定自己，使人更加热爱生命、净化心灵，使人更具有自信的生命素质和心理品质。

佛教提倡超越现实的矛盾，寻找生命的本质，用平静的心境去体会生命的充实和幸福，实现心灵的自由。而要做到这一点，就要求人要有一颗平常心，即人要有一种平易闲适的处世态度。这使人入名利之场而不为沉浮所动，身处逆境而能从容进退，从而获得了应对种种人生逆境的有效法宝。

（五）医家的生命观

医家的理论是中国古代传统生命理论不可或缺的构成。医家的生命观更贴近人的生命实在，医家教人注意饮食起居、四时冷暖，医家诲人不治已病治未病，分析产生疾患的多种原因，授人合理保健之道。在古代生命理论体系之中，医家的养护智慧与儒道释三家生命观念互补，共同构成了世界上独树一帜的生命教育观念。

中医学产生于古代，孕育于传统文化的土壤，与中国古代朴素唯物主义哲学息息相关，带有浓厚的思辨色彩和传统文化的烙印。构成中国医家体系的核心内容包含了用以揭示物质世界规律的阴阳五行学说，藏象经络、气血津液学说，解释致病规律的病因病机学说，维护生命健康的养生与治疗原则以及研究自然界气候与人体发病关系的五运六气学说，等等。中国先民以其特有的智慧揭示了生、长、壮、老、已是生命的基本过程，并集中反映了先人对生命、健康、疾病、生死等问题的价值观念。

关于生命的起源，《素问·宝命全形论》指出："夫人生于地，悬命于天，天地合气，命之曰人。"生命起源于天地阴阳之气的交感合和，源自自然。至于人体生命"生"的具体过程，《灵枢·决气》与《灵枢·经脉》中则有详细的阐释："两神相搏，合而成形，常先身生，是谓精。"生命的孕育始于男女交媾，阴阳精气结合。精气是构成人体的根本，具体而言："人始生，先成精，精成而脑髓生，骨为干，脉为营，筋为刚，肉为墙，皮肤坚而毛发长。"而对于生命的基本构成要素，《内经》则认为非血气精神莫属。《灵枢·本藏》指出："人之血气精神者，所以奉生而周于性命者也。"人的生命源自于自然，是自然界生命的最高级形式，是非常可贵的。《素问·宝命全形论》指出了生命的可贵："天覆地载，万物悉备，莫贵于人。"

从对中医的文化理解中，我们可以看出，"生"的价值观念是中医文化各种概念的基石，是其永恒的主题。医学作为济世救人之术，其根本目的在于保全生命，而为了更好地"生"，就必须要认真地研究"已"。《黄帝内经》将"已"分为两种基本形式，一种是自然死亡形态，即"尽终天年"。《灵枢·天年》中说："百岁，五脏皆虚，神气皆去，形骸独居而终矣。"人到了百岁，脏气衰竭，自然而亡，"度百岁而去"，正是生命规律的自然表现。而另外一种，则是因各种疾病而导致的死亡。生命的"生"与"已"是对立统一的：没有"生"，就无所谓"已"；同时，如果生命不"已"，生也就无从谈起。二者作为一对矛盾通过相互的对抗与统一推动着生命的发展，是生命的源泉与动力。

为了达到健康这一目标，中医衍生出了"治未病"的养生价值观与"治已病"的治疗价值观。"治未病"与"治已病"同样是中医生命观的组成部分，是中医独特的养生与治疗方式，自然也应具备中医的思维特征。《黄帝内经》就将养生置于《素问》开篇，对于养生的重要性进行了论述，并且将养生看作"善待生命"的重要手段。而"治未病"的思想首见于《素问·四气调神大论》："是故圣人不治已病治未病，不治已乱治未乱。"这一思想演变成了中医保健的特色与优势，至今仍对我国预防医学的发展有着深远的影响，具有唯物辩证法的思想。可见，中医"治未病"的养生观是因天（季节、气候）、地（地域特征、物产）、人（个人的体制、生活习惯）有所变化的，这同样符合唯物辩证法普遍联系的观点。在这一养生观念中，人体与外界环境被看作一个有机的整体，人体内外的因素与外界环境都处于相互影响、相互作用、相互制约之中。养生与治疗是保证生命健康与生活水平过程中的重要环节。

第二节　马克思主义生命观

约160年前，《共产党宣言》问世，当今世界与马克思在世时已有了很大变化，但迄今马克思主义仍然站在社会科学的制高点上，它确立的科学的世界观和方法论不仅为全世界无产阶级和全人类的解放指明正确的道路，而且为各门科学的发展提供锐利的武器。同时，马克思主义也站在道义的制高点上，它揭露了资产阶级利用空洞的"博爱""人道"掩饰一个阶级对另一个阶级的剥削与压迫的残酷事实，它启迪工人阶级认识自己的历史地位，寻求社会公平，指明了他们解放的道路，促进其追求最终实现全人类的共同解放。

马克思主义人本思想，除包括马克思主义创始人的人本思想，还包括继承者在新的历史和社会条件下继承和发展后的理论。因篇幅所限，本节仅涉及在中国革命、建设和改革过程中产生和实施的中国共产党人的以人为本思想。

一、马克思主义创始人的生命观

（一）生命观概述

所谓马克思主义的生命观是马克思主义关于如何对待自然界生命物体的一种态度，包括对人类自身生命的态度，是世界观的一种。马克思主义生命观是历史唯物主义最重要的组成部分，其核心就是以人为本的价值观。

以人为本的价值观也体现在马克思主义的人学观点中。人学是关于人的存在、本质及其产生、运动、发展、变化规律的科学。人学首先以人自身为研究对象，并将人纳入自然界和宇宙之中予以通观。存在主义者萨特声称，他要在马克思主义哲学的"人学空场"地带建立一种"人学辩证法"。其实，这是他对马克思主义的误读。马克思、恩格斯虽然没有明确提出"人学"的概念，但人是马克思主义的核心与目的，马克思主义哲学蕴涵了关于人的存在、人的本质、人的发展等丰富的对人的总的认识和看法。虽然我们不能把马克思主义哲学归结为人学，但我们却可以以"马克思主义人学"去概括马克思、恩格斯丰富的人学思想。马克思的生命观便是马克思主义哲学和思想的重要内容。在马克思主义哲学产生以前，许多哲学家就已经把人作为自己哲学的出发点，都非常重视对人的研究。费尔巴哈干脆把自己的哲学叫作"人本学"。空想社会主义揭露了资产阶级对无产阶级的残酷剥削和压迫，诅咒了资本主义社会把人不当人的社会现象。但这也只能是出于伦理学的义愤，他们不能正确说明社会历史发展的客观规律，也找不到进行革命的正确途径。就是说，人本主义理论不能指导无产阶级的革命实践活动。

虽然，前述来自西方的生命教育对于人的生命微观层次的问题已多有阐发，但是，却因弱于从宏观上把握生命，而未能对生命提供一种较为系统、完整和科学的说明。马克思主义人本思想同马克思主义的社会历史观紧密联系，从宏观上关注人和人生，具有其他哲学家、思想家和教育家的生命理论不能达到的高度，因而对西方理论作了实质性的补充和校正。这正是马克思主义人本思想在中国生命教育中不可"缺场"的理由。

此外，必须说明，马克思主义的生命观与西方其他一些哲学家、思想家的生命思想有本质的区别。马克思主义的生命观是对过去的西方人本主义传统的批判性继承，它随着现代西方人学思想的发展而不断地被聚焦突出、重新诠释和丰富发展。因此，虽然我们也常见到"马克思主义人本主义"这样的术语，但是，马克思主义生命观与人本主义对人和人本质的理解的根本分歧表现了两种对立的历史观。西方人本主义——无论是从人的理性、精神理解人的近代人本主义，还是从人的意志、情感、欲望理解人的本质的现代人本主义，它们都脱离了社会关系孤立、抽象地研究人，甚至有的哲学家，如费尔巴哈，即使也讲人的社会性，主张研究现实的、具体的人，但也只是把人的社会性归结为人与人之间的伦理关系，特别是男女之间的性爱关系。马克思主义创始人研究的是现实的人，并且认为必须把人放在他所处的多种社会关系总和中加以考察，才能正确地揭示人的本质。人区别于动物的最本质的东西是人的社会特点。"'特殊的人格'的本质不是人的胡子、血液、抽象的肉体的本性，而是人的社会特质。"[1]人的社会特质，诸如生产劳动、社会交往、意识能动性、语言、文化等，都必须从经济关系、政治关系、阶级关系、伦理关系、血缘关系、思想关系等各种社会关系中加以综合考察，才能揭示人之为人的最普遍本质。

马克思的生命观和西方"非理性"生命观都试图立足于人的生命存在，积极地回应传统体系哲学的抽象和现实生活中的异化。二者的差别在于，西方"非理性"生命观仅仅把意志、情感等非理性因素看成是人的生命统一性的基础；马克思则立足于人的生存需求和发展需求的整体性生命存在去追寻人的生命的意义和价值，从而既看到激情、感性等非理性因素在人的生命统一性建构过程中的积极价值，同时

---

1 中共中央马克思恩格斯列宁斯大林著作编译局：《马克思恩格斯全集（第1卷）》，北京：人民出版社，1995：270。

又不否认以自我意识为主要表现形式的理性的重要作用，更为重要的是，他还揭示了能够现实地满足人的整体性生命需求的生命活动、处于社会历史之维的生活方式的根本性作用。所以，马克思的"生命观"不仅在形成时间上早于产生于20世纪的西方"非理性"生命观，而且在视域上远远超越了西方"非理性"生命观，从而既能保留西方"非理性"生命观之为生命观的理论优势，又能够有效地克服内在于"非理性"生命观中的诸多问题。

（二）生命观的内容

人的本质问题是一个古老而常新的话题，从古希腊罗马时期对人的本质的追问，到近代人的本质理念的全面形成，再到现代侧重于价值层面的人的本质思想，各派的哲学家对人的本质给出了各种各样的答案，但他们的理论或是错误的或是片面的，绝大部分都陷入了唯心主义的泥潭。而马克思则以现实的人为出发点，从劳动实践和社会关系中探讨人的本质，真正实现了对人的本质的科学认识。

马克思主义的生命价值观内容是：生命价值是指一个人的生命所具有的自我价值和社会价值，生命价值是自我价值和社会价值的辩证统一。这种观点是建立在马克思主义人生观、价值观的基础之上的，它以辩证唯物主义的科学世界观为基础和指导，是面向人的全面发展的价值观。马克思主义生命价值观的核心是共产主义，每一个人都获得充分的发展是该价值体系的最终依据。

1. 生命是一种自然和社会存在的统一体

生命是一种自然存在。马克思认为，劳动实践特别是通过制造工具进行的物质生产实践，使人同其他动物有了本质的区别。正是通过劳动，动物水平的自然属性提升为人的自然属性，从而使人猿相区别。而正是这种自然属性成了人类得以生存和发展的第一前提，它是使人成为人的基础。马克思、恩格斯写道："我们首先应当确定一切人类生存的第一个前提也就是一切历史的第一个前提，这个前提就是：人们为了能够'创造历史'，必须能够生活。但是为了生活，首先就需要衣、食、住以及其他东西。"[1] 人作为生命体，维持它的存在，就必须维持它作为生命存在的生理需要和生物需要。

由劳动实践标定的人与动物区别所体现的人的本质，即人的一般本质——类本质。问题还在于，为什么在不同时代、不同社会，同样从事劳动实践的人，其生存条件和生存状况会有巨大差别。

马克思进一步从人的社会关系——包含生产关系、政治关系、阶级关系、思想

---

1 中共中央马克思恩格斯列宁斯大林著作编译局：《马克思恩格斯全集（第3卷）》，北京：人民出版社，1960：31。

关系等多方面内容的复杂系统，进行了更为深入的研究。他指出，人在根本上是一种社会存在物，生命主要体现为自然现象基础上的社会性本质。他的本质既非与生俱来的，也非抽取于所有个体的共性，而是在人的社会关系中形成的。于是他写道："人的本质并不是单个人所固有的抽象物。在其现实性上，它是一切社会关系的总和。"[1]

马克思的这一论断表明人的根本属性在于其社会性。由于社会关系的丰富性，人们获得了多方面的社会规定性，因此人的本质不是某种单一的抽象的规定性，而是具体的、多方面规定性的统一，也就是一切社会关系的总和。它决定了人在社会中所处的地位和角色，也是不同时代、不同社会、同一时代、同一社会的人彼此差异的根本所在。从以往抽象的人变为处于一切社会关系中从事实际活动的现实的人。

2. 生命是一种价值存在

马克思认为，生命是一种价值的存在，是在奉献社会的过程中体现人的价值。他在青年时代就指出："如果我们选择了最能为人类福利而劳动的职业，那么，重担就不能把我们压倒，因为这是为大家而献身；那时我们所感到的就不是可怜的、有限的、自私的乐趣，我们的幸福将属于千百万人，我们的事业将默默地、但是永恒发挥作用地存在下去，而面对我们的骨灰，高尚的人们将洒下热泪。"[2] 马克思的人生目标从一开始就是"为人类的幸福和我们自身的完善"[3]。"历史承认那些为共同目标劳动因而自己变得高尚的人是伟大人物；经常赞美那些为大多数人带来幸福的人是最幸福的人。"[4]

3. 生命是实现人的全面而自由的发展过程

马克思、恩格斯认为，人的历史是人类自己创造的历史，是人类通过劳动和社会实践推动社会发展的历史。发展的内容是在生产力发展基础上人和社会的发展与进步。社会发展的最终目的是人类彻底的解放，人实现自由而全面的发展。

人的自由而全面的发展始终是马克思主义创始人坚守的理论旨趣和追求的革命目标。在理论上，马克思对人的发展问题从"偏离的原子"到"人性的复归"，再

1　中共中央马克思恩格斯列宁斯大林著作编译局：《马克思恩格斯全集（第3卷）》，北京：人民出版社，1960：5。

2　中共中央马克思恩格斯列宁斯大林著作编译局：《马克思恩格斯全集（第1卷）》，北京：人民出版社，1995：459。

3　中共中央马克思恩格斯列宁斯大林著作编译局：《马克思恩格斯全集（第1卷）》，北京：人民出版社，1956：414。

4　中共中央马克思恩格斯列宁斯大林著作编译局：《马克思恩格斯全集（第40卷）》，北京：人民出版社，1982：7。

到"人的解放"和"人的自由全面发展"的探索，凸显了人的发展是其整个理论中的价值取向。

人自身本质的发展和解放是人的自由和人的全面发展。马克思主义人学认为，自由是人通过对必然的认识和客观世界的改造而达到的自我实现、自我超越。追求自由是人的本质的最充分体现，是人的活动的最根本目的。而人的全面发展是指人的本质力量，人的能力和志向以及人的创造潜能都达到最充分的发展，人由此从自然、社会和自身中获得最大自由。马克思主义人学认为，教育和生产劳动相结合是实现人的全面发展的唯一方法，人的全面发展不仅不排斥而且需要个性发展。个人的全面发展表现在他的智力、道德和体力的发展之间，在他的理性、情感和意志的组成部分之间，是一种最充分的和谐一致的发展。只有在未来的共产主义社会里，才能最终达到"每个人的自由发展是一切人的自由发展的条件"[1]。

自由而全面的发展是指"社会的每一个成员都能完全自由地发展和发挥他全部才能和力量，并且不会因此而危及这个社会的基本条件"，是指"他们的体力与智力获得充分的自由的发展和运用"，他们能够"根据社会需要或他们自己的爱好，轮流从一个生产部门转到另一个生产部门"，而"任何人都没有特定的活动范围，每个人都可以在任何部门内发展，社会调节着整个生产，因而使我有可能随我自己的兴趣或心愿今天干这事、明天干那事，上午打猎、下午捕鱼，傍晚从事畜牧、晚饭后从事批判，但并不因此就使我老是成为一个猎人、渔夫、牧人或批判者"[2]。

（三）生命观的基本特质

1. 历史继承性

马克思主义创始人对历史上的思想家关于人的理论体系采取了批判继承的方法。一方面，马克思、恩格斯批判了黑格尔把人的本质归结为"绝对精神"的唯心主义，批判了费尔巴哈忽视了人的社会实践的形而上学；另一方面，他们又肯定和吸收了黑格尔关于合理的辩证法以及费尔巴哈在人的认识上所恢复的唯物主义权威。在批判地继承了人类历史上关于人的研究的各种理论的基础上，马克思主义人学观点和生命观最终形成和发展起来，因此，在今天的马克思主义人学研究中，我们必须反对两种错误倾向。一是把马克思主义"复归"为历史上的人道主义，忽视或否定了马克思主义人学与历史上人道主义的本质区别；二是把马克思主义人学同历史上的相关思想割裂开来，否定其批判继承的关系。

1　中共中央马克思恩格斯列宁斯大林著作编译局：《马克思恩格斯选集（第1卷）》，北京：人民出版社，1995：294。

2　中共中央马克思恩格斯列宁斯大林著作编译局：《马克思恩格斯全集（第1卷）》，北京：人民出版社，1995：85。

2. 辩证性

从人出发说明社会，还是从社会（社会关系）出发说明人，是研究人和社会发展的两种根本对立的世界观和方法论。在马克思主义产生以前，唯心主义和旧唯物主义在研究中的共同特点是离开社会现实来说明人、规定人。唯心主义从自我意识的角度来说明人的本质；旧唯物主义则认为"人本身就是最高本质"。这种关于人的本质的论述，并没有提出人的本质的真正内涵。所以，从人出发来说明社会的方法，既不能对人做出科学的概括，更不能对社会做出正确的说明。为此，马克思、恩格斯将"劳动—社会—人"的考察原则作为科学地解决人的问题的方法。按照这一原则，要说明人的本质，就必须充分揭示人所处的各种社会关系（包括政治、经济、文化、交往等关系）；而要揭示这些关系，就要从人所从事的劳动实践进行分析。正是采取了这种唯物辩证的方法，马克思、恩格斯才真正认识和把握了人的本质，从而将马克思主义学说观点建构在科学的基础之上。

3. 科学性

马克思主义的生命观是建立在其人生观、世界观、价值观基础上的，是以辩证唯物主义的科学世界观为基础和指导的，是面向人的全面发展的生命观。它既是真正批判的生命观，又是真正科学的生命观。说它是真正批判的生命观，是因为它对资本主义生产方式下的人的异化状况进行了揭示。在异化劳动中，交往关系成了对人的生命的残害，马克思对资本主义生产方式下人的异化状况的揭示是对人的存在状况的最本质和深刻的揭示。说它是真正科学的生命观，是因为它从人的自然即人的感性需要出发，指出将人的需要对象化的实践活动必然导致人失去对象，生活在物的普遍支配之中。但实践活动的发展必然会打破一切阻碍人向自由全面发展的枷锁，为有个性的个人的实现创造条件。

科学的生命观的诞生，为人们的思想打开了一扇窗，使人们在对各种片面生命观的认识中，找到了方向，它让人们的思维更理性、更辩证、更全面。这种科学的生命观为开展生命观教育奠定了坚实的基础，也成为生命观教育重要的解读内容。

现代西方社会长期存在并不能根治的"物质丰富，道德衰败"现象，早已引起社会各界的重视。虽然有不少人认识到资本主义社会中种种不良现象已经发展到极致，并且也进行了某种程度的揭露和批判，但是由于他们并没有能真正认识到产生这种种不良现象的根源，因而也就找不到根治的办法。汤因比、池田大作、布热津斯基主张通过宗教教育净化人的灵魂，使每个人达到精神和道德的完美，从而消除道德迷失的现象，以实现社会的正常运行。其实，这类主张只不过是当年被马克思批判过的保守的、伦理的人道主义的翻版。当然，马克思主义并不轻视道德教化的作用，只是认为"物质丰富，道德衰败"等现象的存在不是人性迷失的结果，不是起源于偶然的或意外的个别情况，而是私有制的必然结果，是不可避免的。因此，要消灭阶级剥削和压迫，就必须消灭包括资本主义私有制在内的一切私有制。因此，人的解放问题并不是像某些空想家所认为的那样，仅仅是依据伦理的必要性，是纯粹道德完善的过程，而主要是生产力的历史发展所促成的消灭现存状况的现实运动。换句话说，马克思主义学说的人道关怀，并不是一种单纯的主观愿望，而是建立在对上述现实运动所做的科学分析的基础上的，是对社会必然性的一种反映。

4. 实践性

实践是马克思主义哲学的核心，也是马克思主义生命观的重要组成部分，它是在唯物主义实践中获得的特定的理论内涵，而且实践的水平决定着生命的水平。此外，马克思主义生命观的实践性揭示了人类生命形态的基本特征：第一，生命是自然性与社会性的结合和统一；第二，生命既有主体性又有对象性，是主体性与对象性的交融；第三，人类生命既有生物的自发性，又存在着自觉性，是自觉性与自发性的统一；第四，生命是表现性与体验性的结合；第五，生命强调构成，同时也注重生命过程中的生成，是构成与生成的交融与统一。人类生命的基本特征，都可以通过个体感性生命与理性生命的交融在实践中具体体现，这本就是实践唯物主义对人的本质的现实表现的基本认识。

5. 开放性

开放性是马克思主义生命观的基本特征。保持高度的开放性也是其与时俱进、不断发展的重要条件。对于一种科学理论而言，所谓开放性包括两重含义：一是指它随着研究对象的发展变化而吐故纳新——扬弃过时的部分，生发新的内容。二是指一种科学理论吸收其他学科的研究方法或研究成果，借助于此，使自身在研究方法上得到完善，在理论内容上得到发展；或吸收其他学派的理论研究方法或有益成果，使自身在保持独特内容与风格的同时得到完善和发展。马克思主义生命观在形成以后，经典作家仍然在关注社会科学以及自然科学领域内的新思想、新观点和新发现，及时对其中有益成分进行吸收和借鉴，进而丰富和发展自己的理论；与此同时，根据社会政治经济发展变化来修正自己的观点，自觉实现理论的与时俱进。正如列宁所说："共产主义是从人类知识总和中产生出来的，马克思就是这方面的典范。"

二、中国继承者的以人为本思想

马克思主义的人本思想在中国特色社会主义制度框架内展现了强大的实践生命力。中国共产党沿着马克思主义标定的人本主义路线，不断地发展前行，在革命、建设和改革的进程中逐渐创造出具有中国特色的人本思想。

中国共产党的人本思想汲取了中华民族传统文化的优秀成分，形成了自己独具特色的思想体系。中国古代的民本思想尤其提倡应"重民意、保民生、得民心"，这种传统政治理论和实践精华为当代民主政治建设提供了深厚的文化土壤，为中国共产党的人本思想的形成提供了文化基因，也为我党总结概括执政理论提供了宝贵的思想资源。此外，党的人本思想也吸收了西方人本主义思想的合理成分。西方人本主义思想，特别是近代以来在注重满足公民的物质需求、基本人权保障等方面给我们以深刻启发和有益的借鉴。中国共产党的人本思想正是在对传统优秀文化的继承和批判吸收了西方人本思想的积极成果的基础上，形成了自己独具特色的思想体系。

马克思主义人本思想的基本原则同中国革命与建设结合而呈现出发展的阶段性。中国共产党在事业发展的不同阶段，以人本思想唤醒民众的革命意识，以思想自由推动社会进步，在社会发展方向定位和社会核心价值观的树立、贯彻落实科学发展观和建设中国特色社会主义等方面具有深远的指导意义。

中国马克思主义以人为本价值观是马克思主义人学价值观中国化的结果，即在中国革命和社会主义建设过程中，马克思主义人学价值观中国化的过程与结果。这里的"过程"和"结果"与中国共产党各代领导人的革命和建设实践存在着密切的联系，体现了各个时代中国共产党人本主义的时代特点。

（一）第一代领导集体

早在青年时代，面对国家和民族的危亡，毛泽东和无数热血青年一样，孜孜不倦地在知识的海洋里力图找出救己救国的良方妙药，接触过先进的西方人本主义。青年毛泽东接受"西学"教育，阅读了大量资产阶级启蒙思想家的著作，对西方人文思潮产生了浓厚兴趣。西方人本主义对青年毛泽东曾起过有益的鞭策和鼓励作用，促使他努力思考、不断进取，但他并没有陷入其中而不可自拔。在两上北京之后，他迅速地抛弃了原有的信仰，而坚定地转向马克思主义。马克思主义人学理论成为毛泽东人本主义思想最重要的理论来源。

在投身革命和进行社会主义建设的几十年间，毛泽东成功地实现了马克思主义的中国化，其个人论著随后形成了符合中国实际的毛泽东人本主义思想的核心内容。

毛泽东人本主义思想的理论基础，是建立在以人民群众作为历史主体、政治主体和权利本源地位的基础上的。毛泽东在领导中国革命和建设的过程中一贯重视人的作用。他认为人是世间一切事物中第一宝贵的，强调人民在社会历史发展过程中的巨大推动作用，从早年的"民本"思想，到晚年的"群治"思想，"人民"是他一生全部政治思想和政治实践的出发点和落脚点。"人民，只有人民，才是创造世界历史的动力。"[1]他反复强调的一个主题思想是："我们的权是老百姓赋予的，首先是工人阶级和贫下中农赋予的。"[2]

"服务于民"是毛泽东人本主义思想的基本出发点。毛泽东指出，"我们的共产党和共产党领导的八路军、新四军，是革命的队伍。我们这个队伍完全是为着解放人民的，是彻底地为人民的利益工作的"[3]，他要求"共产党人的一切言论行动，必须以合乎最广大人民群众的最大利益，为广大人民群众所拥护为最高标准"[4]。

人民民主是毛泽东人本主义思想的核心。毛泽东汲取传统民本思想的精华，运用辩证唯物主义和历史唯物主义理论，创立了人民民主专政的理论，把人民利益看得比任何利益都重要。他认为人民是国家的主人，新中国应是人民民主专政的国家，即对人民实行民主和对敌人实行专政的统一，而最核心的是人民当家做主。

毛泽东人本主义思想的追求目标是人的解放和人的全面发展。毛泽东坚持和发展了马克思主义关于人的全面自由发展的思想。他强调："被束缚的个性如不得到解放，就没有民主主义，也没有社会主义。"[5]在社会主义建设时期，要求充分发挥人民的积极性、主动性和创造性，努力营造既有集中又有民主，既有纪律又有自由，既有统一意志又有个人心情舒畅、生动活泼的政治局面，为建设繁荣昌盛的社会主义国家而奋斗。这些都是毛泽东人本主义思想中关于人的自由全面发展所追求的重要目标。

（二）第二代领导集体

以邓小平为主要代表的党的第二代领导集体的人学思想，是在和平与发展成为时代主题的历史条件下，在我国改革开放和社会主义现代化建设的实践过程中，在总结我国社会主义胜利和挫折的历史经验并借鉴其他国家社会主义兴衰成败的历史经验的基础上形成和发展起来的，是对毛泽东人学思想的继承、丰富和发展，是中国共产党人学探索历程中的重要发展阶段。

1992年，88岁高龄的邓小平视察南方时说："中国的事情能不能办好，社会主义和改革开放能不能坚持，经济能不能快一点发展起来，国家能不能长治久安，从

1　毛泽东：《毛泽东选集（第3卷）》，北京：人民出版社，1991：1031。
2　何显明：《超越与回归　毛泽东的心路历程》，上海：学林出版社，2002：24。
3　毛泽东：《毛泽东选集（一卷本）》，北京：人民出版社，1964：905。
4　毛泽东：《毛泽东选集（第3卷）》，北京：人民出版社，1991：1096。
5　毛泽东：《毛泽东书信选集》，北京：人民出版社，1983：239。

一定意义上说，关键在人。"[1] 这句话反映出邓小平对人的重视，逻辑起点是对现实的人的关注。改革开放是邓小平理论的实践基础。邓小平理论继承了马克思主义的唯物主义原则，从实际出发，制定出一系列符合中国国情和有利于人自由而全面发展的路线、方针、政策，尤其是提出了立足于物质生产来理解人的发展、人的需要、人的素质、人的主体性和人权等问题。

邓小平理论的人本思想因素主要表现在"科学技术是第一生产力"的论断上。人是科学技术的载体，科学技术是第一生产力，要以发展生产力为中心，就是要以人的发展为中心。邓小平主持中央工作期间，加快经济建设的进程，并从经济建设意义出发，将一切有利于促进社会主义生产力发展的人们都纳入"人民"的范围，特别是将"知识分子"看作改革开放的中坚力量，还把包括所有制经济并存条件下的雇主阶层一同纳入"人民"之中。这样邓小平就大大丰富了毛泽东的"人民"标准。此外，从人民利益价值标准出发，提出了"三个有利于"的标准和社会主义本质论，把是否有利于提高人民生活水平作为判断改革得失成败的标准之一，提出实现共同富裕是走向人的自由而全面发展所必经的阶段。

邓小平理论"以解放思想、实事求是的思想路线为指导，高举理论创新的旗帜，根据现代化建设和改革开放的实践，突破了许多禁区，提出了许多新的人学命题，把对人学的研究和探索与什么是社会主义、如何建设社会主义的主题联系起来，把实现社会主义的本质与实现人的解放联系起来，把中国特色的人学思想与中国特色社会主义的实践紧密结合起来，推动了马克思主义人学思想中国化的历史进程"[2]。

（三）第三代领导集体

以江泽民为核心的中国第三代领导集体对马克思主义人学的最大贡献，就是提出了"三个代表"的重要思想。"三个代表"重要思想是江泽民2000年2月在广东考察工作时提出的。"三个代表"把始终代表中国先进生产力、代表中国先进文化前进方向和代表中国最广大人民的根本利益有机地结合起来，是对党的全心全意为人民服务宗旨在新的历史条件下的新概括。强调贯彻"三个代表"要求，最根本的是要不断实现好、发展好、维护好最广大人民的根本利益。这是我们党一切工作的出发点和落脚点。

其次是扩大"人民"主体的范围，始终代表"最广大人民"。第三代领导集体

1　邓小平：《邓小平文选（第3卷）》，北京：人民出版社，1993：380。
2　辛世俊：《邓小平人学思想探讨——纪念改革开放30周年》，载《黄河科技大学学报》，2008（5）：10。

面对改革开放以来的我国的社会阶层构成的新变化，认为"代表最广大人民的根本利益"就应该在代表工人、农民、知识分子、干部和解放军指战员的同时，还要代表民营科技企业的创业人员和技术人员、受聘于外资企业的管理技术人员、个体户、私营企业、中介组织的从业人员、自由职业人员等新的社会各阶层人员的利益。这样，人民主体的范围再次扩大。由此可得出"三个代表"重要思想巩固并增强了中国共产党的阶级基础，扩大了党执政的群众基础和社会基础。

最后，强调中国共产党"代表"中国最广大人民的根本利益。这样，中国共产党之于人民不是外在的，而是内在的，是植根于人民的人民根本利益的代表，也就是人民的代表。代表人民的根本利益，发展人民的根本利益，是社会历史发展终极目标，也是中国共产党的宗旨。"根本利益"无疑包含着与具体利益相统一的根本利益，而不是游离于具体利益之外的根本利益，即在社会主义市场经济条件下，我们既要强调根本利益，同时也要兼顾不同利益群体的具体利益。当前，特别要处理好"困难"群体的利益。只有关系群众切身利益的问题解决了，满足了群众的需要，才会得到群众热烈的拥护。

此外，"三个代表"的重要思想可以被视为以人为本价值观的发端。换言之，"三个代表"亦可被视为一种价值观。这种价值观蕴涵了丰富的"以人为本"的因素，是由"以发展经济为中心"说或"以发展生产力为中心"说向"以人为本"说发展过程中的中间形态。关于二者的关系，温家宝指出："坚持以人为本是贯彻'三个代表'重要思想，坚持立党为公、执政为民的本质要求，也是进一步发扬党的优良传统和作风的具体体现。"[1]

（四）第四代领导集体

党的十六大以来，以胡锦涛为总书记的党中央，高举中国特色社会主义伟大旗帜，继承和发展党的第三代中央领导集体关于发展的重要思想，立足社会主义初级阶段基本国情，总结中国发展实践，借鉴国外发展经验，适应中国发展要求，提出了科学发展观这一重大战略思想。科学发展观的核心是以人为本。

2004年3月10日，胡锦涛在中央人口资源环境工作座谈会上的讲话中明确指出："坚持以人为本，就是要以实现人的全面发展为目标，从人民群众的根本利益出发谋发展、促发展，不断满足人民群众日益增长的物质文化需要，切实保障人

1　汪征鲁：《中国马克思主义以人为本价值观的崛起——兼论中国共产党价值观的三次转换》，载汪征鲁《福建师范大学学报优秀论文集》，北京：中国大百科全书出版社，2007：37。

民群众的经济、政治和文化权益，让发展的成果惠及全体人民。"[1] 他还进一步指出："以人为本、执政为民是检验党一切执政活动的最高标准。任何时候都要把人民利益放在第一位，始终与人民心连心、同呼吸、共命运，始终依靠人民推动历史前进。"[2]

以人为本的发展观，为人的自由而全面发展提供了现实蓝本和评价体系。以人为本是马克思主义人学的基本观点，也应是中国特色社会主义必须坚持、贯彻的重要原则。自由而全面发展是人存在的真实证明。坚持以人为本就是把人的自由而全面发展作为社会发展的出发点和归宿；就是努力提高人的积极性、主动性、创造性，始终坚持尊重人、理解人、关心人和爱护人；就是切实维护人的各种权益，在想问题、定计划、做决策，以及推进、落实各项工作时，始终把维护最广大人民的根本利益作为衡量一切工作的评价标准。

李慎明对以人为本这一重大战略思想进行了归纳，认为蕴含着以下重要思想：（1）发展的主体是人民群众；（2）发展的动力是人民群众的需要；（3）发展的尺度是人民需要满足的程度；（4）发展的目的是最大限度地满足人民群众的物质文化需要；（5）发展的终极目的就是人的全面发展。这集中体现了我们党全心全意为人民服务的根本宗旨和立党为公、执政为民的执政理念，体现了我们党坚持以最广大人民群众的根本利益为基本出发点和归宿点的这一鲜明的政治立场。[3]

2010年3月，在全国人大十一届三次会议上，温家宝在政府工作报告中提出"要让人民过上有尊严的幸福生活"，并强调，"我们所做的一切都是要让人民生活得更加幸福、更有尊严，让社会更加公正、更加和谐"。这是首次将"人民的尊严"写进政府工作报告，创下了两个史上先例：此前没有中国领导人这样说过，此前政府工作报告也从未这样写过，此后"人民的尊严"成为社会生活中的一个热词。"尊严"意为庄重有威严，使人敬畏，独立不可侵犯。尊严体现在三个方面：保持自尊，获得他人的尊重或敬畏，保持独立健全的人格。自从人类社会形成以来，就有了对自身尊严的追求和理想。这种追求和理想根源于人的自我意识的形成与发展，根源于人类对自身的价值和对自己的家庭、民族、国家的道德情感与社会责任的体验与认同。

---

1 中共中央文献研究室编：《十六大以来重要文献选编（上）》，广州：暨南大学出版社，2011：369。

2 胡锦涛：《坚定不移沿着中国特色社会主义道路前进，为全面建成小康社会而奋斗》，北京：人民出版社，2012：50-51。

3 李慎明：《以人为本的科学内涵和精神实质》，载《中国社会科学》，2007（6）：2-5。

（五）新一代领导集体

"2012年11月，以习近平同志为总书记的党中央接过历史的接力棒，在新中国成立以来党和人民接续奋斗的基础上，继续在中国特色社会主义道路上谋划民族复兴的伟大事业，续写这无上的光荣。""经济总量领先下的人均落后，先富起来之后的共富挑战，资源环境约束下的转变压力，创新能力与发展需求脱节，国内外安全风险叠加交织，治理现代化目标任重道远……"[1]习近平总书记坚持问题导向和科学思维，以当代中国共产党人的全局视野和战略眼光，坚定中国自信，立足中国实际，总结中国经验，针对中国难题，提出了"四个全面"的战略布局。全面建成小康社会便是这"四个全面"之一，并且是其龙头。

"小康社会"是由邓小平在20世纪70年代末80年代初在规划中国经济社会发展蓝图时提出的战略构想。随着中国特色社会主义建设事业的深入，其内涵和意义不断地得到丰富和发展。在20世纪末基本实现"小康"的情况下，中共十八大报告明确提出了"全面建成小康社会"。

2012年11月15日，刚刚当选中共中央总书记的习近平就用朴实的语言对人民群众渴望的全面小康做了具体的表达："我们的人民热爱生活，期盼有更好的教育、更稳定的工作、更满意的收入、更可靠的保障、更高水平的医疗卫生服务、更舒适的居住条件、更优美的环境，期盼孩子们能成长得更好、工作得更好、生活得更好。"[2]

人民至上是习近平人民观的价值尺度。习近平总书记不止一次强调说"小康不小康，关键看老乡"。这句话虽然主要是针对农民说的，但也透露出在实现小康目标的征途上，谁才是国家的主人，社会发展是为了谁，发展的成效应该由谁来评判。全面建成小康社会，实现中华民族伟大复兴的中国梦归根结底还是为了满足人民群众不断增长的物质需求和精神需求，实现人民群众的自由全面发展。因此，在全面建成小康社会的征途中，必须坚持"以人为本"的理念，尊重并努力实现人民群众合理合法的利益诉求，"不断实现好、维护好、发展好最广大人民根本利益，使发展成果更多更公平惠及全体人民"[3]。

坚持与人民同呼吸共命运是习近平人民观的根本立场。坚持全心全意为人民服务是习近平人民观的基本宗旨，是其人民观的核心所在。保持党同人民群众的血肉

1　人民日报社评论部：《"四个全面"学习读本》，北京：人民出版社，2015：3。

2　《习近平在十八届中央政治局常委同中外记者见面时的讲话》，载《人民日报》，2012-11-16，（1）。

3　《习近平在第十二届全国人民代表大会第一次会议上的讲话》，载《人民日报》，2013-03-18，（1）。

联系，是习近平人民观的根本要求。坚持以民为本、以人为本，做好民生工作，改善人民生活，是习近平人民观的重要奋斗目标。习近平的人民观有助于深化对中国共产党执政规律的认识；有助于营造清新的党风政风，建设清明的政治生态；有助于凝聚中国力量，实现中国梦想。

以人为本就是要求发展的目的不是为了少数人的利益，而是要实现好、维护好、发展好最广大人民的根本利益，特别是要保护市场经济中弱者的利益。以人为本要求发展为了人，让最广大人民群众分享发展成果，更要求发展要依靠人，让最广大人民群众参与到经济社会发展的实践中，让人民群众自觉地成为发展的主体而不是被动的接受者，特别是要尊重人民群众的首创精神，激发全体人民的积极性、创造性。以人为本就要保障人民的各项权益，包括体面劳动的权利、享受社会保障社会福利的权利、享受公平教育以及住有所居等各项权益。以人为本就是要促进人的全面自由发展，人不应该成为机器的一部分，而是要创造性劳动。坚持以人为本，需要大力保障和改善民生。提高人民物质文化生活水平，是改革开放和社会主义现代化建设的根本目的。习近平总书记指出，人民对美好生活的向往就是我们的奋斗目标。

第三节　现代西方哲学思想

西方是生命教育的诞生地，也是生命研究成果的富集之乡，其理论成果对我国生命教育的研究具有重要的参考价值，但当下国内通行的本土生命教育类著作在西方哲学思想方面存在两个十分突出的问题：

（1）在哲学思想问题上，各著作对其所涉及的现代西方哲学思想只是引入、介绍时并不加以必要的分析和批判。

（2）对20世纪六七十年代出现的后现代主义哲学，虽然对于中国大学生思想有很大影响，但是均不见于当前所有能见到的本土著作。

由于上述两个问题，中国本土生命教育中的哲学思想事实上并不能为著作质量的提升发挥作用，反而因其不足甚或产生负面影响，很难达到研究者的学术预期。

一、现代西方人本主义哲学

从中国生命教育涉及的西方哲学思想的流派看，诚如不少著作所反映的那样，远及希腊神话为核心的西方传统文化、希腊理性精神、罗马法治精神、犹太教-基督教文化传统，但是，中国的生命教育所受影响主要是现代哲学，其中存在主义、生命哲学、实用主义、人本主义心理学的影响尤为突出。

（一）关于现代西方人本主义哲学思想

这里所说的"现代"与通史上所说的"现代"并不一致。通史上所说的"现代"是指帝国主义与无产阶级革命的时代，即以第一次世界大战和苏联十月社会主义革命为标志。这里所讲的"现代"则是泛指19世纪40年代马克思主义诞生以后直到目前为止的这一段历史时期。这种区别体现了意识形态与经济基础之间发展的不平衡性。这里所说的"西方"，主要是指西欧和北美诸国。因此可以说，现代西方哲学就是马克思主义诞生以后，在西欧和北美各国出现的各种哲学流派。[1]

19世纪中期，西方近代哲学发生了重大转折：一是马克思主义哲学产生，实现了哲学上的伟大变革；二是资产阶级哲学改变形态，即近代哲学被现代哲学所取代，分化为现代科学哲学、现代人本主义哲学和宗教哲学三大思潮，前两者是哲学的主潮。

现代西方人本主义哲学是现代西方哲学的构成部分，是其中的一股思潮。所谓人本主义哲学，是指从人本身出发，研究人的本质及人与自然的关系，并强调人的地位、作用和价值的一种学说。它的产生、形成可追溯到欧洲文艺复兴运动时代的人文主义。

文艺复兴运动是14、15世纪时期，为了资本主义的自由发展，为了建立适应资本主义生产关系的新的意识形态，正在走上前台的欧洲新兴资产阶级在文化思想、意识形态领域内掀起的一次反封建斗争。新兴资产阶级借助朴素的唯物主义哲学和自然科学，以世俗的形式同封建制度和宗教势力进行斗争。在反封建、反神权的斗争中，新兴资产阶级在认识论上坚持理性主义，高扬摆脱宗教桎梏、追求世俗幸福的人文精神，因而现代西方人本主义哲学就其本质来说与新兴资产阶级的认识论存在一定的内在联系。但是，由于各自形成的历史与理论背景的差别，在哲学形态的表现上就有所不同。现代人本主义哲学的产生有着特定的社会历史条件：19世纪，欧洲各国资产阶级大部分掌握了国家政权，地位的变化使得它已不再追求和向往从前那种强调理性、建立在唯物主义基础之上的哲学；同时，在新的历史条件下，作为资产阶级意识形态的近代哲学的发展方向也必然发生相应的变化，即从反封建的意识形态转化为一种能够用以论证和维护资本主义制度的新理论。因此，传统的人文主义同现代的人文主义存在着质的区别：

传统哲学的人本主义，倡导从人本身出发研究自然，在对人的看法上，把人看作世界的一个对象或客体，通过某种精神或物质实体对它加以说明；传统人本主义

---

1 在西方学者那里，笛卡儿以来的"哲学"都是用"philosophy of modernism"来表示的，我国学者一般把西方哲学分为古典哲学、中世纪宗教哲学、近现代哲学和当代哲学。

哲学强调人的理性力量，主张以人的理性作为衡量一切事物的尺度，并相信通过理性的方法能够获得对世界的知识；传统的人本主义哲学对人类的现实生活和前途持乐观态度，相信用理性建立起来的理性王国能保证人的自由、幸福和尊严。而现代人本主义哲学，则反对对自然的研究，认为哲学的对象是人，把人的存在提到本体论的高度；拒绝对人的自然主义和理性主义的解释，认为人是孤立的人，其真实的存在和本质是情感、意志和心理体验等超出物质和精神的存在之外的非理性因素，因而注重人的内心，注重人的非理性的情感、意志和心理体验。他们认为，要把握人的存在和世界的本质，主要不能依靠理性，而要依靠非理性的直觉；对世界前途与现实生活在一定程度上持悲观态度，在人生、伦理、价值问题上缺乏积极向上的精神。[1]

从19世纪中期起，一百多年以来，在西方人本主义哲学潮流中，曾有众多的流派相继登台，它们包含着一些令人深思与回味、闪烁着智慧光芒的思想。而且，实际上它们都是在一定历史条件下和一定认识水平上的产物，其变化以及其间的关系都不是偶然发生的。其中凡是曾经产生过一定影响的哲学流派，总是有它存在的理由，在一定意义上都是言之有理、持之有故的，都具有一定的理论根据和历史根据。

唯意志主义哲学首先登场。德国哲学家叔本华在反对黑格尔思辨唯心主义的基础上形成了悲观主义生存意志论。唯意志主义哲学的代表尼采则把叔本华的悲观主义改造成一种积极向上的唯意志主义，而以德国的狄尔泰和法国的柏格森为代表的生命哲学，进一步发展了德国的唯意志主义。他们把叔本华和尼采意志理论，改造成一种普遍的"生命力"，认为宇宙的本质是非理性的生命冲动，对其的领悟和把握不能依靠理性思维，只能依赖一种神秘的内心体验。接着，20世纪上半叶，胡塞尔提出了现象学。现象学的方法对后来的人本主义思潮，尤其是存在主义产生了重要的影响。弗洛伊德的精神分析论开创了潜意识研究的新领域，奠定了现代医学模式的新基础，为20世纪西方人文学科提供了重要的理论支柱。存在主义与法兰克福学派对人内心体验的揭示，及其对资本主义社会的批判，进一步开阔了西方哲学家的研究视野，并在理论上将现代西方人本主义引向深入。从20世纪50年代直至今天，人本主义哲学的影响进一步扩大。第二次世界大战前已经出现的存在主义、法兰克福学派等，战后在西方哲学界仍然发挥着影响，而同时哲学人类学、哲学解释学等新的学派也已登台，与之交相辉映；另外，学派的分化和融合又成为战后西方

1　黄见德：《现代西方人本主义哲学研究》，武汉：华中理工大学出版社，1994：7—8。

人本主义哲学发展新的特点。

现代西方人本主义哲学的世界观和方法论，总体说来是属于资产阶级的，资产阶级以全人类名义宣扬的人本主义，适应的是自由资本主义的经济政治的需要，是资产阶级进行革命和统治时期所反复宣扬的价值观，本质上是资产阶级的意识形态。

由于西方教育家、哲学家未能摆脱资产阶级的狭隘眼界，以西方文化价值为出发点和归结点，其社会历史的和现实的意识形态观念必然为生命理论带来负面影响。比如对于生命教育涉及的一个重要内容——自杀，涂尔干（又译杜尔凯姆）所写著名的《自杀论》，揭示了由资本主义各种社会危机造成的自杀现象，并推动了对资本主义制度下"异化行为"的研究和认识，然而，却没有揭示资本主义社会的固有矛盾和制度本身是导致自杀现象出现的真正根源，反而错误地认为自杀是因社会变化迅速、道德意识滞后所造成的。为摆脱自杀危机，他甚至建议组建一种生产团体来巩固社会道德秩序，这实际上是乌托邦式的幻想。[1] 而且，正是受此阶级局限的影响，西方现代主义哲学家虽然在一定程度上揭露和批判了资本主义社会的丑恶现象，也触及了广泛的、深刻的社会问题，甚至主观上存在为生活于同一时代的人们寻找一条出路的至善初衷，但在面对具体的问题时，却拿不出具有实效性的解决方案，以至于令人大失所望；他们动摇、破坏了旧的传统和习惯，但又无力建立新的传统和习惯，把人引入了一条无所适从、手足无措的没有路标的道路。[2]

在研究和评价现代西方人本主义哲学时，多年来我们有不少的经验教训。曾经在相当长的时间内，由于"左"的思想影响，在对待包括人本主义在内的现代西方哲学时，人们采取的是简单否定的态度，后来发展到一概排斥，拒之门外，把我们同外部世界隔绝起来，从而中断了对它的研究和传播。而在20世纪70年代末到80年代初，改革开放初期的"人本主义热"是在特定历史条件下产生的文化现象，是人们特别是青年人对"左"倾思潮束缚的一种叛逆。在长期思想封闭后国门初开时，大学生对未接触过的当代西方哲学有一种新鲜感，加之世界观、人生观、价值观尚未定型，他们往往吸收了西方人本主义思潮的消极思想。因此，我们在评价和吸收西方哲学思想时，应该坚持辩证的方法，看到其正反两方面的影响，进行批判式的借鉴和吸收。

（二）积极与消极两方面的影响

哲学思想来源于现实世界又反作用于现实世界。现代人本主义哲学在其思想的

1　爱米尔·杜尔凯姆：《自杀论》，杭州：浙江人民出版社，1988：5。
2　吴灿华、詹万生：《人生哲理》，北京：北京教育出版社，1988：261。

对象化和实践化过程中必然会产生巨大的社会作用，而这种社会作用具有双重性。

1. 积极方面的影响

（1）促进人们对个性精神的追求。

主体性精神，是西方现代人本主义强调的重点，关注个体的独特性、创造性与自主性，提倡实现个体生存的尊严与价值，在现世生活中最大限度地追求个人的自由与幸福，实现人生的价值。人本主义哲学思想从自由和解放的角度让人们认识到完整而又健全的个体应该是自由发展的个体，而健全的社会应该保证社会中的每一个个体自由、自主的发展。在这一点上人本主义哲学与马克思主义对未来理想社会中人的自由存在状态的设计有相同之处。所不同的是马克思主义的个性独立是历史的和实践的，是在真实的社会关系实践中得到发展和实现的。西方人本主义突出个体价值，推动了个性自由和解放，促使人们在深刻反思个体存在的同时，努力从单调、平面化的生存状态中走出，竭力追求充满个性化、多样性的生活方式和行为方式；使人们从盲从和迷信中走出，勇于和善于独立思考，不再机械地模仿和复制他人的存在样式；促进人们努力打破人的依赖性，改变依附性人格；使每个人都根据自我的需求和实际来进行自我设计、自我选择、自我创造和自我奋斗。可以说西方社会在各个层面都表现出多元化、多样化的色彩，其中一个重要的精神基础就是个体至上。而当人们都自觉追求独立和自主，充分发挥个体的各种潜能和智慧，都在努力实现自我时，必然使社会充满了生机和活力，充满创造性。同时，在一定意义上讲，个体性精神极大地推动了西方社会民主化、法制化进程。因为个性的自由和自主集中表现在个体自由和自主的权利得到切实有效的保护，得到切实有效的发挥，而这客观上就需要有健全的民主、法治、平等与契约精神，需要科学而完备的法律体系和民主制度。只有这样，才能保证每个人独立自主的权利不会受到他人的侵害，在自我实现的同时，不会侵害他人和社会的利益，不会给社会带来混乱和冲突。而且，推崇个性的价值理念与资本主义私有制经济具有一致性，因为个体独立的根基是经济上的独立，是个人私有财产的神圣不可侵犯，这对维护资本主义私有制经济有一定的作用。特别是为市场经济的发展提供了人性的基础，因为市场经济的前提就是个体性精神的高度挺立。市场经济的发展需要各个经济实体和经济个体具有高度的独立和自主，从而自由、平等地参与激烈的市场竞争，独立自主地进行自我管理、自我决策和自我发展，追求最大价值的实现。

（2）关注非理性的作用。

非理性是现代西方人本主义关注的一个焦点问题。他们通过对人的行为动力的分析与讨论，揭示了人性内在的丰富性，同时也对人性的把握超越了抽象意义上的善与恶；让人们对自我的认识提升到了一个新的高度，同时也为健全社会的发展提供了主体人性的依据。正如柏拉图对理性与激情所作的一个比喻：人是车夫，灵魂是马车，由两匹马拉着。一匹马高贵冷静，受过良好驯养；另一匹马卑劣狂躁，堪称野马。柏拉图用高贵的马指理性，顽劣的马则指冲动的欲望。人应该驾驭好这辆马车，处理好理性与冲动之间的关系。要正确处理二者的关系，首先应该让人们认识到主体内在非理性的本能、欲望、意志、情感对人的存在的价值和意义，对人的生存和发展所具有的不可替代的重要作用。非理性在引导人们认识社会存在特性的过程中，有着重要的作用，人的非理性在得到满足后，可以促使个体增强能动性和发挥创造性。西方管理学和领导科学对这方面有十分广泛的应用。如以梅奥为代表的"行为科学"管理理论十分重视人的思想情感与内心状态的作用，认为人们工作不是为了单纯追求经济收入，他们还需要爱、友谊和尊重的精神满足。继梅奥之后，西方许多社会学家和管理学家都对主体的内在人性发生兴趣，并提出了一系列激励人的理论和方法，其中最重要的方面就是强调非理性因素对调动人的积极性和主动性的重要作用。德国著名的社会学家和经济学家马克斯·韦伯在其名著《经济与社会》一书中，也肯定了人的非理性在管理中的作用，他把影响人的经济活动的非理性因素划分为五个方面，认为最重要的就是人的本能、欲望、情感和意志。

（3）引起人们对科学理性的反省。

近代以来，科学以它给人类带来的滚滚财富和给社会带来的巨大进步而令人肃然起敬。然而，纵观现代社会中的众多弊病，其根据也在于科学理性。作为一把双刃剑，科学理性对社会的进步与发展具有不可替代的作用，但是科学毕竟是有限的，它不是解决所有问题的万能钥匙，特别是针对主体精神，科学理性在这方面显得手足无措，因为它不能解决人类天性对精神价值的无限向往和追求。现代人本主义通过对理性的批判向人们揭示了科学给人类所带来的痛苦和危机，指出其突出表现在两个方面：一是人与自然关系的紧张。人类依靠科学，按照人定胜天的理念向自然要资源，造成了大量的环境污染和生态破坏问题；自然反作用于人类，并由此对人类自身的生存和发展带来严重危害。二是人的物质满足和精神需要的二元分裂。科学技术给人类创造了前所未有的财富，人们在极力追求物质财富满足的同时，忽视了主体精神层面的追求、发展与完善。人们在对科学理性的反省中，逐步摆脱了对理性精神的绝对信念，开始广泛关注科技代价论，比较典型的如以罗马俱乐部为代表的悲观主义思想。"他们在技术的发展中首先感受到人与自然的异化，然后感受到人与其文化和环境的异化，最后是人与人性本身的异化。"由此，他们认为，现代科技革命在促进社会发展的同时，也是导致当今社会各种难题与病态现象的始作俑者。他们甚至认为解决目前全球性危机的唯一办法就在于放弃使用和发展科学技术。

2. 消极方面的影响

在一些问题上，虽然现代人本主义哲学包含一些合理的、有价值的、有启发性的、应予重视的因素，但本书对西方生命哲学中的有益成分的肯定，并不意味着我们接受它的一切。它的阶级属性、易于跨向极端的个人主义、散发出市侩习气的实用主义、在人权上的缺陷，致使现代西方人本主义哲学难以为中国学界所接受。

对于中国生命教育而言，现代西方人本主义哲学中的一些流派提倡的个人主义存在着滑向极端个人主义的危险。在这一问题上，存在主义最为突出。存在主义作为一种世界观，是资产阶级个人主义的世界观，反映了资产阶级或小资产阶级的利益和要求，本质上是一种主观唯心主义的哲学。

这种世界观强调个体价值、个体需要，高扬个性、自由抉择等，把个体价值、个体自由发展看成是生活的全部，将个体价值凌驾于社会价值之上，而忽视个体的社会责任，完全从孤立的个人出发，无视他人和集体的利益，脱离社会走向极端个人主义。

存在主义强调存在的合理性，认为一个人的消极或不良行为，甚至是不为社会法律道德所接受行为的邪恶存在，无论这些不道德的存在是否为社会所接受，都有其存在的意义。受这些负面影响，一些人认为存在本身便具有其合理性，无须再追究其原因，或产生了为活着而活着的想法，在生活中失去了目标和方向，无所事事，无所作为。

这里有必要谈谈人本主义心理学。虽然人本主义心理学并非哲学之属，但从哲学渊源上看，人本主义心理学主要是受人本主义哲学思潮中存在主义哲学的启发和直接影响而产生的，故而置于这里一并讨论。马斯洛、罗杰斯等人是该派理论的代表人物。20世纪70年代以前，人本主义心理学关于学生自律能力、自发性和创造性、家庭教育、教育过程、师生关系的论述，曾在教育界产生了巨大影响。但从20世纪70年代初起，人本主义心理学因为缺乏清晰的、彻底的和深厚的理论基础缺陷而逐渐陷入危机。它"突出强调个人主义、崇尚英雄主义、追求非理性主义和现实主义，坚持人应该拒斥依赖，放弃对他人生活的所有承诺，个体自我实现才是全部价值之中心，强调自我生长、自我提升、自我发展和自我利益"[1]，结果，正如杨韶刚教授所说，人本主义心理学"并没有很好地推动整个社会向健康的道路发展，而是促使一些人把个人价值与社会价值相对立，导致个人主义的极端膨胀"。尤其是人本主义心理学较为注重个人的主观体验，而相对忽略他人的体验，只关注个人

1　伍麟：《人本主义心理学的危机及其僭越》，载《心理学探新》，2003（4）：3。

利益和价值，而相对忽略他人的利益和价值，具有极端个人主义倾向，因而被欧洲学界理所当然地拒绝。[1] 可是，我们有的研究者却忽视了这一重大转折，仍然对人本主义心理学不加分析地予以肯定和照搬。

3. 历史的经验教训

20世纪80年代的"西风"吹入，继"萨特热"、"弗洛伊德热"和"尼采热"以后，"热点"继续向纵深拓延，西方人本主义，尤其是存在主义的自我设计理论、非理性主义的意志自由论、精神分析学说中的泛性论、人本主义心理学需要层次论，对这一时期大学生人生价值观的建构的影响很大。而且，逐渐从抽象的人生价值观和自我意识范畴拓延到具体的西方政治哲学和政治制度领域，到西方的三权分立思想、多党制思想乃至私有制观念，其政治性越来越强，与我国基本的意识形态和社会主义社会制度的对抗性越来越强。

我们的年轻人，特别是在校大学生，是西方文化积极的吸收者，但他们并不了解这些理论内部各种历史的和逻辑的联系、价值尺度、理论分析的特定背景、各种理论之间的关系等，对之不善于消化，更没有扬弃。一些人最终成为以突出自我、反叛社会为基本特征的人本主义思潮的受害者。

这一段历史告诉我们：一个民族不可没有理论思维，但理论思维又不可脱离民族的历史与现实的国情。对待外域的文化，不能仅仅是拿来，重要的是拿来后还要善于剔除糟粕，汲取其精华。

今天，中国学者又在新的条件下，为年轻人编写生命教育的著作。这种书著除提供有关生命自身的知识外，更是以全人的教育，即以提升生命价值为目的。于是，同三十余年前一样，我们同西方人本主义的大师们又再度相遇了，与存在主义、实用主义、生命哲学、人本主义心理学等又再次接触。从提升生命价值的目的出发，著作者的责任是向受教育者提供无误的、高质量的知识。但是，从上述存在于哲学基础中的西方哲学思想的"硬伤"看，若著作者将西方哲学内容囫囵搬移，却不加以评价、分析，应当说著作者对于自己的受众是不够负责的，尤其是20世纪80年代曾有过历史教训，若仍旧如此就更为失职。

我们在这一问题上，有必要看看西方学者是怎样对待这一问题的。我们不妨来了解一下全世界学人都极为敬佩的生命教育的开山鼻祖杰·唐纳·华特士同他的那本"值得梦想家与行动者共同来阅读"的专著《生命教育：与孩子一同迎向人生挑战》。

1　杨韶刚：《人性的彰显：人本主义心理学》，济南：山东教育出版社，2009：289。

华特士反对存在主义哲学家萨特的教育思想，他在《生命教育：与孩子一同迎向人生挑战》中用"存在，所以虚无"一部分，旗帜鲜明地对人本主义哲学家萨特及其存在主义进行了批判。

他指出萨特"是一名虚无主义者。他不接受任何既定的人类规范"。他对于萨特"虚无主义的教诲"在课堂上大行其道义愤填膺。

他对于萨特"个人实现""人们真实的自我由自身产生的欲望来界定"的主张嗤之以鼻。

他为萨特对社会造成的负面影响感到痛心疾首："萨特对于现代社会的重大影响绝不只是一个玩笑。我们亲眼看见萨特哲学对今天无数年轻人的行为造成影响——其中许多人不过刚进入青春期，却言之凿凿地声明'人生是没有意义的'，并从此以自弃式的自我中心'行走于世'。"[1]

我们的生命教育著作的编撰者应当有华特士这样的写作态度。

二、后现代主义哲学思潮

在国内的生命教育研究中，现代人本主义哲学因著作者仅将其简单引入而未作应有的分析，难以产生正面影响，甚至还起到负面作用。同时，后现代主义对中国青年大学生的思想观念和日常生活的影响也十分明显，现在已有不少论文开始对其进行批评，但我国现在业已面世的大多书著却对后现代主义的影响全然不予理会。在这一点上，我们的生命教育著作在继人本主义哲学评价失误之后，又再次出现因后现代哲学介绍的漏失而造成的在理论和实践方面研究的缺失。

刘放桐教授在《现代西方哲学》中把后现代哲学作为"当代"流派讨论。本书考虑到后现代主义的代表人物如德里达、福柯等，与被视为现代哲学家的马尔库斯、哈贝马斯差不多同时活跃于学术界，因此本书将其作为现代西方哲学家介绍，不再另作区分。

（一）关于后现代主义

1. 后现代主义本质

后现代主义（Postmodernism）是一种文化现象，它并无一套系统的思想体系，而是泛指一种态度和心理状态。后现代哲学既是其理论基石，又是其重要构成部分。近半个世纪以来，后现代主义的崛起和迅速传播是西方文化精神变化中最重要的事件之一，在西方思想界产生了广泛而深远的影响。

---

1 杰·唐纳·华特士：《生命教育：与孩子一同迎向人生挑战》，成都：四川大学出版社，2006：28-29。

后现代主义哲学是当代西方社会进入消费时代后产业结构、经济状况和生活方式的巨大变化在观念上的反映。从20世纪60年代起，随着科学技术的革命和资本主义的高度发展，西方社会由生产型向消费型转换，从而进入了"消费社会"（不同的研究者依据社会呈现的不同特点，而对其有不同的称谓，如"后工业社会""信息社会""高技术社会""媒体社会""最高度发达社会"）。伴随这一过程，社会价值体系也发生了裂变。当代美国批判社会学的代表人物丹尼尔·贝尔对新形成的价值体系作了如下说明："消费社会的出现，它强调花销和占有物质，并不断破坏着强调节约、俭朴、自我约束和谴责冲动的传统价值体系。"[1]因为随着经济的发展和科技的进步，社会的物质财富有了极大的积累，消费这些物质财富成为社会再生产的前提条件。于是传统的节俭、节欲、勤劳的美德因阻碍经济繁荣而不再被提倡和鼓励；与之相应，个人的休闲和娱乐则变得越来越重要，并逐步褪去原罪色彩，不再是道德谴责的对象。西方后现代主义便是在这样的背景下产生、形成并广泛流传的。

尽管后现代主义哲学流派纷呈，理论立场不同，观察问题视角有别，分析问题的方法各异，但它们的基本观点、思想实质却有着一致性：在其破茧之时就以一种专事摧毁的否定性思维，以一种文化逆动的姿态呈现于世。它们在理论上，对继承和发扬自古希腊以来的西方哲学传统的"现代主义哲学"造成的社会危机进行反思、批判、解构、摧毁等；在生活实践中，对男权主义、种族主义、人类中心主义、经济主义等现代文明的"毒瘤"进行了尖锐的抨击，切中时弊，向世界传递着正能量。这标志着当代哲学思维的一次重大转向。具体而言，后现代主义文化思潮作为一种社会批判理论，它对资本主义社会自身发展的理论反省，其所倡导的创造性、批判性，后现代主义文化思潮对社会矛盾现象的揭示具有一定的广度，正确了解后现代主义本身也有助于大学生正确认识资本主义社会、调整思维方式、开阔文化视野。后现代主义文化思潮从一个独特的角度去观察社会发展和文化发展，揭露了现代社会造成的精神危机，使大学生从中看到了社会中的危机以及人们精神世界的迷茫，启发大学生对人生价值进行思考。就这一意义而言，后现代主义是具有一定的正面价值的。

但是，后现代主义哲学也包含许多消极因素，对于西方传统哲学与西方现代社会的反思、批判、解构、摧毁，它采用了矫枉过正的极端手法，这便决定了这一理论思潮在哲学发展历程中"过渡性"的历史地位，而矫枉过正的批判方式又导致其

1　丹尼尔·贝尔：《资本主义文化矛盾》，北京：生活·读书·新知三联书店，1989：112。

自身理论走向了怀疑主义、虚无主义、荒诞性、无政府主义的另一极端。由此造成的不良后果，本章将在"被忽视遗漏的后现代表征"部分进行进一步讨论。赵光武教授说，后现代主义的局限性突出地表现在其人文精神的价值取向上。具体来说，就是其反基础主义、反本质主义、反理性主义等倾向导致放逐理想、躲避崇高、消解责任、无正义、无道德、无进取、及时享乐、游戏人生的态度。这是消极颓废、极其有害的。[1] 它也直接冲击着中国当代的社会教育、学校教育和家庭教育，直接影响教育对象的健康成长。但是，我们也不能把它看作一种反动的哲学或彻头彻尾的唯心主义，不能重复以往对待资产阶级哲学流派的简单化的政治批判的做法。我们应该把它作为学术研究的对象，就像对待其他西方哲学思潮的流派一样，以马克思主义理论为指导，实事求是地进行研究。

在对后现代主义的理解中我们要明确，作为一种思维方式，后现代主义不是在时间上后于现代的，而是对现代的批判、反思与否定性理解。从这个方面出发，我们可以避免对后现代主义的误解与过分指责。

2. 后现代主义：西方青年研究不可缺少的视角

后现代主义对于认识、分析当代一些西方发达国家最新境况必不可少。据吴鲁平介绍，20世纪90年代，欧美和日本的一些著名专家、学者纷纷感到，用现代化理论的研究范式，再也无法解释他们所处的当代社会的青年价值观与行为方式了。于是，他们不约而同地开始用后现代化或现代化的理论范式来解释本国青年的文化价值观变迁及其行为方式的变化。[2]

3. 后现代影响下的西方青年的行为表征

依据美国学者密歇根大学教授英格莱哈特（Ronald Inglehart）研究的成果，在西方发达国家中后现代主义在传统社会中有以下征象：

工作价值观和劳动伦理衰退。不少青年人认为，工作以外的生活更有人生意义；如果有钱，想玩一辈子；工作的目的是为自己，而不是为企业和国家。

性观念开放和宽容。赞成同性恋的人越来越多；同居、不想结婚者增多；丁克家庭增多；代际关系上，自主与依赖并存，父母的权威丧失。

从重视物质消费、重视实用价值到重视符号价值，名牌消费在青年群体中成为时尚；精神消费领域流行"快餐文化"；文化消费市场流行"拼贴文化"，专业化的文化成果问津者少。

传统意义上的朋友关系日渐消失。朋友之间有"边界"，不能涉及个人私生

1　赵光武：《怎样认识后现代主义哲学》，摘自冯宋彻《当代社会思潮名家讲座》，北京：中国传媒大学出版社，2006：35。
2　吴鲁平：《中国当代大学生问题报告》，南京：江苏人民出版社，2003：45。

活；隐私观念强化，不仅朋友之间有"边界"，夫妻之间也要设定"边界"，要保留隐私。

制度性权威下降，制度内参与下降，但自主性公民参与上升，对制度性权威机构的信任度降低；选举中的投票率下降；对国家感到非常自豪的人比例下降；针对具体问题而出现的签名、请愿、游行等活动增加。[1]

（二）后现代主义思潮在中国

1. 后现代主义进入中国

近年刊发的不少文章认为，后现代主义是20世纪80年代中期传入中国的，此说来自《读书》1986年第3期所刊载的唐小兵《后现代主义：商品化和文化扩张——访杰姆逊教授》一文。该文作者追记了1984年秋，美国北卡罗来纳州杜克大学文学系主任弗雷德里克·杰姆逊教授（Fredric Jameson）在北京大学讲学期间，介绍"后现代主义"的一段史实。但事实上，早在1980年后现代主义概念就已经进入中国了。1980年，董鼎山在当年《读书》第12期上发表的《所谓"后现代派"小说》一文中，就已经出现"后现代主义"一词。《现代外国哲学社会科学文摘》1980年第3期中苏联学者Ａ.兹维列夫的《西方文学在十字路》一文，也有"后现代主义"的用语。次年，张钦楠在《世界建筑》上撰文讨论Post-Modernism的译法。此后，后现代主义一词频繁出现于报纸杂志上。

后现代理论进入中国，其影响几乎遍及所有领域，包括建筑、文学、语言学、教育、音乐、戏剧、人类学、哲学、外语教学、时装、摄影、史学等。后现代哲学已经成为学术研究的新视角。在我国正处于现代性建构的时期，必须同时对后现代性予以必要关注。

虽然当代中国社会远未进入严格意义上的后现代社会，但伴随着媒介传播的无孔不入和西方文化的无国界流动，当代中国青年普遍受到后现代主义思潮的影响。2003年，吴鲁平在《中国当代大学生问题报告》中指出，虽然中国现在尚未达到西方发达国家水平，但是中国青年后现代价值观在总体上具有"早产"的特点。

其实，后现代主义在中国的落脚是有其特定的历史背景的。赖大仁教授指出，首先，中国已经有了接纳后现代主义的思想基础。从后现代主义在我国传播的历史背景来看，这显然与新时期现实变革中的反思性与怀疑论思想观念的内在诉求有关。后现代主义传入并逐渐产生影响的时候，恰好是我国推进思想解放和改革开放的历史阶段，在对"文化大革命"及其此前的社会历史与思想文化的批判反思中，逐渐形成了一种本土化的反叛性、否定性思维与怀疑主义的思想观念。这种社会心

1　吴鲁平：《中国当代大学生问题报告》，南京：江苏人民出版社，2003：49-50。

理情绪和思想观念，与后现代主义文化的怀疑否定性、解构颠覆性以及反中心主义的思想观念应当说是暗相吻合的。当西方后现代主义的此类理论观念传入中国，这种本土化的否定性思维与怀疑主义思想观念便与之一拍即合，进一步推动了后现代主义在中国语境中的兴盛发展。[1]

其次，中国已有后现代主义生存的土壤。20世纪90年代以来，我国市场经济改革以及逐渐形成的大众消费社会现实，也成为后现代主义思想文化植入的现实土壤，或者说构成后现代主义思潮形成的时代条件。如果说20世纪80年代后现代主义开始登陆中国内地，还只是作为一个陌生概念和某些理论观念的零散译介传播，那么它开始在我国社会现实中扎下根来，并逐渐形成一定的气候，应当说是90年代以后的事情。这也许并不仅仅因为一种思想观念或文化思潮的传播发展，需要一定的历时性推进过程，同时还因为它的植入与扎根生长，需要获得更为适宜的现实土壤和社会气候。如前所说，后现代主义原本是后工业社会或大众消费社会、电子媒介社会、信息社会的产物，它的特性与此类社会现实具有天然的适应性。90年代以后，我国进入以市场经济改革为先导的综合性社会改革的新阶段，这一经济社会改革大潮与经济文化的全球化浪潮相汇合，促进了中国社会的加速发展与深刻变化：经济持续快速发展带来物质生活的日益丰富，大众消费潮流正在形成，电信技术飞速发展并全面介入大众日常生活，追求富裕小康生活和现实享受已成为全社会的普遍诉求。虽然还不能说中国已进入后工业社会或后现代消费社会，但无疑大大缩短了与西方发达国家的距离，而且当今的社会已具有越来越多的大众消费社会及电信社会的因素或特性；更为重要的是，这种社会变革的现实已催生并培育了人们的消费主义观念与大众文化意识，而这恰恰是后现代主义思潮适于兴盛发展的社会条件或现实语境。正是90年代以来这种市场化的经济社会改革以及向大众文化与大众消费社会的转型，与后现代主义的扩张形成彼此呼应与互动的关系，相互促进与发展。[2]

对中国大学生生命及生活的影响，后现代主义哲学同现代西方人本主义都是不可忽视的。但是，令人难以理解的是，后现代主义哲学仅在为数不多的生命教育论文中出现，并未进入中国本土生命教育的专著、教材中。须知，后现代主义是消费社会的产物，它虽然专事"摧毁"和"否定"，有其极端、偏执等不足，但是中国生命教育著作哲学内容失去了后现代主义视角后，即失去了从"消费""后工业""信息""高技术""媒体""最高度发达"等当代最基本特点进行观察、审

1　赖大仁：《后现代主义与当代中国文化语境》，载《学术界》，2008（3）：32。
2　赖大仁：《后现代主义与当代中国文化语境》，载《学术界》，2008（3）：32。

视的视角。研究者忽视了在中国具有广泛影响的后现代主义的存在，事实上就是遗漏了后现代哲学在生命教育中的认知角度，尤其是失去了向大学生传递生命教育知识的专著、教材等重要渠道，从而也使生命教育的研究失去了现实针对性。因此，生命教育研究对于后现代主义不能置之不理，在后现代主义视角下进行教育研究既是现实使然，更是一种理性选择。

2. 后现代主义思潮对大学生的影响

大学生较之其他群体更易受后现代主义的影响。尚伟教授指出，因为他们"大都接受过或正在接受系统的现代教育，因而更容易接受新的价值观念和生活方式，更容易受到具有强烈主观主义、虚无主义、非理性主义倾向的后现代主义思潮的影响，更喜欢反叛传统，敢于创新甚至冒险"[1]。

西方后现代主义对中国大学生的影响十分复杂，其中既有一些积极影响，又有很多负面作用。

（1）正面影响。

第一，加深了对资本主义社会的认识。

我国大学生对于资本主义社会的认识，主要是通过马克思主义理论课等来进行的，其设置着眼于引导和帮助学生掌握马克思主义的立场、观点、方法，树立正确的世界观、人生观和价值观，确立建设有中国特色社会主义的共同理想，为他们坚持党的基本理论和基本路线不动摇打下坚实的思想理论基础。这是一种正面的教育，而后现代主义文化思潮多以否定性的形式展示当代资本主义的社会矛盾和文化矛盾，是对资本主义社会自身发展的一种理论反省，这将有助于大学生去认识资本主义，有助于看清资本主义社会中存在的问题及实质。

第二，加深了对现代主义局限性的理解。

现代主义高扬主体性和人类中心主义，人类无限地向自然索取，致使自然环境和生存平衡遭到极其严重的破坏，地球已越来越不宜于人类生存。后现代主义的激烈抨击使大学生得以清醒地认识生存环境正日益变得恶劣的现实，转而对人与自然的关系进行再思考，这无疑具有积极作用。但是，后现代主义对于现代主义的批判采用的是全盘否定的态度，这就走上了另一个极端。因为，诚如著名哲学家哈贝马斯所言，现代性本身具有进步和贡献、压迫和破坏的二重性，我们应当对其采取辩证的态度，一方面看到现代社会中存在着体制性的内在危险，一方面又要看到现代性仍然包含有规范的、令人信服的内涵。哈贝马斯最终强调的是，现代性是一项未

1　尚伟：《现代西方哲学对当代中国之影响及其借鉴意义》，载《江西社会科学》，2010（10）：40-47。

竟的事业，它仍然处于一种未完成的状态。

第三，激发创造热情，促进思维方式的开放。

后现代主义提倡的创造性思维方式能激发大学生的创造热情。创造性既尊重无序又尊重有序，过度的无序和过度的有序都与真正的创造格格不入。后现代主义认为创造性的活动不仅是少数天才艺术家的创造，而是全民的创造，主张要激发普通民众的创造热情。这种创造性的树立有利于人们的思维方式的转变，有利于人们从单一的、僵化的思维方式向多元的思维风格转变，从封闭的思维方式向开放性思维方式转变，从传统的形而上学的纵向思维方式转向后现代的横向思维方式。这种多元的、开放的思维方式有助于大学生思想的活跃和解放，促使其更好地展现自己的自由创造力和生命活力。

第四，促进对人生价值的思考。

后现代主义广泛揭示社会现象矛盾，开阔了人们的文化视野，对我们观察社会和文化发展有一定的积极作用，尤其是对现实社会生活中某些本质方面的揭露，凸显了现代社会带给人们的精神危机，我们从中看到了社会中的危机以及人们精神世界的迷茫，促使大学生思考人生价值。后现代主义文化思潮中所具有的自我意识、自我感受等主体性体验，有助于大学生敢于直面现实社会，大胆地剖析社会弊病，使大学生在批判中增强自我意识。

第五，促进对东方文化的关注。

在西方文化研究中，素来作为异质的、非现代的东方文化长期被遗忘、被搁置。近年一些西方后现代主义哲学家表现出对东方尤其是中国传统思想的浓厚兴趣，对中国的经济和社会发展与中国哲学传统的当代意义寄予很高的期望，希冀中国传统思想能够拯救业已失控的技术世界。这将促使大学生对东方文化的关注，并从中体察西方人对东方文化的态度。但是后现代主义哲学家对东方思想的引用和论释，显然是从个人自由主义的纯粹理论态度出发的，他们的视界从根本上说仍是西方的视界和目光，纳入后现代主义哲学中的东方思想的阐释，也必然被重新建构和理解。

（2）负面影响。

第一，导致核心价值观的淡化。

社会主义核心价值观是新型的具有特定意识形态的价值观，是应对转型时期中国社会所面对的重大问题尤其是价值共识危机而提出的。"从适应国内国际大局深刻变化看，我国正处在大发展大变革大调整时期，在前所未有的改革、发展和开放进程中，各种价值观念和社会思潮纷繁复杂。国际敌对势力正在加紧对我实施'西化''分化'战略图谋，思想文化领域是它们长期渗透的重点领域。面对世界范围思想文化交流交融交锋形势下价值观较量的新态势，面对改革开放和发展社会主义市场经济条件下思想意识多元多样多变的新特点，迫切需要我们积极培育和践行社会主义核心价值观，扩大主流价值观念的影响力，提高国家文化软实力。"[1]因此，习近平总书记要求"把培育和弘扬社会主义核心价值观作为凝魂聚气、强基固本的基础工程"来抓。而后现代主义思潮倡导多元价值和颠覆传统价值造成了社会价值观的混乱，社会主义核心价值观的任务就是要实现多元价值观念的整合，达到形成价值共识或重建价值共识的目的。后现代主义思潮所倡导的多元文化与价值模糊了核心价值观与其他价值取向的区别，带来了文化多元化的挑战，冲击着社会主义文化共识的形成。

第二，导致人生目标理想的消解。

理想作为人们对未来的具有现实可能性的美好事物的观念反映，是目的的最高表现形式，它是引导人们超越现实、改变现实的航标，没有理想的引导，人们的生存和发展就会迷失方向，美好的理想是激励和鼓舞人们战胜各种困难的强大动力和精神支柱。为了更好地生存与发展，我们必须确立理想。[2]而放逐理想是后现代主义的重要主张之一。后现代主义者对理想的否定，是源于现代主义所描绘的关于未来的"真、善、美"与"自由、平等、正义、博爱"美好图景的未能兑现，后现代主义者从曾经的简单肯定和盲目迷信发展到对理想的质疑、否定。后现代主义者对此加以反思，从而提出了"放逐理想"的主张，应该说，在一定意义上昭示了人类理性的进步。但是，后现代主义者的主张却因是从解构线性的时间观、从否定传统的因果观念、从消解现代性的主体观念出发来放逐理想的，本身就存在理论上的失误，而"放逐理想"对当代大学生价值观的冲击却存在实际的严重危害。在终极目的消解的世界历史景观中，当代大学生的价值选择处境是：目的论被解构，无论神圣的基督教理想，还是世俗的自由主义理想、共产主义理想都遭到大学生一代的忽视。主义和理想虽然仍具有社会法权的主导价值，但现实生活世界已不再见乌托邦式的超越理想；原来无所不包的单位，其政治整合、社会教化、精神涵养等功能弱化甚至消解，而逐渐变成了仅有单一功能的组织；生活的逻辑和力量也变成了经验、实证、效率、利益和世俗价值。"放逐理想"导致了大学生人生终极目的的消解。

第三，导致社会责任感的丧失。

1　刘奇葆：《在全社会大力培育和践行社会主义核心价值观》，载《党建》，2014（4）：10。
2　任红杰：《后现代主义是怎样放逐理想的》，载《高校理论战线》，2005（1）：54-55。

社会责任感就是在一个特定的社会里，每个人在心理和感觉上对其他人的伦理关怀和义务。一个有社会责任感的人，应该坚持道德上正确的主张，坚持实践正义原则，愿为他人做出奉献和牺牲。我们一定要有对其他人负责、对社会负责的责任感，而不仅仅是为自己的欲望而生活，这样才能使社会变得更加美好。中华民族在饱受外来欺凌的最困难的时代，正是由于中国人存在强大的社会责任感，才能击退外侮，解放人民，战胜自然灾害。而相反，社会责任感的缺失，造成了人们的诚信缺失，演变为次贷危机。后现代主义对人本主义采取一种完全拒斥而不是重建其核心价值的态度。这种做法剥夺了主体的道德责任和道德自律。当他们高呼要使人无中心、无本质、无长远目标，不承担社会、政治和道德责任时，他们要求的是现实的人应享受当下的、真正绝对的自由。后现代主义文化思潮使大学生放逐了对社会、对他人的责任，放弃了道德原则、真诚原则，进而以极端个人主义、实用利己主义作为自己的人生哲学。极端个人主义反映在部分学生身上，表现为集体意识不强，个人主义倾向严重，把金钱至上作为自己的人生信条，更多将自身需求能否得到满足以及满足程度作为自身价值取向。他们已不满足甚至鄙视"螺丝钉"的形象，更注重在流动中寻求实现个人价值的最大化。他们也不再满足于"老黄牛"精神，而更多的是力争显示自己的能力以得到社会的承认。少数学生以物质享受的多寡为自身的价值取向，个别学生将自我价值放在首位，凡事从自我出发，不考虑别人和集体的利益。

这种社会责任感不强的不良现象也从大学生的工作价值观和劳动伦理观突出地反映出来。2014年，一篇研究"90后"大学生的后现代主义倾向的硕士学位论文清楚地指出了大学生的就业观："'90后'大学生由于其成长环境的特殊性，导致他们对于生活的理解与以往大不相同，他们个性、大胆、时尚、潮流、前卫，摒弃了传统的保守的生活方式。追求的是流行和时尚，在就业选择上，他们需要工作但更要生活，需要薪水但更要自由。相对于'70后'求职者追求工资和待遇，'80后'求职者追求发展空间和机会，'90后'求职者更加注重自身的自由，他们不喜欢被条款规矩所束缚。而在后现代主义反对中心主义和基础主义的影响下，他们敢于挑战权威，敢于挑战规则。对于'90后'大学生来说，工作不仅是为了赚取一份能够养活自己的薪水，更是为了实现个人的价值，让自己活得舒心而有尊严。因此，在选择职业时，工作是否幸福、生活是否快乐、能否相互尊重等成了他们重点考虑的因素。"[1]

---

1 奉娇：《90后大学生的后现代主义倾向及对策研究》，成都：西华大学硕士论文，2014：35。

第四，导致反理性意识的流行。

后现代主义在批判科学理性和现代科技给人类带来的负面作用时，也表现出缺乏客观正确的分析，没有认识到科学理性和科学技术本身具有价值的中立性。它们之所以给人类带来了大量的负面性效果，问题不在于科学本身，而是在于人们对待科学的态度和方法，在于一定的社会实践条件。科学技术的社会作用不是自发实现的，它的积极功能的发挥需要人们的正确选择，需要一个有利的社会环境。否则科学不但不能给人类带来福音，相反还会带来危害。西方现代人本主义脱离社会条件来批判科学理性，看不到西方社会由科技进步而带来的种种问题和危机，更为深刻的原因在于西方社会制度本身的局限性。资本的贪婪本性使西方社会在使用科技的过程中，不顾大自然的承受能力，甚至不惜侵略其他民族来实现资本利润的最大化，使科学理性和现代科技的发展最终对人类自身产生危害。现代西方人本主义用批判科学技术来代替对西方社会内在根本矛盾的思考，从而在一定程度上掩盖了资本主义社会制度的内在危机，影响了人们对西方社会弊端的深刻而正确的认识，当然也不可能为科技带来的种种负面效应的解决提供合理的途径。受后现代主义这一思路的影响，大学生走向了反对理性、反对科学的道路，而这将会给人类带来更大的危害性。从人类社会发展的历程看，科学是推动历史前进的革命力量，是历史发展的有力杠杆，人类正是在科学理性和科学技术广泛应用的基础上，才不断地认识世界，把握规律，从而有效地改造世界，极大地提高社会生产力，提高人们的生活水平，改变人类的生存状况。所以，任何贬低和否定科学理性的思想和行为都是错误的。

第五，导致享乐主义思潮的泛滥。

对美好生活的追求源于人类客观存在的欲望，我们一般说的生活过得舒适一点、快乐一点，语义上与享乐主义是不可通用的。这里讨论的"享乐"是另一种快乐，享乐主义者多贪图安逸、耽于享乐。古往今来，这种沉迷于纸醉金迷的人，通常被贬为声色犬马、宴安鸩毒之徒。享乐主义不但与中国传统文化"历览前贤国与家，成由勤俭败由奢""生于忧患，死于安乐"主张的艰苦奋斗精神格格不入，更会因其带来的一系列腐败、群众反感、影响社会稳定等负面问题而广受诟病。

清华大学张永红指出现实成因：社会主义市场经济的发展在客观上为其产生提供了物质条件和社会环境；改革开放以来人们价值观念的变化为其滋生准备了心理基础；大众文化的消极影响是其文化根源。但是也不能忽视后现代主义的影响。后现代主义文化作为后现代消费主义时代的文化形态，在价值取向上也与过去的文化形态迥然不同。在消费问题上，后现代主义颠覆消解传统价值观，认为即时性消费、当下性享乐、时尚化追求已成为现实的游戏规则。赵光武教授说，后现代主义的局限性突出地表现在其人文精神的价值取向上。具体来说，就是其反基础主义、反本质主义、反理性主义等倾向导致了放逐理想、躲避崇高、消解责任、无正义、无道德、无进取、享乐当时、游戏人生的态度。这是消极颓废，极其有害的。[1]它直接冲击中国当代的社会教育、学校教育和家庭教育，直接影响教育对象的健康成长。

2003年，有一篇题为"享乐主义者宣言"的文章出现，作者自称是享乐主义者，堂而皇之地把享乐主义作为一种价值取向和人生目的加以张扬。作者称，人体躯壳上从眼睛、鼻子、舌头到皮肤等各个感官，都应该去尽情地享受，"享受人世的一切美丽"。与该文同时发表的一组文章还呼唤："要重新定义享乐""要给享乐松绑""生活要靠感觉，不要靠说法"等。

享乐主义重视物质消费，尤其重视符号价值，导致名牌消费在青年群体中成为时尚；精神消费领域流行"快餐文化"；文化消费市场流行的是"拼贴文化"，专业化的文化成果问津者甚少。

相关调查显示，有39%左右的大学生很看重商品的品牌，而只有不到6%的大学生会更看重商品的价格。在后现代主义的影响下，大学生对于金钱的概念已经逐渐趋于商品化，对于消费的方式和习惯已经逐渐趋于无底化，勤俭节约和艰苦奋斗的精神在淡化。中国也是一个"面子"社会，一些家庭经济条件较好的大学生喜好追逐潮流，购买高档产品，由此刺激了另一些经济条件不太好的大学生通过攀比消费来"提高"自己在同学中的地位。因此，在后现代主义的推动下，部分大学生中的攀比消费现象愈演愈烈。他们忽略了金钱的来之不易，而是尽情享受着父母庇护下的经济满足，从而导致部分大学生缺乏学习动力和学习目标，而是一味地沉浸在安稳的现实中。

在恋爱方式上，受后现代主义影响的大学生注重感情放纵，追求情感满足，热衷于"不求天长地久，但求曾经拥有"。在义利观上，传统的重义轻利观念受到冲击，少数同学为了眼前自己的利益，很少顾及集体的荣誉和集体的需要。他们的生活方式向世俗化、商品化发展，尝试以颓废的生活方式来表达对社会现实的不满，来摆脱精神上的空虚和心灵上的孤独，在不自觉中沦为后现代主义的"复制品"。

由于后现代主义批判现代主义理性，宣扬人的感性和直觉，主张非理性，强调把人的情绪和本能等非理性的因素作为思考和认识的因素，缺乏对人的理性的关

---

1 赵光武：《怎样认识后现代主义哲学》，摘自冯宋彻《当代社会思潮名家讲座》，北京：中国传媒大学出版社，2006：35。

注，因此，后现代主义的这种思想引发了大学生的激情消费现象。由于现代媒体技术的发达，各种商业广告无孔不入，不断影响着大学生的消费选择。尤其一些好的广告词，往往会很快地调动大学生的消费情绪，理性消费被弱化，"一切跟着感觉走"的观念带动他们盲目购买，从而形成了激情消费。但同时也造成大学生在激情下购买的商品并未切合自己的需求，由此造成浪费的现象。

第三章

大学生生命教育的具体内容

生命教育内容的确定是建立在学者对生命本质和生命内涵的理解基础之上的。当前，因为对生命教育内涵的理解各有侧重，因此学界对生命教育的内容划分也不尽相同。综合国内研究者的观点，有的是强调死亡取向的教育，有的是强调心理取向教育，有的是强调道德或宗教、伦理取向的教育，有的是强调生活取向、生涯发展取向的教育。有的学者又认为，生命教育的目标与内容主要包括学会珍爱生命、学会创造生命价值、自觉提升生命价值等；也有学者认为，生命教育的内容是帮助学生领悟生命的意义和价值、树立正确的人际关系、认识生命的可贵、珍惜生命的存在和欣赏生命的美好等。有的学者是从生命的自然属性、关系属性和价值属性来确立生命教育的内容体系，确立了生命的知识领域、生命的关系领域和生命的价值领域三大类内容体系；也有的学者是从自然生命、精神生命和社会生命来建立生命教育的内容体系。此外，还有的学者指出了"生命意识教育"的内容与目标，包括生命文化建设，生命价值伦理观的培育，生命认识与情感、意志教育等。[1] 其中比较有代表性的几种观点有生命价值论、生命至上论等。

　　笔者在综合研究者的成果基础上，根据生命教育的目标，将高校生命教育内容确定为生命意识教育、生存教育、生命境遇教育和生命道德教育。

第一节　生命意识教育

　　苏格兰哲学家托马斯·卡莱尔曾说："生命意识是个体对生命的理解与态度。它是人的生命为了适应自身生存和发展的需要，依据先天的基因，加上后天的教化而形成的对于生存和生存价值的体认和感悟。生命意识包括了浅层次的生存意识和深层次的生命价值意识。生存意识即生存意志，是个体维护生命存在和延续的欲望。生存意识的强烈与否，对个体的成长和发展有着极大的影响。"[2] 大学生的生命意识，是其对个体生命存在所产生的一种自觉的意识，是对生命的理性思考和感性体验，是对生命终极价值的审视。应该说，生命意识是人类文明发展的核心主

1　张旭东：《大学生生命教育模式研究》，北京：中国科学技术出版社，2008：96。

2　托马斯·卡莱尔：《生命的沉思》，北京：新华出版社，2000：1-30。

题。然而纵观当前高校，大学生生命意识淡薄的现象较为普遍。中国青年报社会调查中心通过腾讯网教育频道，对7080名大学生进行的一项调查发现，55.1%的大学生认为高校应该加强生命教育。[1] 2004年4月在杭州召开的内地与港澳台"教师、课程与人格建构研讨会"上，来自北京、上海、南京、杭州、香港、台湾等地的四十多位专家教授纷纷呼吁，必须重视校园"生命教育"这一教育理念。[2] 根据2006年全国两会专栏报道所载，针对大学生轻生、自杀所暴露出来的心理健康问题，全国人大代呼吁开设"生命教育"课，打造心理长城。[3] 整个社会的关注、专家的重视、人大代表的呼吁以及大学生冷漠的反应，一方面显示了生命教育的重要性，另一方面也反映了当前高校生命意识教育的缺失。而在高校进行生命意识教育，本身也是教育目标中关注人的价值、关怀人的生命的重要体现。正如爱因斯坦所说，"学校应该永远以此为目标：学生离开学校时，是一个和谐的人，而不是一个专家"。生命意识的培养是生命教育的起点，是大学生正确、科学、完整认识生命的基础，帮助大学生热爱、善待、敬畏、欣赏生命，并能主动维护生命的尊严。生命意识教育主要包括以下几个方面的内容。

一、认识和理解生命的意识

人的生命与其他生物生命最大的区别在于："动物和它的生命是直接同一的，它没有自己和自己的生命活动之间的区别，它就是这种生命活动。人则把自己的生活活动本身变成自己的意志和意识的对象。"[4] 人能凭借思维，清晰地认识到自己所处的状态。因此，要理解生命就必须对生命的基本特征进行认识。

在对生命的认识中，我们发现人的生命具有独特性。第一，人的生命是有限的。关于生命的有限性，主要从以下两个方面来理解：首先，人的自然生命是有限的，死亡是人生必然的结局。其次，人生的际遇是不可控制的。人的一生很难完全按照事先的设计执行，突如其来的自然灾害、疾病以及种种偶然因素，都会导致个体生命的突然消失。比如2008年的汶川大地震，原本还处在花季的孩子们，原本还希望通过自己的努力去创造未来美好生活的孩子们，却因灾难永远地失去了生命。据相关统计数据，在汶川地震震中的映秀小学，400名学生加上47名老师，活着走出来的只有100多个。生命的不可控及其不可逆转，让我们觉得惋惜和遗憾。正因

1　梁晋：《生命教育：高师思想政治教育的现实责任》，载《黑龙江高教研》，2006（1）：49-50。

2　李映泉：《论大学生的生命教育》，载《职业教育》，2009（3）：185。

3　乔丹、杨淑珍：《当前大学生生命教育现状探究与思考》，载《思想政治教育研究》，2008（2）：84-86。

4　马克思：《1844年经济学—哲学手稿》，北京：人民出版社，1979：50。

为如此，作为社会个体的我们更应该珍惜生命。第二，人的生命具有独特性与完整性。每一个生命都是独特的个体，世界上没有两个完全相同的人，正如世界上没有两片相同的树叶。遗传的差异是个体保持独特性的生物性基础，但人的独特性更多是来自后天环境、教育和个人实践活动的影响。生命既具有独特性也具有完整性。当我们人为地划分生命的结构时，殊不知却忽略了生命的完整性。哲学家雅斯贝尔斯曾经说过："毋庸置疑，生命是完整的，它有年龄、自我实现、成熟和生命可能性等形式，作为生命的自我存在也向往着成为完整的，只有通过对生命来说是合适的内在联系，生命才能是完整的。"[1] 每一个个体在追求完整性的同时追求着个性，因此，任何对生命的解读和理解都必须建立在对生命完整性和独特性的基础之上。第三，生命具有精神性和超越性。人的生命不仅仅是自然赋予的肉体生命，还包括后天发展起来的精神生命，这也正是人的生命完整性的体现。人生存于世界之中，生存于自我的意识之中，能够意识到自身生命在世界之中的活动，并在人的意识之中给出人的活动，人对人的生命活动的意识构成生命的意义。人的生命是一种追求意义的存在，而探索有意义的存在是实存的核心。[2] 人生的过程不仅仅是物理时间延长的过程，更是一个不断追求生命意义、实现生命价值的过程。在此过程中，人们改变和创造社会，并不断超越自我，提升自我，走向新的解放，生成新的自我。第四，生命具有实践性的特点。独特的个体、完整的个体、超越的个体，都是在实践中展示和表达出来的。应该说，实践是人类存在的最基本方式。个体在实践中去体验生命的困惑，在实践中去追求生存意义，在实践中去创造美好的未来。认识生命的本质特征是我们生命实践的基本前提。

此外，认识和理解生命还应该了解完整生命的三重性。人的生命包括三个层次：自然生命、社会生命和精神生命。第一重生命是自然生命，亦即肉体生命。中国传统文化有"贵生"的思想，如孔子所说的"子钓而不纲，弋不射宿"，荀子所说的"水火有气而无生，草木有生而无知，禽兽有知而无义，人有气、有生、有知，亦且有义，故最为天下贵也"，自然生命也有其尊严和价值。于是饮食代谢、生生息息、衰老病死，这些生物学层次的生命都是我们应该尊重的。这一重生命如人的脚，虽"低俗"，却是后两重生命的基础和"载体"（至少是一段时间的载体）。这是生命的最低状态，然也不乏精彩和灿烂。可光有它，太可怜；而没有它，更可怜——一切都将无从谈起。说到底，它是"1"，后面的都是"0"；爱惜、尊重和敬畏它，是人生的首义。第二重，社会生命，亦即人际生命。每个人不

---

1 雅斯贝尔斯著，邹进译：《什么是教育》，北京：生活·读书·新知三联书店，1991：37-38。

2 威廉·赫舍尔，隗仁莲译：《人是谁》，贵阳：贵州人民出版社，1988：52。

仅是自然的个体，也是社会的个体。从社会学的意义来看，每个自然生命被赋予了社会的意义和价值后，他就不再仅是自然生命，而是与社会发生了千丝万缕的联系，包括社会生活的多重角色、权利义务、社会关系等。这种社会学意义上的生命层次，使个体承担更多的责任，同时也赋予了人生更多的意义，承上启下、展现风采，位居生命的中间状态，有着10倍于"1"的生命质量，更精彩、更灿烂。例如，中国生命存在的最高境界就是"舍生取义"。"'生，亦我所欲也，义，亦我所欲也。二者不可得兼，舍生而取义者也。'其中，'生'是自然生命之生，而'义'则象征着个体在社会中的精神生命之存在，'舍生取义'并不是不珍惜人的生命，而是在不可兼得之时以自然生命之死换得精神生命之生。"[1]第三重，精神生命，亦即永恒生命——传感真谛、承系天地、永世长存，属于心理学和哲学层面。这重生命是人区别于其他生物的根本标志。这重生命如人的头颅，主宰着人生大义，为最高层次，至少有100倍于"1"的生命质量，最精彩、最灿烂。个体的精神生命可以使我们从小我走向大我，为民族、为国家、为世界、为人类做出贡献。所谓"生命有涯，精神不死"，这是精神生命相较于肉体生命和社会生命所传达给后人的精神影响。

二、热爱和珍惜生命的意识

在认识和理解生命的基础上，大学生生命教育要培养学生热爱和珍惜生命的意识。热爱是一种深厚、积极、稳定的情感，热爱生命是情感的培养。高校生命教育意识培养，要求大学生在实践活动中去亲身体验和经历。这种对生命热爱的情感一旦养成，再经过加强和巩固，有助于他们在未来社会生活中无论遇到怎样的挫折都能从容面对。契诃夫的短篇小说《打赌》讲述到，一位法律学家与一位企业家在一次沙龙聚会中谈到一个新近被判15年徒刑的囚徒时争执起来：企业家认为在监狱里蹲15年还不如判死刑；法律学家则认为活着总比死了好，活着就是希望。二人争执不休，最后打起赌来，赌注是法律学家让企业家把他关起来，15年后如果法律学家不违约，企业家的全部财产归法律学家所有。第二天早晨，法律学家便被企业家关进自己后花园的一间小屋，这间小屋只有一个送食物的小小窗口。法律学家蹲在这个与世隔绝的小屋里开始过监狱生活，企业家每天给他提供所要读的书。时间一天天流逝，法律学家读完了政治、经济、哲学、科学、神学、文学大全。15年的时间终于到了。这时的企业家因在生意场中失利，他知道时间一到自己便会变成一个

---

1 钟晓琳：《从自然生命到精神生命：走出生命 教育的困境》，载《少年儿童研究》，2010（8）：15。

穷光蛋，于是他决定在到期的头天夜里杀死法律学家。企业家好容易打开那把15年来从来没有打开过的生锈的铁锁，发现法律学家正在残烛前伏案熟睡。企业家正欲趁机杀死这形容枯槁的法律学家时，却发现桌上放着一封给他的信。信中法律学家说，他感谢企业家，15年来他读了许多书，这些知识将是他终身用不尽的财富；他还明白了许多道理，他决定不再要企业家的财产，将于第二天拂晓前破窗而出，自动毁约。企业家看完信决定放弃杀死法律学家的念头。第二天拂晓前法律学家果然毁约破窗而出，既保留了企业家的财产，也保住了自己的生命。

这篇小说包含许多人生哲理，世间一切事物中最宝贵的就是生命。热爱生命，活着便是希望，应该是它的主题。首先，热爱生命并不等于贪生怕死，"人生自古谁无死"？秋瑾有一首诗："不惜千金买宝刀，貂裘换酒也堪豪。一腔热血勤珍重，洒去犹能化碧涛。"古今中外一切取得伟大成就的人都是懂得生命价值和追求更高生命价值的。一切正常人都是珍惜生命、热爱生命的。"人固有一死，或轻如鸿毛，或重于泰山。"当然在生活中不可能每一个人的死都重于泰山，然而却不可以轻如鸿毛。人是不可以轻生的。大仲马曾经说过：人类的全部幸福就在于希望和等待之中。活着是幸福，希望是幸福，等待是幸福。整个人类社会的一切都是在为了人类的生存和追求幸福而运作，活着和幸福是人类的主题和目的。离开了活着和幸福，人类的一切便将失去意义。

热爱生命、珍惜生命就要养成健康的生活方式。1992年世界卫生组织（WHO）在加拿大维多利亚召开了国际心脏健康会议。会议发表的《维多利亚宣言》指出，在数百种健康因素中，以合理膳食、适量运动、规律生活（含戒烟限酒）和心理平衡最为重要。这四大基石构成的健康生活方式，若能做到并长期坚持，可解决70%的健康问题。校园是非常有利的健康生活方式的养成环境，大学生要抓住这个机会，养成一生的健康生活方式。首先要合理膳食，养成健康的睡眠习惯。这对于一部分大学生有一定的难度。他们沉溺于游戏，生物钟混乱，因长期缺乏睡眠导致精神涣散、学习效率下降。其次要保持良好的心态。每个人的生活不可能一帆风顺，来自学习的压力、人际交往的压力以及情感问题往往会使大学生陷入苦恼之中。这就要求大学生以平常心对待，因为情绪大起大落的波动容易导致身体和精神上的疾病，不好的情绪易破坏人体免疫功能，加速人体衰老过程。所以生活、工作中非原则问题无须过分坚持，要懂得欣赏自己所拥有的，时刻提醒自己要保持轻松愉悦的心情。最后要进行适当的锻炼。选择一种自己喜欢并适合每日锻炼的方法，比如跑步、游泳、打球、健身等，日复一日地坚持下去。但必须注意选择自己所喜欢的运动，如果逼自己做绝对不喜欢做的事情，便很难坚持。所以需要尝试找到合适的、喜欢或可以学习喜欢的运动。运动不但能提高自己的身体素质，有助于改善体型，还可以调节身体功能，减低脂肪含量，使我们拥有健康的身体。

热爱和珍惜生命就要求大学生学会体验生命的快乐和精彩。对他人要爱人如己，关爱他人，与他人和谐共处；对自然要学会珍惜生存环境，热爱自然中的一切生命，热爱树木花草，与自然和谐共处。杰克·伦敦的名篇《热爱生命》中讲述了两个淘金人历尽苦难和艰辛，从死亡线上挣扎过来的感人故事，让我们感受到人的生命力是多么强大，人的生存欲望是多么强烈，人在死亡的边缘才会深切感受到生的可贵。生命在其发展过程中是会遇到许多艰难困苦的，这恰好证明了生的可贵。生命是一切上层建筑和物质世界的基础，因为人类有了生命，才有了思想，才有了希望和追求，才有了这个五彩缤纷、像万花筒一样美好的世界。生命面对时间和空间，正如苏轼所说："若自其变者而观之则天地曾不能以一瞬；若自其不变者而观之则物与我皆无尽。"人生是短暂的，也是永恒的。人世间的生活才是实实在在的，有天伦之乐、朋友之谊、恋人之情，有理想，有美好，有追求，有梦幻，热爱和珍惜生命，我们才可以过上快活的人生。应该说，热爱和珍惜生命，就是要在认识和理解生命的基础上，把保存生命作为人生的最大价值，并以此为前提去充实生命的应有内涵，实现生命的价值和意义。

三、尊重和敬畏生命的意识

尊重和敬畏生命在大学生生命意识培养中尤其重要，因为只有在认识和理解了生命的独特性后，我们才能学会尊重和敬畏生命。

尊重生命有三个层次。第一，尊重自己的生命。一个连自己的生命都不尊重的人，是不可能懂得尊重别人的生命的。尊重自己的生命，当然也包括珍惜生命、热爱生命，但更重要的是承担自己的义务，努力做好眼前的事情、身边的事情，做自主生活的强者。尊重生命就是要热爱生命、珍惜生命、直面挫折，勇敢地担负起对自己的责任、对父母的责任、对学校的责任、对社会的责任，永不放弃生的希望，做生命的主人。对每一个人来说，人的生命只有一次，在人类历史的长河中，生命是短暂的，但在个体的成长过程中，生命又是漫长的。每个人从出生到死亡，要经历一个跌荡起伏的曲折过程。人生的意义不在于生命的长短，而在于生命的意义，在于生活是否精彩。第二，要尊重他人的生命。生命具有最大的普遍性。每个人都希望自己的生命不要受到伤害，都希望别人尊重自己的生命。这就要求我们每个人都尊重他人的生命，绝不去伤害他人的生命，这是道德的底线，也是最具有普遍意义的道德。那么尊重他人生命的道德基础是什么？周国平认为，人有两个本能，一个本能是爱自己的生命，对自己生命有利的东西，他就喜欢，就想得到；对自己生命有害的东西，他就厌恶，就想避开，这就是所谓的"趋利避害"。从这个意义上可以说，利己是人的本性。另一个是同情本能，就是看见别人的生命有了危险，遭到了威胁或损害，他会设身处地去感受，他也会不好受。尊重生命就要有包容之心和爱心。有的生命精美绝伦，有的生命并不那么完美，我们尊重生命，就要以包容之心去对待一切生命现象，而不要以唯美的标准去苛求他人，要学会接受生命的不完美。对一名教师而言，尊重生命就是要尊重每个学生的独特个性，接受每个孩子的优点和缺点，努力培养学生健全、丰富的情感。第三，要尊重自然界所有的生命。生命是自然界的奇迹，人类本身也是生命形态之一，这种生命形态与其他的生命形态息息相关，并不能脱离其他的生命形态而独善其身。因此，人类不仅要尊重自己的生命，还要尊重别人的生命以及一切生命形态，而对自然的尊重就是对人类自己的尊重。大自然是伟大的，一草一木都有其存在的意义。生命是崇高的，在自然的生命面前，一切生命都是平等而珍贵的。从尊重自己的生命来说，首先是要珍惜生命，养成健康的生活方式，不做损害生命的事，比如吸毒、纵欲、过劳。其次是要享受生命。生命的享受不仅仅是满足生理性的欲望，更重要的是满足生命的欲望。现代社会，人们往往将物欲等同于生命欲望，殊不知物欲是社会刺激起来的，绝不是生命本身的需要。中西方的哲学家早就认识到了生命对物欲的需要是十分有限的。如道家强调"全性保真""不失性命之情""不以物累形"，这些都体现了先人的智慧。

敬畏在现代汉语词典中被解释为"又尊敬又害怕"，敬畏是一种掺杂着惊讶、恐惧的尊崇的情感。敬畏不等于恐惧，恐惧产生卑怯感，而敬畏则产生崇高感。因此，不畏者不敬，畏和敬是不可分的。生命之所以值得敬畏的本质在于生命的不可重复性和创造性。敬畏生命要求大学生对所有的生命保持最基本的善意，在力所能及的范围之内，避免伤害生命并救助生命。阿尔贝特·史怀泽提出了"敬畏生命"的概念，并以此为基础构建了生命伦理学，还将生命伦伦理学扩展到自然万物。他说："我的生命对于我来说充满了意义，我身边的这些生命一定也有相当重要的意义。如果我想要其他生命尊重我的生命，那么我也必须尊重其他的生命。传统道德观念一直局限在人与人之间，这是极其狭隘的，我们应当有一种没有界限的道德观，把其他动物也包括在内。"[1] 史怀泽指出，对一切生命负责的根本理由是对自己负责，如果没有对所有生命的尊重，人对自己的尊重也是没有保障的。任何生命都有自己的价值和存在的权力，若习惯于把某种生命看作没有价值的，就会陷于认为人的生命也是没有价值的危险之中。对非人的生命的蔑视最终会导致对人自身的

1　阿尔贝特·史怀泽著，陈泽环译：《敬畏生命》，上海：上海社会科学学院出版社，1992：268。

蔑视，世界大战的接连出现就是明证。

敬畏生命特别强调对生命的责任。我国著名哲学家、北京大学教授张岱年先生曾说，人之所以为人应该具备两个条件：第一是拥有独立人格，即对自然、社会、自我的关系有充分的认识能力；第二是有社会责任感。个人的成长过程就是个人从不完整的人成长为完整的人、不断提高自我认识能力和社会责任感的过程。[1]孔子的伟大与崇高，源于他对"自然"与"人道"的敬畏，并把这种敬畏感付诸生命的行动与追求，从而树立了崇高的人格和不朽的精神。孔子曰："吾十有五而志于学，三十而立，四十而不惑，五十而知天命。"孔子所说的"知命"，就是以敬畏的心态承担自己的责任。做一个堂堂正正的人，履行自己的责任，以"人道"的原则要求自己、锻炼自己、鞭策自己、提升自己、完善自己。这是孔子对人生观的一种表述，也是对自己人生历程和生命意义的总结。要"知天命"，就不能不对生命心存敬畏，并且要躬身行之而不可有丝毫懈怠和轻忽，更不可有侮慢之心，因为这不是我们通常所讲的认识问题，而是生命的意义问题，也是生命的归属问题。然而，近年来部分高校大学生的心理问题突出，甚至出现了一些犯罪行为。他们不好好地对待生命，更别提什么理想或精神的追求了。这些问题一再提醒教育工作者，在教育中，应该着力培养孩子的敬畏感，包括敬畏生命、敬畏自然、敬畏崇高、敬畏美好、敬畏师长等，也就是要培养孩子对生命价值的认识，对自然的亲近，对崇高事物的追求和向往。如果青年没有这种敬畏之情的话，就很可能成为一个对自己的内心世界没有约束的人，一个缺少憧憬与精神追求的人，将来可能会是一个"背着炸药包"走上社会、危害社会的人。所以，丰子恺先生曾多次善意地劝告小孩子，不要肆意用脚去踩蚂蚁，不要肆意用火或用水去残害蚂蚁。他认为自己那样做不仅仅出于怜悯之心，更是怕小孩子那一点点残忍心以后扩大开来。想想看，先生的做法，也是想从小孩子的身上就开始培养一种对生命的敬畏之心吧！敬畏生命还要正确地对待死亡，只有敬畏生命才能尊重生命！

四、创造和超越生命的意识

格里芬曾指出："从根本上来说，我们是'创造性'的存在物，每一个人都体现了创造性的能量，人类作为整体显然最大限度地体现了这种创造性的能量（至少在这个星球上如此）。"[2]生命的本质在于创造。一方面，我们能在社会实践中创

1　谢其梅：《大学生党员先进性教育探论》，徐州：中国矿业大学出版社，2006：120。

2　大卫·格里芬著，王成兵译：《后现代精神》，北京：中央编译出版社，1998：223。

造出社会上原本不存在的东西，影响和改变世界，从而满足人类社会生存和发展的需要。另一方面，生命在不断的创造中得以发展和壮大。人类从来不满足于自己的生存现状，凭借人类的智慧，不断超越生命存在的现实，提升生命的创造力，更新和丰富生命存在的内容和方式。存在不是生命的根本价值，生命的存在是为了追求更有意义、更有品质和更有价值的生活。印度哲学家奥修说："一个伟大的导师，不是让他的学生学会了多少知识，而是让他的学生拥有了创造力，去创造他们所想要的一切。"奥修所提到的创造力就是生命的本质，当一个伟大的导师能让跟随他的学生认识到自己生命的本质时，那个时候学生也就拥有了全世界，拥有了他所想要的一切。因为生命中最重要的是创造力，其他的都是附加的报酬。但是，社会的物欲横流，让一些人根本没有时间思考什么是生命的本质，反思幸福的源泉，他们希望得到的是可以看到、触摸到、使用到的实实在在的东西；一些大学生所关心的也只是能否评上"三好学生""优秀干部"，能否加"量化分"，能否多拿一个证书为未来求职增加砝码。人们在追逐名利、金钱、事业成就、地位等的过程中永远都不会满足，在得到的时候人们只能获得短暂的快乐和满足，随之而来的是更深的匮乏感和更多的欲望。他们原以为只要拥有了自己想要得到的东西，就会得到幸福，可却由此发现自己离生命存在最深的渴望——幸福，越来越远。

人们之所以在无限追逐成功的过程中感受不到幸福，是因为很多人本末倒置，将追寻生命幸福的手段当作目的，脱离甚至忘记了自己生命原本最重要的来源——创造。当人们都没有办法进入创造之流的时候，就会寻找替代品，有的替代品就是去追逐原来只是跟随创造而来的报酬，如金钱、名利、关系。他们以为最重要的是这些，而忘记了创造力这个本质的存在。当人们能认识到生命中最重要的是创造，其他的都是附加报酬时，就不会脱离生命的本质。所以当我们回到创造本身，而不是执着于外在替代品，我们就能真正享受到由创造而衍生出来的报酬——金钱、关系、名利，而不是陷入金钱、关系、名利中不能自拔。而所有的宗教、心灵成长的过程，其最终的目的都是让我们清醒过来，不要沉迷于外界的物质世界，真正能让我们的生命长存并具有存在意义的就是认识到创造之流的存在，无论我们现在拥有什么，或者没有什么，其实都不是最重要的，重要的是我们是否能够发挥我们的创造力，为我们自己、为世界而创造。

台湾著名的励志演说家谢昆山，12岁时就失去双手、一条腿，后来又失去了一只眼睛，可他却成了当代人的另类偶像——生命积极正面的励志偶像，成了一名出色的画家，一名充满爱心的社会义务工作者，为许许多多的人扬起了生命的风帆。他比很多的正常人生活得更加积极、更加幸福、更加具有创造力。他生存于这个世界，同样需要金钱、关系、名利等一切正常人所需要的，可正是因为他认识到生命的本质是创造，而不是其他，所以就算他失去了很多在我们看来非常重要的东西，依然能比一般人生活得更幸福、更出色。正如前面所谈到的，生命中最重要的是创造力，其他的都是附加的报酬，而真正幸福的人就是进入创造之流的人。哲学家尼采也曾经说过生命的本质在于创造，人只有在创造中才有自由，因而尼采特别强调艺术的创造性，他喜欢将艺术同自然的生殖性联系起来，祈望艺术像自然一样，"在万象变幻中，做永远创造、永远生气勃勃、永远热爱现象之变化的始母"[1]。

从生命的理想来看，人类的一切智慧都力图超越自然生命的有限性，进而去追求精神生命的无限性，并实现二者的统一，超越生命。生命具有通过人的实践活动去超越生命本身的能力，人的生命就是一个不断去创造和发展的过程。相较于无法超越的动物生命，人的生命本质就是在创造中超越自己。然而，当今社会的一些人，只是被动地接纳社会的个体，将原本扩散型的生命历程简化为线性的生命历程，单调而重复，十年犹如一天地重复。没有了超越性，人的生命的存在就如同动物的生命一般，最终也会丧失作为人的本质的存在。

超越生命的极限，也是高等学校生命教育的重要内容。教育是要从人的生命深处唤醒人沉睡的自我意识，激发人的创造力、生命力、价值观，使人具有一种觉悟，触及人的灵魂，使人心灵震撼，催醒人内心深处沉睡的意识，使人灵魂的眼睛抽身返回自身之内，内在地透视自己的灵体。在人生中，只有教育才能使人不断认识，不断改正，不断总结，不断积累，不断适应，不断成熟，使人的生命连续发展，不断发展进步，不断创新升华，直到人生命的最大值，即人生命的最大极限，最后坦然走向死亡。死亡是必然，人有生必有死，这是自然的，无论高贵还是卑微都回避不了。但是人可以超越生命的最大极限，即延长人的有限生命，超越人固有的生命。这些目标的达成，都与教育有着密切的联系。因为人在世界上，活得时间越长，走得越远，拥有的综合能力就会越强，知识智慧就会越多，生活阅历就越丰富。人们常说，在世长寿，多得福，是修来的。这个"修"字就离不开教育。修身厉行，要想厉行必须修炼，修身修心，修身养性。身是外在的，而心态和性格是内在的，是看不见的东西，只有通过言语行为表现出来，所以提倡教育要弘扬个性生命。这是对生命的尊重，是对生命价值的尊重，是尊重生命的独特性。

1　尼采：《悲剧的诞生：尼采美学文选》，北京：生活·读书·新知三联书店，1986：71。

第二节　生存教育

生存，是人类在发展中面临的共同课题，也备受世界各国学者的关注。1972年，联合国教科文组织在《学会生存——教育世界的今天和明天》报告中，就曾指出"教育的使命，正是为了准备未来，使我们的受教育者学会生存"，并且向全世界提出"学会生存"的倡议。1996年，国际21世纪教育委员会的报告《教育——财富蕴藏其中》指出，未来教育的四大支柱是学会认知、学会做事、学会共同生活、学会生存。学会生存是未来教育四大支柱的基础，因此结合中国社会现状，在高校开展生存教育是很有必要的。首先，从自然角度分析。近年来，我国地震等自然灾害频发，对国家的经济社会发展和人民生产安全带来了重大的损失。掌握最基本的生存能力，是在困境中自我脱险的前提。2008年汶川特大地震中惨重的人员伤亡使得高校更加重视生存教育问题，将其作为生命教育的重要内容。其次，从社会角度分析。中国在改革开放30年后，经济社会飞速发展，社会生活正发生翻天覆地的变化，在转型时期，经济发展的"软着陆"与政治体制的深化可能会引发一系列的社会问题。大学生作为未来社会发展的主力军，他们生存能力的高低直接影响着中国社会未来的发展。

生存教育简单来说就是生存能力的教育。生存能力是指一个人为了保存和发展自己，通过自身的努力在对自己的生存环境和条件进行适应、利用、斗争、创造时所表现出来的综合能力。以培养和训练学生生存能力为主要目的的教育，就是生存教育。[1] 当前世界各国广泛开展了对青少年的生存教育能力的培养。如日本从20世纪80年代开始，提出在"轻松宽裕"的环境下培养学生的"生存能力"，并强化社会教育功能，以学校与社区联合、融合的方式，培养青少年"切实的学力""丰富的人性""健康与体力"等各个方面的能力。英国沿袭教育传统，重视"绅士教育"，学校与家庭配合共同实现教育目的。在家庭中，家长不娇惯孩子，在尊重他们独立人格的前提下，对孩子进行严格的管束。在学校，学生必须接受磨难训练。例如著名的伊顿公学，其教育经验之一就是让学生吃苦。英国冬天很冷，但学校不设暖气，让学生只盖一条毛毯睡觉，洗澡也得用冷水。此外还采取了一系列的措施，引导学生树立自尊、自律、自强意识，增强辨别是非和自我保护的能力。在美国，家长从孩子小时候起就引导他们认识劳动的价值。德国则十分强调和重视基础教育中的劳动技术教育，并将其看作学生未来职业生活和社会生活的重要准备，以

---

1 International Commission on the Development of Education: *Learning to Be: The World of Education Today and Tomorrow*, Paris: UNESCO, 1972.

及学生全面素质发展的重要组成部分。相较于发达国家较为成熟的青少年生存教育，我国的青少年生存教育存在普遍缺失的现状。云南省在2008年实施了以生命教育、生存教育和生活教育为主要内容的"三生教育"试点工作，目的在于帮助学生掌握生存的基本知识与技能，保护生存环境，提高生存的适应能力、发展能力和创造能力，实现生命的意义和价值。在当今社会，我们更多的是遵循法律、道德和社会规则，但还有一样东西虽看不见却贯穿于生活始终，那就是最原始的自然法则。放眼社会，能取得成功的人都践行着自然法则，其中包括拥有坚忍不拔的意志、永不服输的精神。引导孩子进行一些野外生存训练，是在提高孩子对自然和人类探索的兴趣和发现问题、脱离困境的一种能力，对孩子的未来成长大有裨益。[1] 根据教育的连贯性与一致性，在青少年时代缺失生存教育的孩子进入大学后，也容易表现出各种不适应，各种案例不胜枚举。国内高校的生存教育处于起步阶段，没有系统的课程设计和实施方案。一些当代青年由于缺乏基本的生存技能和社会生活法则而引发的社会问题也引起了全社会的普遍关注，如"月光族""啃老族"的出现，大龄未婚群体人数的上涨等。按照爱因斯坦的说法，大学的基本任务不是培养专家，而是培养身心和谐发展的人，当代的大学生不仅要具备一定的专业知识和专业技能，更应该具备基本的生存知识和能力。这既是高等教育的目标之一，也体现了高等教育的完善程度。

一、生存价值教育

在高校开展生存教育，要注意培养大学生的生存意识，进行生存价值教育，使其养成良好的生活习惯。生存意识，也被称为"本能意识"，是人类的最基本精神，影响和调控着人类的一切行为。人类通过实践和劳动衍化出了精神领域的其他意识和能力，如人的学习意识、审美意识、创造意识、求职意识等。应该说，生存意识是其他意识的母体，它充溢在人类的一切活动之中，而子体又以不同的表现形式体现了人类的生存意识。古今中外的学者对于生存有着自己独到的见解。在西方，萨特、尼采、海德格尔、雅斯贝尔斯等大哲学家都对生存进行了深刻的阐述，并以此为基础构建了存在主义哲学的大厦。尼采曾经说过："我们必须在自己面前对我们的生存负责，因此我们需做这生存的真正舵手，不允许我们存在类似一个盲目的偶然。"[2] 马克思也从实践的角度去解释生存："一是人的对象性的生存实践活动是对象人化的活动，同时也是人对象化的活动；二是人的对象性的生存实

1　中国新闻网：《专家称中国小孩缺乏生存教育　小孩内向胆小》，http://news.jxnews.com.cn/system/2015/10/27/014393869.shtml，2015-10-27。

2　海德格尔著，苏隆译：《尼采十讲》，北京：中国言实出版社，2004：154。

践活动是人生意义的源泉，也是人合理地对待人生智慧之源；三是人智慧地对待'生'，也就意味着智慧地对待'死'。"[1]而中华民族顽强的生命力来源于中国传统文化中的生存意识，中国人重视生存，能够在极其艰难的环境下顽强地生活，并延续和创造文化。1988年，诺贝尔奖获得者瑞典物理学家汉内斯·阿尔文博士曾说过："如果我们人类还要继续生存下去，我们就一定要倒退回去两千五百年，去追寻孔子的智慧。"孔子以"和"求生存，以"和"求德性，以"和"求发展。儒家以孔子为代表的关于"人能弘道，非道弘人""行'恭、宽、信、敏、惠'仁德于天下""礼之用，和为贵，先王之道，斯为美"等，以及道家的"本真自然"的生存理念与生存智慧对于现代人磨砺生存意志，缓和生存境遇中的人与自然、人与人、人与社会之间的矛盾，促进社会和谐有着重要的意义与教育价值。人类在生存中创造文化，而文化的一个重要功能就是帮助生存。要加强大学生生存意识的培养，使他们能够拥有对生命的责任感，在面对危害的时候拥有自救能力，在面临人生困境时永远以生命为唯一的选择前提，并在此基础上改变人的意识、思想和行为，以此为基点，让大学生意识到人的价值就在于为民族、为国家、为人类、为世界做贡献。

生存价值教育是为了让学生了解生存的价值与意义，了解生存是实现生命价值的基本途径。当代社会生存异化现象较为严重，高校中也存在生存异化的现象。究其缘由，在于当代社会政治、经济生活发生了巨大的变化，生活方式的变革、外来文化的侵袭以及价值观念的多元导致了人在自我认知中的失度。严重的生存悖论造成了人的困惑，大学生也不例外。他们时时会对自己提问：生存的目的是什么？上大学是为了什么？一旦这些问题的答案被"自我中心""征服""占有"的利己取向指挥，就会导致他们的生存异化——物质化。因而，高校的生存教育必须正确而又深刻地回答大学生的世界观和价值观问题，给他们提出的问题一个具有说服力而又令人满意的回答。"学会生存、适应生存"是生存哲学在当代重要的价值旨趣。然而"生存"并不仅是生存，而应该是生存的"生存"，也就是说，我们要构建生存的社会化方式，在社会生活与社会关系中学会生存，实现生存的价值与意义。生存教育的价值旨趣是"成为人自身"，它包括对人"本源性"的生存状态的澄明和回归、对人的"超越性"的承诺、对人的"整体性"的呼唤。使生存"超越"沉沦，彰显人的"本源性"和"整体性"存在，是生存哲学所追求的境界，是生存教育所要实现的价值本质，也是生存教育回归教育的生命价值本源的核心所在。[2]总

1　马毅：《近年来生存哲学研究综述》，载《教学与研究》，2003（3）：57-60。

2　周家荣：《生存教育与教育的生命价值回归》，载《邯郸学院学报》，2009（6）：88-90。

体来说，大学生生存价值教育要让学生充分意识到提高生存能力的必要性，端正生活态度，树立人的自我身心、人与社会、人与自然的和谐观念。

此外，针对"90后"大学生，应该培养他们吃苦耐劳的精神，使他们养成勤俭节约等良好的生活习惯。生存教育在世界各国的推行中都以学生的习惯为抓手，从小培养学生的良好习惯，为儿童未来应对社会上的激烈竞争作准备，比如说在生存教育中强调培养学生的吃苦耐劳教育。日本从幼儿园就开始注意培养孩子的"吃苦"精神，并将这一内容写入了幼儿园的保育大纲中。此外，大部分幼儿园和学校都坚持"赤体教育"，就是让3至6岁的小孩子，无论严寒酷暑，一年365天，都只穿蓝色运动短裤、白色运动鞋，进行一定时间的室外锻炼。从1992年开始，日本废止了小学阶段低年级的理科和社会科，新开设了生活科。开设这类综合课程的目的就在于让儿童通过具体的活动和体验，形成对自己、对身边的社会和自然的联系的关心，去考虑自身和自己的生活。在这个过程中，掌握生活必要的习惯和技能，形成走向自立的基础。日本的中小学每年都要定期举办"田间学校""孤岛学校"活动，组织学生到田间、海岛或森林"留学"，培养他们吃苦耐劳的精神和克服困难的毅力。在英美国家，家庭、学校、社会三位一体，互相配合，着力培养孩子的吃苦耐劳精神和劳动意识。这样做，不仅培养了孩子的劳动能力，也有利于培养孩子的责任感，让他们清晰地意识到作为一个家庭成员、社会公民应尽的责任和义务。反观我国在独生子女生育政策背景下成长起来的青少年，从孙云晓的儿童报告文学《草原上的较量》中我们就可以看到，我们的基础教育除了在知识教育方面能拿得出手，其他方面还比较落后。再比如勤俭节约美德的培养。勤俭节约是中华的传统美德，但随着我国经济的迅速发展，国民的经济收入大幅度增加，不少人认为勤俭节约是社会物质生产的极大不丰富而倡导的一种生活方式，认为在教育中再谈勤俭节约已经没法引起学生的共鸣。而在发达的资本主义国家——英国，社会倡导节约这一美德，并在教育中全面贯彻。此外，《公立学校德育大纲》对不同年级学生的节约行为及美德都有明确的规定。比如，对于小学五年级学生来说，学校要开展三种节约教育：一是科学使用金钱，不得浪费；二是任何小东西都必须妥善使用；三是必须懂得节约性消费，避免各种奢侈浪费。对小学六年级的学生开展两种节约教育：一是养成储蓄习惯，学会正确储蓄的方法；二是懂得饮酒的危害和因此而造成的浪费。中学一年级则开展三种节约教育：一是生活要俭朴，二是不轻易借贷，三是懂得赌博这种恶习的危害。[1] 此外，新加坡、泰国、马来西亚、日本、印度尼西

---

1 田玉敏、赵艳芹：《国外学校青少年节约教育的经验及启示》，http://3y.uu456. com/bp_6zta47kkki3h0qq03o74_1.html，2017-1-24。

亚、美国等国家，均在教育中通过各种不同的方式培养学生良好的习惯，培养其节约的意识。

教育家杜威认为，每个人拥有生存发展的能力，而教育的作用正是为人类实现生存发展的能力，为实现发展（继续生长）的愿望提供有效方法，并促使愿望的实现。高校生存意识、生存价值教育以及对大学生良好生活习惯的培养，其最终目标还是"人本身"。

二、生存知识和技能的教育

全国每年因突发公共事件造成的损失非常惊人。国家行政学院公共管理教研部李军鹏提供的资料显示：2003年，我国因生产事故损失2 500亿、各种自然灾害损失1 500亿元、交通事故损失2 000亿元、卫生和传染病突发事件损失500亿元，以上共计达6 500亿元人民币，相当于损失我国国内生产总值的6%。全国人大常务委员会委员、中国人民大学劳动人事学院副院长郑功成所做的统计显示：2004年，全国发生各类突发事件561万起，造成21万人死亡、175万人受伤。全年自然灾害、事故灾难和社会安全事件造成的直接经济损失超过4 550亿元。[1] 从2003年的突发公共卫生事件非典，印度洋海啸转瞬间夺走23万人的生命，100多万人沦为灾民，50个国家的人民失去同胞，到2008年汶川地震的巨大人员伤亡和经济损失，我们开始痛定思痛，国家更加关注国际合作和责任、世界公民意识、全球化等重大问题。2016年11月20日，亚太经合组织第二十四次领导人非正式会议在秘鲁利马举行。国家主席习近平出席并发表题为《面向未来开拓进取　促进亚太发展繁荣》的重要讲话，指出"我们要坚定不移引领经济全球化进程，引领经济全球化向更加包容普惠的方向发展，反对一切形式的保护主义"[2]。因此，在高校进行生存教育，让学生掌握日常的安全知识以及应对自然灾害的必要常识，能及时帮助学生建立适合自己的生存追求，在价值多元及众多生存异化的现象中，学会判断和选择正确的生存方式，学会应对危机和摆脱困境的知识和方法，满足个体在社会上安身立命的需求。

衣庆泳和接弘在对辽宁省大连地区三所高校的大学生进行安全意识抽样调查后得出以下的结论：大学生具备一定的安全防范意识，但深度与广度还需加强。73.2%的大学生能做到"使用煤气后会进行检查"，78.4%的大学生表示"在家睡觉前会检查门窗是否关紧"，68.6%的大学生能够做到"总是按使用说明书正确使

1　《我国进入突发公共事件高危期　每年损失惊人》，http://news.xinhuanet.com/newscenter/2005-08/07/content_3319914.htm，2008-8-17。

2　《习近平：坚定不移引领经济全球化进程》，http://news.sohu.com/20161123/n473881172.shtml，2016-11-23。

用家用电器"。但是，56.9%的大学生表示不清楚"有机食品、绿色食品、无公害农产品之间的差别"，42.4%的大学生没有"曾检查过家中电线有无老化现象"。与安全防范意识状况相比，大多数大学生欠缺危险应对意识。74.5%的大学生表示"知道医药箱的存放位置"。但是，55.6%的大学生不清楚"食物中毒的急救措施"，53.7%的大学生不清楚"如何使用公共场所的消防栓或灭火器"，46.4%的大学生不清楚"天灾（如地震、洪水等）征兆与应对措施"。[1]因此，在高校开展生存知识和技能的教育十分有必要。

高校生存知识和技能的教育既包括日常安全知识，也包括应对自然灾害、突发事件的必要常识。首先，要普及大学生日常安全知识。随着社会发展进步，大学生的生活空间也随之扩展，交流领域也在不断地拓宽。大学生不仅要在校园内学习、生活，而且还走出校园参加众多的社会活动，危及安全的因素也随之不断增多，诸如无序的交通、变质的食品、水电隐患。若是不慎就可能会造成不幸，给家庭造成痛苦，给社会造成负担。进行人身安全教育，帮助学生了解人身安全的基本常识，掌握处理各种应急情况的技能，提高自身的防御能力，就显得尤为重要。针对当前普遍存在的大学生财产安全意识薄弱、轻信他人、财物保护观念差的现象，更要加强大学生安全意识教育，提高大学生的自我防范意识和能力。在高校发生的各类案件中，盗窃案高达90%以上。大学生日常安全涉及每个人的学习及日常生活，包括人身安全、财产安全、防火安全、生活安全、交通安全等。

其次，还要普及大学生应对自然灾害和突发事件的必要常识。学生意外伤害事件的频频发生，不仅给家庭造成了无法弥补的伤害，也为学校工作带来了难题。第十届全国人民代表大会常务委员会第二十九次会议通过《中华人民共和国突发事件应对法》，并于2007年11月1日起正式施行。该法案第三十条明确规定：各级各类学校应当把应急知识教育纳入教学内容，对学生进行应急知识教育，培养学生的安全知识和自救与互救能力。在大学生应对自然灾害的常识中应该普及躲避地震的常识。当今全球已经进入了地震的多发时代，因此，地震应对常识是我们在生存教育中必须讲授和让学生模拟体验的内容。此外，台风、雷击、洪水等自然灾害也是我们生存教育的重要内容。

除了向学生进行日常安全教育和应对自然灾害与突发事件必要的常识教育，我们还需要教授一些必备的技能技巧。在我国，从基础教育到高等教育，生存教育还未被正式纳入教学体系，加之社会民众缺乏生存教育意识，使得人们缺乏防灾意识

1　衣庆泳、接弘：《大学生安全意识调查述评》，载《法制与社会》，2013（12）：190-191。

和自救、救护的能力。现代化社会，人们应该具备一定的急救知识和技能，因为这不仅代表了一个国家国民的综合素质、文明程度和发展水平，同时也标志了一个国家现代医疗健康保障体系的完善程度。在这方面，我国与发达国家的差距十分明显。比如，新加坡的国民接受生存教育的比例是8：1；澳大利亚的国民接受生存教育的比例是20：1，美国的国民接受生存教育的比例是25：1，而北京2004年国民接受生存教育的比例仅能达到150：1。根据北京市政府要求，在2008年奥运会召开之前，北京市民接受生存教育的比例达到60：1。[1] 与理论知识介绍相结合的实践技能的培养应该是构成生存教育的重要组成部分。比如，教会学生使用灭火器，掌握人工呼吸和胸外心肺复苏挤压的基本技巧，等等。因此，大学生生存教育应该让学生充分了解日常生活中的水、火、电以及自然界中的地震、台风、洪水、雷击以及一些社会性伤害事件如踩踏、抢劫、盗窃等对人的身心造成的伤害，加强防范意识和能力，并且要在教育过程中提高学生的自救和互救能力，培养学生坚强的意志力和承受挫折的能力，帮助学生树立正确的人生观和价值观，使学生通过自己的不断努力，推动社会的进步与发展。

三、职业生涯教育

大学生职业生涯教育是高校生存教育的重要组成部分。所谓大学生职业生涯教育，就是帮助大学生进行深度的自我探索、职业定位，提升职业决策能力和职业素质，从而使他们能够科学地规划自己的学习、生活和未来的职业选择，最终达到人与职业的最优结合和个人的全面发展。[2] 应该说，职业生涯教育从人的全面发展角度出发，通过课程和多种课外实践活动的形式，让大学生树立正确的职业观和劳动观，培养他们对职业生涯的规划意识，使其掌握相应的知识和技能，为未来进入社会奠定基础。职业生涯教育旨在从人的全面发展的角度出发，引导个体树立正确的劳动观和职业观，培养他们规划职业生涯的意识与技能，形成自我调节和自我引导的能力，目标是让每个学生过上适合自己的美满生活。

我国的职业生涯教育萌芽于陶行知先生的"生活教育"思想以及黄炎培先生的"生计教育"，虽然起步较早，但因为当时国内复杂的社会政治环境，发展非常缓慢，也并没有实质性的进展。职业生涯教育真正引起教育者重视是在20世纪90年代，我们引进和借鉴西方发达国家先进教育经验的基础上，逐步在高校中推进职业生涯教育。世界各国的职业生涯教育发展日趋成熟且各有特色。比如美国在1989年就

1　曹文：《生存教育　正确应对危机和灾难》，南京：南京大学出版社，2006：4。
2　杨振斌、冯刚：《高等学校辅导员培训教程》，北京：高等教育出版社，2006：240。

颁布了《国家职业发展指导方针》，规定职业生涯教育要从6岁开始，并对从基础教育阶段的幼儿园、小学、中学到大学都有明确的职业生涯教育内容规定。日本则通过国家立法的方式，保证了职业生涯课程在中小学必修课程中的学科地位，并且日本文部科学省还制定了适用于整个日本的职业生涯教育的完整框架。应该说，在职业生涯教育方法上，西方国家和日本远远地走在了我们的前面。学者在对青少年群体的大量观察以及大学中进行的抽样调查，以及在对青少年群体的长期观察与研究中发现，对职业的陌生感、对职业生涯的困惑感，在我国当下年轻人中非常普遍，给他们的职业发展和人生成长带来了很大的困扰。比如在高中阶段填报志愿时，许多学生不但对大学的专业学什么、将来能做什么一无所知，就连对自己的兴趣与适合的东西也表现得不够了解。实际上，在大学阶段，许多学生由于选择了不感兴趣的专业而懈怠甚至荒废学业。还有一些年轻人，读了很多年的书，一直在换专业，总也找不到自己喜欢的，甚至有些人参加工作后，还在为寻找自己的兴趣或适合自己的东西而继续摸索、不断跳槽。[1]

从2008年教育部明确要求高等学校要"组织实施本校的大学生职业发展与就业指导课程建设和教学活动，积极促进高校毕业生就业"之后，全国各大高校都开设了大学生职业生涯教育课程。与此同时，职业生涯规划交流范围不断扩大，2007和2008年分别召开了一次"中国职业生涯规划国际论坛暨GCDF全球峰会"，2010年10月，"职业生涯规划体系的多元化发展模式与技术实践"国际论坛在北京举行。但当前高校在开设职业生涯生计课程时仍然存在一些问题：第一，教育层次不高。大多数高校的大学生职业生涯规划都设置于招生就业处，主要针对大学毕业生进行就业宣传以及就业准备的指导，其目的主要在于帮助学生实现就业，使其掌握转变为职业人的知识与技能。但是这种了结式的就业目标指导，在整个职业生涯教育中处于较低层次。职业生涯的最高目标在于培养大学生自主择业的意识、理念及能力，以谋求其长远的职业发展。而这种低层次的职业教育目标在实现过程中往往会流于形式，并不能保证大学生未来能够拥有良好的职业理念和职业水平。第二，高校职业教育的形式比较单一，主要以课程讲授为主。以四川省某地方高校为例，大学生职业生涯规划课程只有16个学时，且教学形式以讲授为主，内容集中于就业政策解读、面试的技能技巧、就业信息发布等，缺乏心理咨询和职业训练，对职业的决策和实践能力培养也相对较少。第三，高校专业人员不足。当前高校负责就业指导教师为两大群体，第一类群体是从事毕业生就业管理的工作人员，还有一类是兼

1　向楠：《职业生涯教育应该成为中国学生的必修课》，载《中国青年报》，2013-3-28，（07）。

职的高校辅导员。这两类群体的教师都是兼职人员，在繁重的本职工作之余，没有太多的时间和精力为学生主动开拓就业市场，开展个性化服务。再加上我国高校毕业生从2001年的114万人激增到2016年的745万人，人数大幅度上升，社会没能给他们提供充足的就业岗位，大学生就业难的问题引起了全社会的关注。在这样的背景下，高校进行职业生涯教育有了时代的紧迫性。

在高校开展职业生涯教育要加强大学生的专业知识和技能培训，培养职业情感和态度。高等教育大众化后，高校教育质量问题备受争议，且当前的教学模式大多集中于专业课程的理论学习，缺乏企业所需要的知识结构和专业能力，这些问题都是影响大学生就业的不利因素。据2011年就业蓝皮书调查显示，2010届毕业生中无论是本科毕业生还是高职高专毕业生，其毕业时的基本工作能力水平（本科53%，高职高专50%）均低于工作岗位要求的水平。[1]因此，要设计综合化的职业生涯教育模式，通过课内讲授和课外实践活动等形式，让学生系统地学习教育学、心理学、管理学等职业生涯相关知识，并发展职业能力，建立职业生涯规划的意识，掌握职业生涯规划的方法和技巧，在国家政府支持、社会企业参与、高校主导三位一体协同联动下，引导他们主动思考人生目标、筹划生命方案、追求幸福人生。

职业生涯教育是一个连续不断的教育过程，它需要各阶段教育的相互配合，也需要各主体的互相支撑，进而使得大学生能结合自身条件和现实就业环境，对社会的就业形式有清楚的了解，并在此基础上将个人的人生理想和社会的现实需求有机地统一起来，进行准确的职业定位，实现成功就业。

四、环境保护教育

生存环境教育是生命教育在每个学段的教育任务。生命教育在达成人的身心和谐、人与社会和谐的同时，也强调达成人与自然的和谐统一。因为，人类生存环境的变化对人的生命质量高低影响重大。20世纪，地球环境遭受了巨大的破坏，一是两次世界大战给环境带来了巨大伤害，二是世界各国发展经济以破坏环境为代价，环境与生态问题日益凸显。生态危机已经成了世界各国面临的重大课题。从1972年起，联合国人类环境会议在瑞典斯德哥尔摩举行，会议的目的是促使人们和各国政府注意人类活动正在破坏自然环境，并给人类的生存和发展造成了严重的威胁。这是世界各国政府共同讨论当代环境问题，探讨保护全球环境战略的第一次国际会议。会议通过了《联合国人类环境会议宣言》（简称《人类环境宣言》），呼吁各国政府和人民为维护和改善人类环境、造福全体人民、造福后代而共同努力。

1　《麦肯锡报告：2011年中国大学生就业报告》。

此后，1992年6月在巴西首都里约热内卢召开的联合国环境与发展大会上，通过了《21世纪议程》。该行动计划涉及与地球持续发展有关的所有领域。而后的世界环保大会、巴黎世界气候大会等国际环保会议，表现出世界各国治理环境和保护环境的决心。

随着环境保护运动的开展，20世纪60年代发达国家开始倡导"环境教育"，亦称"生态复兴运动"。1975年联合国教科文组织和环境规划署国际环境教育规划司在塞尔维亚共和国的首都贝尔格莱德召开了环境教育的会议。1997年国际环境教育大会在第比利斯召开，68个国家的与会者在会议上争相发言，使得"环境教育"趋于成熟和完善。近年来，环境教育更是为世人所关注，成为世界各国关注的焦点问题之一。美国的联邦教育局设立了"环境教育科"，进行STS教育和环境教育；英国制定了以8至18岁学生为对象的《环境教育计划》；俄罗斯新近公布的中小学教学计划，则把"生态学"和"生命活动安全基础"列为单独开设的课程；日本在1992年颁布新教学大纲时，就曾要求提高对环境教育重要性的认识，进一步充实各学科的教学内容，还编印了环境教育指导资料。除了发达国家，发展中国家如印度、菲律宾、泰国等，都制订了对青少年进行环境教育的计划，向青少年介绍有关污染、资源、居民等方面的环保知识，有的国家还开设了环境教育课。[1]

中国的环境教育萌芽于20世纪70年代。1973年，中国召开了第一次全国环境保护会议并颁布了《关于保护和改善环境的若干规定》，号召要努力开展有关环境保护的研究、宣传和教育工作，要求有关高等院校开设环境保护的专业和课程。这标志着中国环境保护和环境教育的起步，也奠定了中国环境教育概念的基本结构。[2] 1983年召开的第二次环境保护会议将环境保护确定为一项基本国策，并要求在中小学融汇贯彻环境教育的内容。为了推进环境教育的深入开展，教育部在2003年颁布了两个文件——《中小学环境教育专题教育大纲》和《中小学环境教育实施指南（试行）》，要求在中小学正式实施环境教育。但是当前的环境教育仍然存在一些问题，如理论体系尚未形成，环境教育的实践效果有待加强等，因此，在作为基础教育补充的大学教育中，环境教育的内容同样也是生存教育的重要内容。高校主要从环境观教育、环境理论知识教育、环境治理技术教育、环境史教育以及一些专项问题的角度开展环境教育。对于非环境专业的学生，高校可以根据环境教育的内容和目标，采用课堂讲授、讲座、公益宣传、观察体验、科学研究等多种方式进行，让大学生在了解中外环境历史的基础上，了解环境教育的理论知识和治理技

1　白月桥：《课程变革概论》，石家庄：河北教育出版社，1996：369-375。
2　黄宇：《中国环境教育的发展与方向》，载《环境教育》，2003（2）：8-16。

术，进而培养大学生对人与自然双向关系的认知，确立正确的环境观念。

21世纪是一个创新的时代，充满着竞争和挑战。它对大学生的知识、能力、生存能力提出了更高的要求，也对高校人才培养的目标提出了更高的要求。高校不仅要培养学有所长的未来建设者，同时也要让学生学会生存，使其拥有善待生命、健康生活的社会智能。正如杜威所说，每个人都拥有生存发展的能力，而教育的作用正是为人类提高生存发展的能力，为实现发展（继续生长）的愿望提供有效方法，并促使愿望的实现。人类若要生存，就需要接受教育、不断学习。教育为人类学会如何生存提供了可能。

第三节　生命境遇教育

人生境遇即人的命运，每个人的生命都会有不同的境遇，有快乐，也有苦闷。快乐时，内心光明，充满无限惊喜，热爱生活，善待身边的人和事；苦闷时，内心充满愤恨与不平、报复等种种恶念，眼前世界一片黑暗。这些都是人在面临不同境遇时候的正常反应，但是，人毕竟具有主观能动性，对环境有正确的认知，对情绪能进行自我调节。然而，在激情状态下，大学生却可能做出伤害自己或他人生命的行为。教育部思想政治工作司司长杨振斌曾指出："目前，中国社会的自杀率非常高，每10万人当中有23个自杀，但在北京高校中每80万人只有15人自杀，大学生自杀率比整个社会自杀率低，而且远低于美国高校的自杀率。这就是中国特色！"[1]尽管如此，我们也绝不能忽视中国大学生的自杀现象。自进入新世纪后，升学、就业、感情等问题给大学生带来的压力越来越大，极少数大学生因此而走上了轻生的道路。此外，大学生杀人的案件也偶有发生，大学生犯罪率有所上升。究其缘由，是因为这些大学生陷入了人生的不同困境，在某种激情的状态下，选择了极端的解决问题的方法。

马克思从人与环境的双向互动的角度阐释了人的命运的决定因素：第一，客观环境决定了每个人的人生必然会遭遇困境。尽管人的实践活动具有主动性和目的性，但人的主观能动性是有一定限度的，在无法顺利解决的时候，必然会陷入人生的逆境。第二，命运的偶然性。与必然会遭遇的困境不同，人生充满了未知和不确定。比如，凡尔纳偶撞大仲马，而后与之合作创作剧本《折断的麦秆》，最后成了科学幻想小说之父；刘备慧眼识卧龙，三顾茅庐，求贤若渴，方有"说

1　傅毅飞：《"大学生自杀率低"与阿Q式的"中国特色"》，http://gb.cri.cn/9083/2007/05/14/2165@1587703.htm。

三分，道天下"的千古佳话。这些是人生的机遇。又如，一个人在行走中，飞来横祸，这就是遭遇。人生正是因为有无数的偶然才更加精彩。第三，个人主观能动性。人们依靠主观能动性努力，能够对事情形成正确的认知。虽然我们相信"人定胜天"，但如前所述，人的能动性毕竟是有限的，因此，当逆境无法改变的时候，我们应把自己的主观能动性放在调整心态、找到解决问题的正确方法上。大学生在学习和生活中会遭遇不同的境遇，因此加强大学生挫折教育、情爱教育、心理健康教育、死亡教育以及应对突发事件的教育都是大学生生命教育中的重要内容。

一、挫折教育

挫折感是一种心理现象。对于"挫折"一词，《现代汉语词典》中解释有二，一是"压制，阻碍，使削弱或停顿"，二是"失败，失利"。[1] 而作为一个心理学概念，挫折是意志行动中最常出现的心理现象，是指个体的意志行为受到无法克服的干扰或障碍，预定目标不能实现时所产生的一种紧张感或情绪反应，也就是俗话所说的"碰钉子"。挫折包含三层含义：挫折情境、挫折认知和挫折行为。挫折情境指产生挫折的原因，也就是使预定目标无法实现的客观因素或主观因素，因此，它可以是人也可以是物，也可能是各种自然环境和社会环境。挫折认知是人们对于挫折情境的知觉、认识和评价。而挫折行为是人们在遭遇挫折后，伴随着挫折认知所表现出来的反应，它包括情绪性反应、理智型反应和个性变化。情绪性反应是个体在遭遇挫折后出现的强烈的心理体验或特定的行为反应，如攻击、冷漠、退化、固执、幻想、逃避、自我等。而理智型反应是个体在遭遇挫折后采取的积极进取的态度，用于克服困难、排除阻碍，毫不动摇地朝着预定目标前进。个性变化是个体在遭遇重大挫折后产生持续的紧张状态而形成的较为固定的个性特点。而挫折教育是一种有目的、有计划、有组织的教育行为，它不同于学生在日常生活中遭受的挫折打击，并不是教人如何回避困难，而是主张以一种积极的心态去面对挫折，并在战胜挫折中成长。

大学生大多为18至23岁，人生经历较单一，在成长过程中除了学业挫折，几乎鲜少遇到其他困境。在犹如小型社会的大学中，他们遭遇的挫折很多都是人生的第一次，包括学习挫折、生活挫折、工作挫折、就业挫折等。由于经验缺乏，心理承受能力较弱，出现了极少数大学生行为倒退甚至是伤害生命的情况。这些情况的发生，再一次给高校管理者敲响了警钟。事实上，大学生挫折教育是世界教育关

---

1 《现代汉语词典（第2版）》，北京：商务印书馆，1996：187。

注的一个焦点，各个国家都在积极加强大学生挫折教育。在美国，为了培养大孩子的自立精神，孩子刚满18岁，父母便要求他们尽量经济独立，进行挫折教育和生活教育。英国很早就将挫折教育纳入大学正式的教育教学计划。英国一所顶级的女子学校开设"失败周"教育学生。校方在这周里设计一套数学测试题，难度超过大多数中学生的能力极限。校方负责人表示，该校绝大多数学生都很优秀，校方担心因为自身完美而产生的优越感会让她们今后经不起挫折或裹足不前。学校表示，希望通过这种挫折教育法让这些"完美小姐"从小认识到"完美是求知的敌人"。2013年年初，英国另一所顶级女子学校——伦敦温布尔登中学推出了"失败周"活动，邀请了很多成功人士出席。活动中，这些特邀嘉宾和学生们分享了自己人生当中的失败经历，告诉她们"偶尔失败完全可以接受"，关键是如何正确面对失败。[1]德国重视大学生的动手能力，通过动手操练应对面临的挫折问题，并专门制定相关法律法规。在中小学开设死亡课，让孩子模拟应对父母死亡的情境，将社会的阴暗面如种族歧视、违法犯法等课题加入课堂，其宗旨是引导学生思考和解释各种社会现象。日本早在十多年前就已经把"野外文化教育"和挫折教育列入大学和中学教育内容。在日本，父母非常重视对孩子进行自立与忍耐的教育，因为日本人信奉这样的理念：只有让孩子经受一定的以忍耐为内容的身心训练，而不是满足他们的各种要求，才能培养孩子独立克服困难的能力，养成坚韧和顽强的品质。在全球化发展、国际社会竞争日益剧烈的今天，大学生作为未来社会的中间力量，将会迎接前所未有的挑战，因此，增强大学生承受挫折的能力，不仅是高校生命教育的重要内容，还为人才强国提供智力支持，关系到国家未来发展的前途和命运。

　　我国政府部门也意识到了大学生挫折教育的重要性。2004年，中共中央、国务院在《关于进一步加强和改进大学生思想政治教育的意见》中明确指出："要根据大学生的身心发展特点和教育规律，注重培养大学生良好的心理品质和自尊、自爱、自律、自强的优良品格，增强大学生克服困难、经受考验、承受挫折的能力。"[2]此外，国内学界将大学生挫折教育作为研究的焦点，对其内容、实施主体、途径等问题进行了讨论，并积极在各大高校开展挫折教育。纵观我国高校挫折教育多年的实践历程，收获颇丰，但也存在一定的问题。第一，大学生挫折教育的理论和实践缺乏系统的设计。我国的大学生挫折教育属于思想政治教育的组成部分，在国内刚刚起步，学者对此缺乏系统、深入的研究，因此在实践中

1　《挫折教育各国有高招　英国高难考题挫学生锐气》，http://www.chinanews.com/gj/2013/06-27/4974532.shtml，2013-6-27。

2　中共中央国务院：《关于进一步加强和改进大学生思想政治教育的意见》，载《人民日报》，2004-10-15。

缺乏科学理论的指导，挫折教育的内容、大学挫折教育如何与中小学挫折教育衔接、实施途径、效果评价等各个环节缺乏统一的标准。高校挫折教育实践环节主要由辅导员实施，再加上高校学工系统、教学系统各自为政，教育主体不够明确，因此没有形成教育合力，效果大打折扣。第二，高校挫折教育的内容和形式仍然沿袭传统，缺乏创新。当前高校作者教育并未在充分调研后进行针对性设计，往往是在思想政治类课程中进行理论讲授，缺乏社会实践操作，缺乏日常挫折教育训练，学生没有体验感，因此，很难达到教育的预期目标。此外，在挫折教育中，主体不明确，特别是没有发挥大学生本人的主体作用，这是当前高校挫折教育中普遍存在的问题。挫折教育不是专业课程，不需要从头到尾由教师讲授。换言之，大学生并不完全是挫折教育的受教育者，同时也应该是教育的主体。因为融入了他们自身经历、体验和感悟的挫折教育才能够引起大学生的共鸣，才能够产生教育的实效。所以说，高校挫折教育在实践中忽视了"以教师为主导，以学生为主体"的基本原则。

在坚持以教师为主导、大学生为主体的基本原则下，倡导学校各个部门相互配合，形成教育的合力。高校挫折教育的内容大致有以下几个方面：第一，引导大学生对挫折进行正确的认知和归因。一方面，引导学生认识挫折的两面性。正如巴尔扎克所说：苦难，对于天才是一块垫脚石，对于能干的人是一笔财富，对于弱者是一个万丈深渊。[1] 因此，人生中的挫折和磨难并不都是坏事，它可以促使我们去为环境的改变而奋斗，也能够磨炼我们的意志和品格，增强智慧和创造能力；同时，我们在遭遇挫折后也要进行经验教育总结，尽量避免不必要的挫折。运用心理学所提倡的"意义换框法"，让大学生转变对挫折的认知。此外，归因也很重要，将引起挫折的原因归结为外部原因还是内部原因，将直接影响大学生的行为选择。在归因中，教育者应该有意识地引导学生，只要能使挫折情境得到改善和消失，挫折感也会随之消失。归结为外部因素，就要坦然面对，或者是调节自身的抱负水平，提出适合个体能力水平的且具有挑战性的标准；归结为内部因素，就应该总结经验教训，找出问题症结所在，发现自己的弱点，力争改正，发扬优点，振作精神，鼓起战胜困难的勇气，树立信心，提高承受挫折的能力。第二，适当地进行磨难教育。孟子曾经说过："故天将降大任于斯人也，必先苦其心志，劳其筋骨，饿其体肤，空乏其身，行拂乱其所为，所以动心忍性，曾益其所不能。"[2] 磨难教育能增加大学生的挫折容忍力，而且实践也证明了这一点。纵观中外历史，事业大成者，无不

1　王宇：《感谢折磨你的人　感恩帮助你的人》，北京：化学工业出版社，2009：215。

2　孟轲：《孟子·卷十二　告子章句下》，北京：北京燕山出版社，1995：215。

经历了巨大的艰难困苦。在高校进行磨难教育可以通过社会实践活动或是体育锻炼来实施。创设大学生能够接受的磨难环境，适当地控制难度，在教育中提供保护，针对学生个体创设有针对性的磨难教育，让学生在多次经历中学会进行挫折的自我调适和容忍力。第三，帮助学生建立心理防御机制，提供情绪宣泄的安全机制。高校应联合校内心理健康教育部门，培养学生良好的心理素质，建立大学生挫折教育的心理防御机制，还要教会学生宣泄情绪的途径和方法。大学生在遭遇挫折后会出现强度不同的情绪反应，如焦虑、冷漠、压抑、自卑等，并且有可能会出现一些攻击性行为。因此，在教育中，我们要对学生面对挫折的积极情绪给予赞赏，同时也应该宽容学生的消极情绪，引导他们进行适当宣泄，否则消极情绪郁积后爆发的后果往往不堪设想，极端情况下甚至有发生恶性事件的可能。必要的心理疏导和情绪宣泄是高校挫折教育的重要内容。第四，加大对高危人群的挫折教育。在高校，所谓的高危人群是新生、毕业生和贫困生。新生刚刚进入大学，大学中的校园文化、人际关系和高中完全不同，以学习为唯一目的的环境改变后，大学生的特长、情商、人际交往能力成了他们能够在校园里独领风骚的重要资本，而很多学业优异者进入大学后优势不再，自尊心和自信心都会受到一定的打击，容易出现心理问题。毕业生在当前严峻的就业环境中，面对各类公招考试或应聘失败，倍受打击，也容易产生心理问题。贫困生由于经济条件较差，较大的经济压力和精神压力使得他们思想包袱很大，也容易产生心理问题。因此，高校挫折教育应该重点抓好高危人群的教育。

二、情爱教育

亲情、友情、爱情是人生的三种情感，在个体成长的道路上，这三种情感伴随着人们走向成熟。而大学生处于人生情感最为丰富的阶段，如何正确地处理亲情、友情与爱情，以感恩的心对待身边的亲人、朋友和爱人，努力回报社会，这是大学生生命教育的又一重要课题。

亲情是人世间最无私、最朴素、最真挚的情感，它是一切情感的基础，也是个体成长中最为坚强的后盾。中国传统文化自古重视亲情。《礼记》中说："何谓人义？父慈，子孝，兄良，弟悌，夫义，妇听，长惠，幼顺，君仁，臣忠，十者，谓之人义。"从人义的外延来看，有八项涉及亲情。但是，随着时代的发展，家庭观念和亲情观念的变化以及人类通信方式的变化，当代大学生亲情缺失现象非常普遍。2013年4月中下旬，人民网强国社区调查专栏《态度》联合国内专业调查机构，在全国范围内针对15至34岁的青年开展了一项主题为"青年价值观"的调查，内容涉及亲情观、婚恋观和职业观，调查结果于同年5月初在人民网发布。调查进行的同时，《态度》在北京、武汉、贵阳、兰州、南京、上海、天津、重庆和湘潭等9个城市的10所高校征集了十余名校园志愿者，随机抽取145名在校学生，就相关话题进行采访，结果发现大学生普遍希望婚后不与父母同住，但求保持"一碗汤的距离"[1]。此外，部分在校大学生表现出了亲情缺失的现象：知识和能力越来越强，但对父母的亲情越来越淡，相当一部分学生与家长保持联系的方式为打电话，且大多为一星期一次，内容主要围绕生活费等话题。很多学生表示除此之外，与父母基本上无话可说。更有甚者，一味向父母索取，而给予家庭的照顾却很少，在与同学的攀比中嫌弃父母"没权""没钱"，导致他们与父母的交流却越来越少。诸如此类的现象不仅让家长感到寒心，也让高校教育者意识到了亲情教育的重要性，因为一个只有专业知识和技术，对身边的人都做不到爱和责任，没有感恩之心的人其实是很难获得成功的。哈佛大学研究成果也表明，导致一个人成功的因素中，智商只占20%，而情商则占80%，真正决定一个人是否成功的关键是情商而不是智商。[2] 当然亲情缺乏现象产生既有家庭和学习的原因，又有社会的原因。但是，针对现状，高校开展亲情教育应该摆脱原来仅在"思想道德修养与法律基础"课程中大而无当的教育内容，寻求亲情教育内容和方式的突破。一方面寻求家庭、社会的通力合作，积极营造良好的亲情教育环境，让家长重视亲情的示范作用；另一方面形成一个良好的社会育人大环境，健全和完善亲情教育的体制。除此之外，高校可以利用得天独厚的教育优势，以课程为载体，思想政治理论课程教师通过课堂教学，培养大学生正确的亲情观。还可以通过主题班会，利用各种节假日开展亲情活动，使大学生进一步体会父母的无私与伟大，体验父母对自己的情感，懂得家庭的温暖与爱，从而能更爱自己的父母和亲人。

情爱教育中除了亲情教育，作为社会人，我们还必须与社会的其他成员进行交流和沟通。马克思在讨论人的本质时就曾经说过："人的本质并不是单个人所固有的抽象物，在其现实性上，它是一切社会生产关系的总和。"[3] 从心理学的角度来说，马斯洛就曾经说过人有"归属和爱"的需要，作为社会团体中的一分子，人们从婴儿时期就表现出了与他人交往的需要。心理学家沙赫特在1959年曾经做过一个实验：他以每小时15美元的酬金聘人到一间没有窗户但有空调的房间去住。房内只有一张桌子、一把椅子，一张床和一盏灯。三餐由人从门底下的洞口递入。这就

1 《大学生亲情观调查：希望婚后不与父母同住，但求保持"一碗汤的距离"》，http://www.people.com.cn/n/2013/0426/c347407-21296146.html，2013-4-26。

2 汪群、王颖：《浅谈知识型员工及其有效激励机制构建》，载《现代经济探讨》，2001（8）：18-23。

3 中共中央马克思恩格斯列宁斯大林著作编译局：《马克思恩格斯全集（42卷）》，北京：人民教育出版社，1979：24。

意味着，只要人一住进来，就与外界隔绝了。有5名大学生参加了实验。其中一个人只待了20分钟就出来了；3个人待了2天；最长的一个待了8天。这个实验结果显示了个体对孤立的容忍力存在差异，也说明了人是很难忍受长时间与他人隔绝的。交往需要的满足可以使个性得到健康的发展，也可以使团体成员之间更加了解、相互信任，同时也有助于社会的稳定与安全。因此，大学生在沟通和交流中就产生了各种类型的友情。友情能充实大学生活，并且伴随他们的一生，正如亚里士多德所说的"挚友如异体同心"，朋友间互相激励，可成为彼此精神上的支柱。但是，部分大学生在交友过程中，由于受到家庭、学校和社会的不良影响，形成了不良的友情观和交友心理，比如嫉妒、自卑、羞怯或是猜疑心理。这不仅阻碍了同学之间亲密友情的建立，同时也可能会产生不良的心理影响，产生人际交往障碍。人际交往能力是衡量大学生社会化程度的重要指标，而且现代社会的调查研究也显示，人际交往能力是成功的重要保障。因此，高校加强友情教育意义重大。第一，要教育大学生建立良好友情的原则，包括平等、信用、尊重、宽容等。只有建立在类似原则基础上的友情才能让人产生愉悦、满足的心境，友情才能和谐而又长久。第二，要教会大学生克服友情交往中存在的心理障碍、知觉障碍，比如心理学中所说的"第一印象""刻板效应""晕轮效应"，针对不同的交往对象，全面地观察和了解交往对象，为良好互动型的人际交往建立基础。第三，要教会大学生克服人际交往中的品质障碍。一方面要克服嫉妒心理，祛除个人中心主义，以宽容的心理悦纳朋友的成功，在竞争中保持良好的心态。另外一方面要克服自卑心理。自卑是人际交往的大碍，针对心理自卑者一是要鼓励他们进行自我肯定，增加自信，二是要让他们积极地在自己身上发现优点，减弱或消除自卑感。第四，要教会大学生克服羞怯心理。教会大学生在全面客观的自我评价的基础上，学会观察和掌握生活和交往的技巧，从而使大学生在交往的时候得心应手。

当代大学生情爱教育中最受关注的是爱情教育。爱情是人生中最美好的感情之一，在大学时代遇到爱情，是人生的一大美事。从目前大学生恋爱的现状来看，大学生群体中有恋爱行为及倾向的人数比例非常高，没有恋爱打算的仅仅占10%。[1] 2005年《普通高等学校学生管理规定》的出台，解除了大学生在校结婚要做退学处理的规定，这从国家层面解除了对大学在校生婚恋的限制，也把大学生恋爱这一话题推向了前台，引发了社会公众、大学生、教育管理者的广泛关注。2015年，在大学生婚恋解禁的10年后，重庆晨网记者从沙坪坝区、南岸区、北碚区、江

---

1 赵锦权：《大学生恋爱问题现状调查》，载《教育与职业》，2011（1）：50-51。

北区、渝北等高校较为集中区域的婚姻登记中心了解到，登记结婚的大学生在主城不超过1000对，且以女生为主。但同时，在校大学生恋爱现状令人担忧。江北区离婚登记处工作人员告诉记者，曾经还遇到过已结婚的在校大学生来离婚。"他们和其他离婚的夫妻不一样，协议内容不涉及财产分割、债权债务和子女抚养问题，离婚很简单，就像恋爱分手一样，只不过要履行正规手续。"[1] 大学生恋爱休闲化、实用化、放纵化和虚拟化现象严重，大学恋爱成了休闲驿站，成为部分大学生弥补精神寂寞空虚的方式。由于青年人的猎奇心理以及生理成熟而导致的性冲动，大学生婚前性行为数量激增，因恋爱不当或性无知造成的悲剧事件偶有发生。这些严峻的问题对高校爱情教育造成了极大的挑战。现实要求高校教育管理者加强对大学生的爱情观教育。苏霍姆林斯基曾指出："爱情，是一个永恒的课题。它摆在年青一代面前。我们需要借鉴人类文明史提供的全部正面经验来研究这个课题。以解答年轻人的最隐秘感情——爱情有关的问题。但是，很遗憾，年轻人亲密关系的问题常常得不到解答。不仅如此，某些教育者还根本不予理解。结果，培养人的最重要的神圣职责被束之高阁，任其自流……这是教育工作中存在的严重缺点。如果说，在其他领域里，自发的个人生活经验不能代替社会对人的思想和感情所进行的有意识、有目的的教育，那么在爱情领域里，就更不应指望经验。"[2] 因此，大学生的爱情观教育、大学生恋爱心理的调适是爱情教育的重要内容，此外，还需要加强对大学生的性教育，要让大学生明白爱情意味着奉献、义务和责任，并能以一种健康成熟的态度对待两性之间的关系和行为，减少悲剧事件的发生。

三、应对突发事件的教育

著名的社会学家贝克说："在现代化进程中，生产力的指数式增长，使危险和潜在威胁的释放达到了一个我们前所未有的程度。"[3] 随着经济发展，文化的急剧变迁、外部环境的变化以及社会转型的阵痛和潜在的社会矛盾导致部分大学生思想混乱、信仰缺失，职业道德和社会公德水平下降，自由主义、拜金主义、个人主义等对高校改革发展产生了重大的影响。历史证明，学校是社会稳定的晴雨表，高校稳定对社会稳定意义重大。近年来，高校突发事件频发，表现出了多样化的特点，如意外伤亡、暴力行为、学生食物中毒等。这些意外事件的发生不仅伤害了一些大

1　重庆晨网：《大学生结婚解禁10年　7成市民不赞成在校大学生结婚》，http://cq.qq.com/a/20150507/053026.htm，2015-05-07。
2　苏霍姆林斯基著，世敏寒薇译：《爱情的教育》，北京：教育科学出版社，2001：4。
3　乌尔里希·贝克著，何伯闻译：《风险社会》，南京：译林出版社，2004：15。

学生的生命，也给社会带来了不良的影响。面对种类繁多的突发事件，提升大学生的应对能力和自救本领，是高校教育工作者开展生命教育的重要内容。

关于高校突发事件的类型，按照不同的标准，国内学者划分的类型不尽相同，但总体说来，按照内容可以划分为自然灾害事件、事故灾害事件、公共卫生事件、社会政治稳定类事件、人际关系因素类事件等，按照事件的性质可以分为政治类事件、治安安全类事件、学校管理类事件，按照人群可以划分为个体类事件和群体类事件，按照危害的结果可以划分为人身及精神损害类事件、财产损害类事件、秩序损害类事件及综合损害类事件，等等。大学生突发事件的偶发性大、影响面广、破坏力大、扩散性强、后果难料等特点进一步加剧了高校生命教育任务的紧迫性。大学生突发事件的教育尽管成了学界研究的一个焦点，但是由于起步较晚，仍然存在很多问题，比如大学生突发事件的法律、法规和相关政策及预案缺乏，大学生对突发事件的管理意识较弱、缺乏应对的知识和能力，各校各部分的横向沟通不够通畅，积极应对突发事件但是忽视预防，等等。因此，在高校，必须建立起一套系统的突发事件的预防和应对机制。

大学生突发事件预防机制是指在危机尚未爆发之前，为应对可能出现的问题进行的一系列管理工作机制。这一预防机制的建立需要各部门之间的通力合作。一方面是建立专门应对突发事件的管理机构。专门管理机构的建立是提高合作效率的重要途径。各高校根据自己的具体情况，可以设立实体管理结构，也可以设立虚拟机构。从当前高校编制紧缺的现实来看，设立虚拟管理机构是高校部门结构设置的最佳途径。所谓虚拟机构是以解决具体问题为目标，从行政、学工系统抽调骨干教师组成项目小组，并根据事件大小确定参与人数，具有极大的灵活性。另一方面，要建立大学生突发事件的预警机制。一是要培养师生的危机意识。危机意识是高校突发事件预警的起点，正如管理学中所说的"温水煮青蛙"，我们要时刻提防变化的环境对高校带来的冲击和伤害，更要从各种高校问题中发现突发事件出现的征兆，及早觉察，及时排除。二是要积极开展应对突发事件的教育和训练。2006年8月31日，教育部在清华大学举办高校突发事件应急演练，教育部副部长李卫红在开幕式上强调，高校要深入贯彻落实《国务院关于全面加强应急管理工作的意见》精神，加强突发公共事件应急演练工作，检验和完善高校应急预案，增强广大师生公共安全意识和防灾避险的能力，提高应急处置工作水平。[1]高校可以通过安全知识讲座向师生介绍相关的知识和技能；此外，通过模拟演练，使各个机构在处理大学生突

1　李细玉春：《提高大学生应对突发事件能力的对策》，载《湖北广播电视大学学报》，2009（7）：40-41。

发事件中管理过程中相互配合、相互协作。

预防机制的建立是高校防范突发事件的基础。要有效处理、及时应对突发事件，建立相关的处置机制是关键。第一，建立有序的应对行动机制。高校突发事件往往形势紧迫，管理部门首先必须做出正确的决策，立刻启动事先准备的应急预案，以避免事件的进一步扩大化。其次要做好人、财、物的调度管理。在配合各部门行动中还需要做好大学生突发事件的监测工作，防止连环事件的爆发。高校管理者在处理的过程中还应该积极关注事情解决的进展工作，监测负面影响是否在减弱，特别是要监测大学生的心理变化，以便采取有针对性的措施，防止大学生突发连环事件的发生，避免负面影响进一步扩大化。第二，建立及时、准确的信息发布机制。突发事件往往影响极差，高校如果不能及时辟谣，平息媒体和大学生的过度反应，后果将更加严重。比如2008年汶川大地震后，5月15日凌晨，QQ上传出一条"四川达州蛤蟆大规模迁移，极有可能再次出现地震"的消息，而后这条消息在重庆大学城××大学各个班级群、学校群里传播。约5分钟后，大学城各高校纷纷出现由少数人开始呼喊逃跑引发的全校逃命的景象。跑出寝室大楼的同学纷纷掏出手机转发消息，嘱咐亲友做好防范工作。谣言由大学城的一个学校传到另一学校，再向全重庆发散式传播。在此突发事件爆发后，各学校校方主动联系重庆地震局，证实消息的虚假性后，各大学散布在外的学生才陆续回寝室。从这个案例中我们可以看到，在突发事件发生后，高校应该选择恰当的时间，通过多种途径向大学生和公众发布信息，这样才能够让大学生及时了解问题解决的程度，防止流言和恐慌的发生。

此外，高校还应该建立突发事件的善后机制。突发事件解决以后，学校要及时总结经验教训，防止类似事件的再次发生。

第四节　生命道德教育

教育是人的生命的需要，是人的生命存在的支柱，生命离不开教育。叶澜等认为："教育具有鲜明的生命性。在一定意义上说，教育是直面人的生命、通过人的生命、为了人的生命质量的提高而进行的社会活动。教育是以人为本的社会中最能体现生命关怀的一种事业。"[1] 在这个倡导一切以人为本的时代里，生命是教育的终极目标。教育是生命与生命之间的交流，教育只有关注生命，回归生命，才能够

1　叶澜、郑金洲、卜玉华：《教育理论与学校实践》，北京：高等教育出版社，2000。

达到其应然的目标。然而在当前的教育工作中，也有少量漠视生命的现象。一些中小学校教育只以考试分数作为衡量标准，一些高校仅以就业率为标杆，这些学校将工具性价值凌驾于生命价值之上。长此以往，学生就可能会表现出生命虚无主义倾向，表现出困顿和焦虑以及冷漠与放弃，成了单向度的人。虽然从20世纪90年代以来，国内众多高校在引进、借鉴西方生命教育的基础上，结合本土的传统文化进行了生命教育的研究，但至今生命教育尚未形成成功的范式。在高校，大学生生命教育属于德育的重要组成部分，因此，我们不可能脱离道德教育、心理健康教育、思想政治教育去单独研究生命教育，而只有将德育的理念、内容、方法、价值等融入生命教育的内容。正如有学者所说："在德育中关注对学生进行整体人生的塑造，帮助青少年从小开始探索与认识生命的意义，了解生命的有限性，欣赏生命、珍爱生命、体验生命，树立远大的人生目标与理想，最终实现自我人生价值。"[1] 在高校进行生命道德教育是弥补当前德育教育不足的重要举措。

　　生命道德教育是德育的重要组成部分，可以做广义和狭义解。狭义的生命道德教育是指关注个体的道德生命，包括自我和他人的生命，进而扩展到对社会和自然中存在的所有生命的关注，以达成道德和生命的有机结合。广义的生命道德教育是一种全人的教育，不仅包含对生命的关注，还是一种对生命状态的关怀，表达对生命价值和尊严的重视，在体验和感悟生命的过程中，促进自然生命、社会生命和精神生命的健康发展，最终实现自我的人生价值。高校生命道德教育背负着对中学应试教育的纠偏和人文精神塑造的双重责任，具备一些不同于普通道德教育的特征。第一，具有生命性。高校生命道德教育要遵循大学生生命的个体性和独特性，关注生命成长的经历与体验。生命性是高校生命道德教育的前提，也是在尊重"人"的基础上达成教育目标的基本手段。第二，开放性。生命是一个开放的过程，在进行高校生命德育的过程中，要综合考虑整体的影响。这些环境有自然环境、社会环境与规范环境等。自然环境是人类赖以生存发展的生物圈，对人的生理、心理等方面都会造成影响；社会环境是生命道德教育的重要环境，其中家庭环境、学校环境都会对学生的德、智、体、美产生潜移默化的影响；规范环境是人类在社会群体生活中所形成和持有的态度、风气、气质与观念。[2] 在这种开放的状态下要充分利用高校生命德育的各种资源，达成关爱生命的终极目标。第三，具有教育的促进性。高校生命道德教育理应具有促进大学生个体生命发展的功能，它可以为大学生生命道德的形成和发展提供正面能量和重要支持。第四，具有现实性。高校生命道德教育

　　1　章文丽：《中学德育的新领域：生命道德教育》，载《教育科学研究》，2005（6）：51-54。
　　2　吴鼎福、诸文蔚：《教育生态学》，南京：江苏教育出版社，1990：40。

绝对不是高、大、空的脱离生命实际的学理性知识的介绍，它要关注大学生当下的现实需要，关注围绕大学生生活的困顿和苦恼，将理想教育和现实需求二者紧密结合。道德教育引领生命的航线，但是理想必须通过现实来达成。对于大学生而言，围绕在他们周围的学业、人际、友情、爱情、就业等问题使他们倍感压力。因此，高校生命道德教育不可能抛弃现实而一味追求理想，关注现实、解决大学生的具体问题，本身也是为了坚定和巩固大学生的生命道德理想。

应该说高校生命道德教育作为高校德育的重要组成部分，对传统德育模式是一种补充。因为，高校传统的德育模式往往忽视了个体的生命，仅仅执着于道德教育理论知识的落实，特别是功利主义的思想，造成了大学生的迷失，因为功利主义"天然地排斥批判性、创造性思维，排斥与之密切相关的无私的好奇心、知识上的冒险意识和反独断的探险精神"[1]。在此影响下，大学生的生命价值异化、功利化的现象非常普遍。此外，尽管许多高校已经开始关注大学生生命道德教育，但生命道德教育目标定位的缺失，实施过程中方式和手段的单一，内容脱离大学生的实际需要等种种原因，造成了生命道德教育在高校德育中边缘化的现状。因此，高校加强生命道德教育，使其成为学校德育的重要内容得以实施，进而使大学生树立良好的生命道德意识，唤醒和培养道德情感，指导道德行为，落实生命教育的宗旨，也提高了学校德育的实效性。本节结合大学生的认知水平和思想道德发展特点，主要从以下三方面内容对高校生命道德教育进行介绍。

一、价值观教育

价值观是个体对生活中的各种现象、问题进行判断的基本标准和尺度。大学生价值观教育就是根据青年大学生的认知水平和思想道德发展阶段所进行的价值观教育；具体而言就是根据一定的价值目标和依据，有计划、有组织、有意识地对大学生进行系统教育，激发大学生的主观能动性，使大学生形成正确价值观的活动。相较于中小学以提高价值观认知为主的教育，针对18至23岁的青年大学生的教育，以提高价值判断为主，因此，教育难度更大，针对性更强。

价值观教育绝非中国特色，世界各国历来都重视它。比如在20世纪80年代，美国前总统里根在国情咨文中强调，学校要培养以爱国，修养，诺言，恢复伦理道德、纪律等为主要内容的"国民精神"。围绕这一总目标，各大学纷纷制定各自的具体德育目标，爱国教育、法制教育、文明史教育、价值观教育以及心理教育成

1　肖雪慧：《教育：必要的乌托邦》，载《社会科学论坛》，2000（7）：13。

为学校德育的重要内容。[1]此外，还以法律的形式规定各级各类学校必须开设美国历史课程，在高校以选修课程的方式，一并培养大学生的爱国精神。苏联解体后的俄罗斯面临社会转型的诸多问题，包括国内新的政治与经济形势、国际的压力与挑战、猖獗的分裂主义与恐怖主义活动、青少年的吸毒轻生与违法行为等，众多的问题带来很大的社会矛盾。在1999年上任前夕撰写的《千年之交的俄罗斯》一文中，普京明确提出了建设"俄罗斯思想"的问题。因为"国家迫切需要进行的富有成效的建设性工作，在一个四分五裂、一盘散沙似的社会里是不可能完成的。在一个基本阶层和主要政治力量信奉不同的价值观和具有不同思想倾向的社会里也是不可能完成的"[2]。于是俄罗斯采用了多种方法和手段。从2001年起直至今天，俄罗斯相继三次颁布了"公民爱国主义教育国家规划"。其中最引人瞩目的是对体育爱国主义的推行。出于实现体育爱国主义教育的目的，体育运动作为爱国主义教育的重要手段被广泛运用。在俄罗斯两次卫国战争（19世纪俄法战争和20世纪苏德战争）纪念日都要举行体育运动会；在青少年中以及爱国青年组织"走向胜利""胜利后继者"等的活动中，都会开展如"雏鹰""义勇军"等军事游戏，举办国防体育和军事爱国主义夏令营，开展军事爱国主义俱乐部和协会工作。[3]英国虽然没有统一的德育目标，但绅士教育有着悠久的传统。"德行、学问、智慧、礼仪"作为教育的目标，融合了德育的基本内容，比如培养学生的社会责任感和公民责任意识，学习本国的文化与历史，养成良好的品德，等等。除了欧美，亚洲儒家文化圈内的国家也非常重视道德和价值观教育。美国著名的日本研究专家本尼迪克特在她的名著《菊与刀》一书中提出，日本人的行为模式属于"耻感文化"，而西方文化背景的人属于"罪感文化"。前者的行为要靠外部的约束力来监督，人们的行为是根据别人的态度来决定的；后者则主要依靠内省和反思，靠内心中的信仰原则来自我约束。日本在1947年颁布的《基本教育法》和《学校教育法》中就曾明确规定教育的目标："以培养完美的人格为目的，应当培养热爱真理与正义、尊重个人价值，注重劳动与责任，富有自主精神、身心健康的国民，使其成为和平社会与国家的建设者。"1989年修改的新《教学大纲》进一步"把尊重人的精神和对生命的敬畏之观念体现在家庭、学校和社会的具体生活之中"，把"提高学生的道德判断能力，丰

1　杨泽宇：《国外大学生品德教育的目标及启示》，载《云南高教研究》，1999（4）：98-101。

2　普京：《千年之交的俄罗斯》，北京：中国社会科学出版社，2002：8-10。

3　М. Халимбекова: Актуальные вопросы патриотического воспитания молодежи в современных условиях, http://www.dagpravda.ru/?com=materials&task=view&page=material&id=19910, 2000-7-17/2016-5-3.

富他们的道德心灵，培养道德实践能力"作为德育目标。[1]此外，新加坡、泰国、马来西亚等国家也颁布了相关的道德教育目标，并制订了在教育中具体落实的计划。应该说，国外的价值观教育对我们当代大学生的价值观教育具有重要的借鉴价值。

2004年，中共中央颁布的16号文件《关于进一步加强和改进大学生思想政治教育的意见》明确提出，加强和改进大学生思想政治教育的主要任务，其中之一就是以理想信念教育为核心，深入进行树立正确的世界观、人生观和价值观教育。习近平总书记在北京大学考察时指出，社会主义核心价值观把涉及国家、社会、公民的价值要求融为一体，既体现了社会主义本质要求，继承了中华优秀传统文化，也吸收了世界文明的有益成果，体现了时代精神。他强调，青年的价值取向决定了未来整个社会的价值取向，而青年又处在价值观形成和确立的时期，抓好这一时期的价值观养成十分重要。当前，大学生的价值观总体上是健康的、积极向上的，对社会主义道德规范大多数是认同的，但在多元思想冲击下也呈现一些新的特点，突出表现为个人主义、拜金主义、享乐主义等在部分大学生群体中的滋生蔓延，功利性倾向有所增强。在此背景下，加强当代大学生社会主义核心价值观教育成为摆在我们面前的重要使命。作为大学生成长的摇篮，高校是帮助大学生树立正确理想信念、凝聚共同价值追求的重要场所，肩负着帮助他们"扣好人生第一粒扣子"的重要任务。[2]因此，在高校生命道德教育中首先要进行的就是价值观教育。

高校价值观教育主要包括三个方面的内容。第一，大学生价值观评价标准的建立。价值观评价标准是对对象进行评价的基本尺度，也是一切价值评判的基本依据，因此，高校价值观教育首先要进行的就是教会学生选择评价的标准。不同的维度有不同的评价标准，在多元社会中，东西方文化的交流和碰撞使得价值观的评价标准的唯一性被打破，大学生价值观标准也日益多元化。因此，作为高校生命道德教育工作者，首先要在坚持社会主义核心价值观的前提下，教会学生选择正确的评价标准。"教会选择"就是让学生在多元化的社会环境中，经过价值冲突，培养价值判断能力，把自己的价值经验内化为稳定的道德品质，是个体自我体验、自我选择的过程，也是一种积极主动的吸收、辨别、内化的过程。个体选择的过程，就是不断建构自己道德结构的过程。"价值选择是个体面对价值冲突时，基于道德判

1　杨泽宇：《国外大学生品德教育的目标及启示》，载《云南高教研究》，1999（4）：98-101。
2　《如何加强大学生社会主义核心价值观教育》，载《光明日报》，2016-08-13，（07）。

断所做出的选择。"[1]建立客观的评价标准是正确进行价值评判的前提和基础，也是高校价值观教育的关键环节，因此，在教育过程中，教育者应该以社会热点问题或价值冲突问题为案例，让学生在评价的过程中正视自己所处的困境，形成正确的价值观，做出正确的价值取舍和行为选择。第二，大学生价值取向教育。价值取向是价值哲学的重要范畴，它指的是一定主体基于自己的价值观在面对或处理各种矛盾、冲突、关系时所持的基本价值立场、价值态度以及所表现出来的基本价值取向。价值取向具有实践品格，它的突出作用是决定、支配主体的价值选择，因而对主体自身、主体间关系、其他主体均有重大的影响。应该说，价值取向是选择和追求人生价值的方向，它可以调整个体的人生价值目标，并实质性地影响价值实践的内容。一方面，不同的价值取向体现了不同的人生理念以及个体对人生的期待和设计，体现了个体对人生价值的态度和关注，并决定了个体会怎样去看待人生、对待矛盾与冲突。另一方面，价值取向的形成受多方面因素的综合影响。如前所述，教育是一个开放的系统，大学生的价值取向绝非是思想政治课程教学或教材内容在他们头脑中的复现。当前暴露出的大学生价值取向中存在的趋向实用化、功利化的现状，其实是社会价值观在大学生身上的复现。因此，高校教育者引导学生正确地进行价值判断，树立科学的价值观取向，是生命教育探索的重要内容。第三，大学生价值目标的选择。价值目标就是人们对某种客观事物（包括人、事、物）的意义、重要性、值得获得性或者实用性的总评价和总看法。价值目标是价值取向的升华，是所有个人追求的终极目标，它贯彻个体社会实践活动的始终，并指引着人生价值追求的方向、内容和选择。据相关调查，当代大学生价值目标受社会背景和多元文化的影响，表现出了注重功利和现实，注重实用、实惠和物质享受，注重感官和金钱享受的倾向。高校价值观教育在引导大学生进行价值目标的选择时，应充分尊重他们的主体价值，并通过多种途径和手段，摒弃消极、错误的人生价值观的影响，充分调动大学生的主动性和积极性，自觉地追求真善美，为实现人生的价值而努力。

二、诚信教育

诚信是中华民族的美德。从字源学的角度来说，"诚"指"实现自己所讲的话"。《大学》云："所谓诚其意者，不自欺也。"朱熹解释曰："诚者，真实无妄之谓，天理之本然也。"许慎在《说文解字》中谈道："信，诚也，从人，从

1　邹绍清、方开学：《论西方价值澄清德育模式及其对我国学校德育的启示》，载《教育探索》，2006（11）：90-92。

言。"由此可以看出，在古人眼里，"诚""信"二字是可以相通的，意指不欺诈，言而有信。

《大学》是中国传统文化史上最早论述诚信思想的作品，并且提出了"修身以诚为本、治国以修身为本"的治国理念，以及自我培育与上行下效的诚信教育模式。作为伦理学范畴的一个概念，诚信是诚实守信的统一，要求个体言行一致，知行合一。孔子关于道德教育的培养，提出"文、行、忠、信"四教。这里的"信"就是要求在道德品质的培养中，做到言而有信，有信义，并将其作为处身立事的基本准则。

"人而无信，不知其可也？大车无，小车无，何以行之哉？"儒家也将"仁义礼智信"定为五常，作为道德培养的基本内容。应该说，中国自古就是一个重视诚信教育的国家，从蒙学读本到启蒙书籍，到后来的《论语》《大学》，中国传统国学将识字、文化教育和培养道德品质内容紧密结合，以培养符合社会道德要求的文化青年。

但是随着经济全球化的到来，传统文化也受到了前所未有的冲击。不少人在急剧增加的社会物质财富面前，信奉功利主义、"金钱至上"，而众多的传统文化美德渐渐被消解和淡忘。大学生群体的诚信问题也成了社会关注的焦点。据《中国金融时报》报道，2001年建设银行北京分行第一批国家助学贷款进入还款期，45%的贷款学生既不到银行归还贷款，也不与银行联系要求办理贷款延期。中国工商银行上海市分行2002年1月第一次大批量扣款，扣款3 881笔，成功2 561笔，失败1 320笔，违约率高达34%。中国工商银行广东省分行2002年5月到期的45名贷款学生中有37人违约，违约率82%，31人中有20人毕业后不知去向。[1]除了贷款诚信问题凸显，大学校园里的学术欺诈、考试舞弊、毕业伪造履历、擅自毁约等现象，在全国各大高校也不再是新鲜事。究其缘由，既有外部环境因素的影响，也有大学生自我认识的偏差。外部环境因素既有来自经济方面的影响，来自政治因素的影响，也有来自家庭和学校教育的影响。在社会主义市场经济的发展过程中，由于某些环节体制还不够健全，部分不法商人抓住空当，违法经营谋取暴利；某些政府官员为了个人的升迁，虚报数据，造假政绩；社会经济信用制度和社会道德体制建设还不够不健全，使得社会上的诚信缺失问题较为普遍。再加之在家庭教育中，部分家长的失信行为给孩子带来了潜移默化的负面影响，他们往往过于重视孩子的成绩而忽视了对子女日常行为习惯的教育和矫正，对子女偶然发生的抄袭作业、考试舞弊的问

1 曹和平：《信用制度缺失与高校助学贷款制度建立》，载《中国高等教育》，2004（9）：38-39。

题既没有予以足够的重视，也没有有意识地进行教育。此外，部分学校德育过于简单化和一般化，忽视了对学生个体道德教育的培养。种种外部因素的负面影响对大学生的诚信教育产生了不良的影响。此外，大学生年龄和阅历的限制，使得他们受外部影响较大，甄别、辨识能力较弱，因此在西方文化冲击传统文化的进程中，一些大学生受不良文化和西方价值意识的影响，因而背弃了类似于诚信的中华传统美德。因此，在当代社会，在关注个体生命发展的今天，加强大学生诚信教育更具有了现实性的意义。正如《大学》中曾提出，"欲修其身，先正其心；欲正其心，先诚其意"，诚信是成就事业、做学问、与人交往、在社会上安身立命的最基本的道德原则。

诚信这一人类的美德，在世界范围内都备受推崇，各国也采用了类型多样、内容丰富的诚信教育，以培养公民的诚信意识。在美国，诚信教育不仅仅是道德层面的教育，而且还是一种规范教育，其中最有特色的是荣誉准则的签署。许多大学在开学之初，就让学生在准则上签字，并将其落实到学术研究、贷款、考试等具体行为之中。此外，学校对不诚信行为制定了不同程度的惩戒措施：有严厉的法律制度针对考试诚信，有不同的处罚条例针对大学生的不良行为。此外，美国公民极高的诚信水平不仅是学校教育的结果，美国政府及其他社会团体对此更是功不可没。美国政府有开设专门的机构——研究诚信办公室，其职责是对违背诚信行为进行调查，并制定具体的政策和措施。[1] 社会良好的诚信环境配合学校的诚信教育，并以制度的方式加以保障，使得美国的诚信教育成果显著。在日本，从家庭的"孩子不能撒谎"到学校的"诚信教育"再到公司的"诚信"经营理念，日本的诚信教育从来就不是一句空话，而是贯穿孩子一生。特别是从2001年开始，日本实施了教育改革法，要求学生必须参加服务社会的志愿者活动。在高校，大学生要进行系统的诚信教育的理论知识学习，"思想道德实践课"被设定为必修科目，思想教育、道德教育、诚信教育、人生观价值观教育都是其重要的教学内容。高校以诚信教育为基础，开展了丰富多样的实践活动。学生在外出实践的过程中，能独立解决问题，独立思考，逐渐认识到诚信对自己和社会的作用。此外，日本对大学生还实行了诚信档案制度，用制度的方式监督大学生养成良好的诚信习惯。应该说，一软一硬两种方式，再加上家庭和社会的配合，诚信教育在日本也颇有成效。而在倡导公民教育的欧洲国家，如瑞士，诚信既是公民道德教育的重要组成部分，也以法律的形式加以巩固和保障。在德国，除了公民道德教育，国家还从

1　秦艳：《美国大学生诚信教育及其对我国大学生诚信教育的启示》，重庆：西南大学硕士论文，2009：7-9。

制度上进行信用监督。德国为每一个公民建立了一套信用信息档案库，用以记录个人信用行为。个人信息档案库伴随公民一生，使得诚信教育脱离了宣传感化的空洞，成为一种实在有效的制度育人形式。受儒家文化影响深远的东亚文化圈内的国家——新加坡，也重视德育中家庭、学校、社会三位一体的配合，在学校开设品格教育课程，让学生主动甄别东西方价值观，并进行适时的引导。应该说，其他国家的诚信教育经验对我国高校的诚信教育具有重要的借鉴价值。

高校的诚信教育是一个完整的教育体系。一方面，它需要社会、家庭的配合，另一方面，它是一个动态变化的过程。良好的社会诚信环境为高校诚信教育提供强大的外部支撑。中央精神文明建设指导委员会办公室于2014年专门发布了《关于推进诚信建设制度化的意见》，国务院也于同年下发了《社会信用体系建设规划纲要（2014—2020）》，初步形成了全社会不能失信、不愿失信及不敢失信的良好氛围。习近平在《之江新语》中说："人而无信，不知其可；企业无信，则难求发展；社会无信，则人人自危；政府无信，则权威不立。"[1]家庭是诚信教育的基础，父母应该成为孩子诚信的榜样。此外，学校德育作为诚信教育的主要载体，应该发挥其应有的功能。这就要求改变"我国传统的学校德育忽视学生的实际生活和个性化发展的状况，单纯从道德规范出发去要求学生，脱离生活与实际，颠倒了生活与道德规范的关系，使高等学校德育陷入远离生活世界的困境"[2]的现状，构建完整的高校诚信教育体系。第一，要确定诚信教育目标。目标是行动的先导，诚信教育目标的确定是高校诚信教育的关键。一是要增强大学生的诚信意识。诚信意识是通过大学生自觉、主动地学习诚信教育理论知识和参加诚信道德实践活动，内化成其品质的一种意识。二是要掌握诚信规范。诚信规范是人们在社会实践活动中逐渐确立起来的一种稳定的以诚信为行为标准的规则范式，它由人们共同确定，又制约着每个人的行为选择。三是要养成诚信的习惯。诚信习惯是个体在形成诚信意识的基础上，遵守社会诚信规范后所形成的一种稳定的生活方式。在内化为个体品质以后，常常以不自觉的方式表现出来。总的来说，高校诚信教育的目标是将具有社会普遍规定性的诚信价值观通过理论或实践的方式内化为大学生的道德价值理念，让学生形成诚信意识，进而推动他们知行合一、身心健康。第二，要确定大学生诚信教育的内容。根据大学生学段的独特性，大学生诚信教育主要涉及学习诚信教育、经济生活诚信教育、就业过程中诚信教育、精神生活中诚信教育等，从大学生生活的方方面面进行教育，以培

---

1 习近平：《之江新语》，杭州：浙江人民出版社，2014：18。
2 覃萍、林宁：《激活优秀民俗文化：高校德育回归生活的重要切入点》，载《江苏高教》，2006（5）：100-102。

养他们良好的诚信意识和诚信行为。第三，发挥制度在大学生诚信品质培养中的作用。我们在反思当前大学生诚信教育问题时发现，制度缺失是教育环节中的一大疏漏。柔性的道德规范必须与刚性制度结合使用，才能发挥效用。在高校，应该充分发挥制度在大学生诚信品质培养中的作用，完善教育诚信立法，建立诚信档案制度，健全诚信制度规范，建立诚信评价机制、激励机制，完善诚信监督机制。通过各种制度的确立，培育大学生对诚信制度的信念与敬畏感，使诚实守信成为大学生的文化和制度自觉。

三、感恩教育

感恩，是一种心态，一种品质，一种艺术，也是中华民族的传统美德。许慎在《说文解字》中将感恩解读为"感，动人心也；恩，惠也"。从语言的角度解读，感恩是因恩而感，二者是前提和结果的关系。感恩教育，就是教育者运用一定的教育手段和方法，对受教育者有目的、有步骤地实施识恩、知恩、感恩和报恩的思想道德教育活动。它以人的感恩意识和感恩行为的养成为目标，培养个体的感恩情感，发展个体的感恩行为能力，形成个体对己、对人、对社会、对自然真诚回报的感恩态度和人格特征。对于大学生感恩教育来说，它是一种以情动情的情感教育，是一种以德报德的道德教育，更是一种以人性唤起人性的人性教育。[1] 从本质上来说，感恩教育是一种情感教育，它强调"以情动情"。在开放的环境中，任何人都不是孤立地存在于社会之中，必然要与他人发生联系。于是人与他人、与社会、与自然的交流之间都存在着情感，情感需求的满足正是在双向交往中得以实现的。大学生感恩教育就是要激发和强化大学生的情感体验。高校教育者要利用身边的一切有效资源，包括教育者的情感作为教学资料，与学生进行情感的沟通和渗透，让大学生从身边的人物、事件去体会他人、社会和自然给予自己的恩惠和方便，并衍生出幸福和愉悦的情感，产生回馈的认识、情怀和行为。此外，感恩教育本质上是一种道德教育，强调"以德报德"。在大学生感恩教育中，我们引导学生培养感恩意识，树立责任意识。因为在现实生活中，并不是完全有了"恩惠"我们才"感谢"，感恩绝非是你来我往的交易，而是要让学生善于体验到别人对自己的帮助，进而能不求回报地付出。从这个层面上说，感恩教育就是"以德报德"，要培养大学生对自己、对他人、对社会、对自然的责任意识，并内化为自己的行为习惯。"作为有天赋心灵和意识的人，我们的责任是鼓励对表现在一切方面的人类精神的优美的理解和欣赏，鼓励精神上对宇宙

1　陶志琼：《关于感恩教育的几个问题的探讨》，载《教育科学》，2004（4）：9。

的敬畏和惊叹，因为宇宙产生了生命和意识，并可能继续进化到洞察力、理解、爱和同情心的更高的层次。"[1] 最后，感恩教育从本质上来说是一种人性教育。人性，是人区别于动物的本质区别。在感恩教育中以我们身边的人、事件乃至动物为案例，体现人性中的真善美和假丑恶，对于正在进行专业学习的大学生而言有极其重要的意义。一位纳粹集中营幸存的中学校长给所有老师提出了一个请求，强调人性对于人类的重要性。"我是一个集中营的生还者，我亲眼看到人类不应该见到的事情，那毒气室是由学有专精的工程师建造，儿童由学识渊博的医生毒死，幼儿被训练有素的护士杀害，妇女和婴儿被高中和大学生枪杀并焚烧，看到这些令我怀疑教育是为了什么？就这些人都学了很多知识，很能干，但是杀人的时候居然这么狠，所以我们的教育失败在哪儿？"这位校长说，"请帮助我们的学生成为具有人性的人，因为你们的努力绝不能制造学识渊博的怪物，多才多艺的心理变态狂，成绩优良却杀人不眨眼。读、写、算只有在使我们的孩子具有人性的时候才具有重要性。"一个人在成长的过程中，只有对人性有了足够的理解，他看人包括看自己的眼光才会变得既深刻又宽容，在这样的眼光下，一切隐私都可以还原成普遍的人性现象，一切个人经历都可以转化成心灵的财富。总之，在高校，感恩教育隶属于生命教育的范畴，也是高校思想政治教育的重要内容，它能有效帮助大学生正确地认识和处理自我身心发展，自我与社会、与自然的关系，增强对感恩教育的认同感，进而升华为道德情感和道德意志，并最终内化为道德行为，善待身边的一切人和事。

近年来，媒体报告的各类大学生事件引起了社会的广泛关注。"南京大学心酸父亲"的那一句"尽管你伤透了我的心，但你终究是我的儿子"是中国千万普通父母无奈又痛苦的缩影；2007年8月，湖北襄阳五名贫困大学生受助资格被取消，原因是获资助一年多，没有主动给资助者打过一次电话，写过一封信，更没有一句感谢的话，他们的冷漠让资助者寒心，因而取消了对这五名对象的资助；[2] "丛飞事件"中那个曾经受丛飞资助而后在大学工作的人，却打电话怒斥丛飞让他"没面子"；等等。媒体所掀起的一个个舆论漩涡将大学生这一群体推上了风口浪尖。人们感慨的是作为未来栋梁的今日大学生，却有一些人情感如此冷漠，自我中心膨胀，缺乏对父母对老师的感恩之情，缺乏对国家的感恩，若是任其发展，让更多大学生变成这样，那么我们的民族、我们的国家未来究竟会走向

1　欧文·拉兹洛著，王宏昌译：《布达佩斯俱乐部全球问题最新报告》，北京：社会科学文献出版社，2004：148-149。

2　李剑军：《受助不感恩资助者寒心——襄樊5名贫困生受助资格被取消》，载《楚天都市报》，2007-08-22，（36）。

何方？一些大学生感恩意识缺乏的现状给我们的教育敲响了警钟，让所有的教育工作者和家长反思教育的目的究竟是什么。正如雅斯贝尔斯所说："教育，是人对人的主体间的灵肉交流活动，包括知识内容的传授、生命内涵的领悟、意志行为的规范，并通过文化传递的功能，将文化遗产教给青年一代，使他们自由地生成，并启动其自由天性。"在一些人过分追求分数、追求升学率、追求就业率的教育中，教育偏离了它原有的轨道。加强生命教育，强化感恩教育，注重人格教育，是教育义不容辞的责任。

感恩教育是一个长期的过程，不可能一蹴而就，需要家庭、社会和学校形成教育合力，立体、全方位地对学生进行教育引导。而大学教育，作为人生命成长的一个特定阶段，在感恩教育的培养中同样具有非常重要的作用。感恩教育要培养大学生识恩、知恩，教会大学生知恩图报，最后使大学生养成施恩不图报的优良品德。在此过程中，我们还要培养大学生对父母的感恩意识。中国传统文化提倡"百善孝为先"，父母给予了我们生命，含辛茹苦地抚养我们长大，孝敬父母、善待父母是我们热爱祖国、热爱人民的前提。然而，张翔在对1413名在校大学生的无记名问卷调查中发现，近80%的大学生与父母的联系方式是电话，其主要动机是要钱；有22%的人从未在节假日主动问候父母；有56.7%的人不知道父母生日；有近20%的人认为长大后不一定或不应该承担赡养父母的责任。[1] 此外，培养对师长的感恩意识，培养对他人、对祖国、对自然的感恩意识都是高校生命教育的重要内容。高校作为专业培养和健全人格的培养基地，在大学生感恩教育中必须发挥其优势，将感恩教育融入学科教学，积极营造优化感恩的校园环境，通过广播、展板、标语、网络等多种平台广泛宣传，树立典型，以教师和学生榜样为示范，加强情感引导和交流。此外，通过加强社会实践活动，比如服务社区、志愿者活动等，让大学生的感恩认知从感性层面上升到理性层面，并将其内化为个体的观念指导行为。

1　张翔：《大学生感恩教育与和谐社会构建》，载《文教资料》，2007（11）：180–181。

第四章 大学生生命教育课程的建设

从20世纪90年代起，特别是进入21世纪的十几年来，国内的一些大学正积极而系统地开展生命教育的研究，生命教育也开始作为一门新的课程登上大学讲台。应当说，当前这一新的课程对大学生思想品德的强烈现实关怀，与中国社会转型过程中大学生各种具体实践问题的产生有着密切的联系，从而可以及时解决大学生的现实问题，也为深化大学德育、政治思想品德课程提供了广阔的认知空间，使之蕴含着无比丰富的内容与问题，以一种崭新的思维向度和观察视野，完成当代大学生的生命及生命观教育任务。经过近些年的教学经验和学术积累，中国教育界涌现了一些具有明显理论自觉的关于生命教育的著作，它们正在影响高校生命教育课程的理论架构和教学实践。在当前深化高等教育改革的大背景下，探讨如何在课程实践中彰显生命教育的意义，将会深化人们对生命教育理论的认识，促进人们更加关注生命教育实践，从而进一步充实生命教育的内涵。生命教育是教育的核心课题，也是贯穿人的一生的重要课题之一。台湾前教育主管部门曾志朗先生曾说过："教育改革不能只着眼于制度与技术方面的改造，更该重视价值理念的提升。生命教育旨在探索生命的意义，统合知情意行，并强调对人及对生命的尊重，应作为教育改革最核心的一环。"

　　《国家中长期教育改革和发展规划纲要（2010—2020）》提出要重视安全教育、生命教育、国防教育、可持续发展教育。这是首次在国家教育规划纲要中提出生命教育这一概念，说明了国家对生命教育地位和重要性的肯定。而课程是实现教育目标的基本路径。关于生命教育的具体实施办法，高校生命教育课程的设置、实施措施、实施手段等还需教育部门进一步制定指导性文件，以具体指导各高校生命教育的实施工作。

　　国内许多高校在近十年来也逐渐开设生命教育课程。如：江西师范大学郑晓江教授在2006年与四位教授合作，在江西师范大学开设了"生命教育与生死哲学"全校公选课；复旦大学开设了"生命教育研究"选修课；哈尔滨医科大学设计并实施了以生命教育为主要内容的心理健康教育课程改革；武汉大学面向全体学生开设"生命教育"公选课；浙江传媒学院于2008年成立了国内高校第一家专门的生命学和生命教育研究所，把生命教育的理论研究、资源开发与教学实践作为研究所发展的主要目标，并于2008年以来开设了"生命学与生命教育""身心灵全人生命辅导"等全校及校际公选课；2008年云南省教育厅开始在全省各级学校推进以生命教育、生存教育和生活教育为内容的三生教育，并设为各级学校的必修课，云南省教育厅还组织编写了从幼儿园到大学的全套教材。然而，由于生命教育在国内高校的开设相对随意，主要是部分从事相关研究的教研人员承担了课程的教学工作，因此在目标设定、内容选择、实施途径、课程评价、师资队伍建设等方面还处于摸索阶段，仍以引进和介绍西方的生命教育理论框架为主。

大学生生命教育课程的建设是一项艰巨而又复杂的系统工程。生命教育作为一门综合性课程，应将生命教育课程设置为通识课程性质，遵循课程建设的规范，从课程设计、课程目标的确定、课程内容的选择到课程的实施和评价都应形成相对统一的认识。我国生命教育课程既具有国外生命教育课程的一般特点，又融入了本土化的课程元素，针对当下中国大学生的身心发展现状，要开展以促进大学生生命健康成长和发展为目的，具体涵盖课程目标、课程的特征与类型、课程内容的选择和确定、课程的实施、课程的评价等环节的动态的课程建设。

第一节 大学生生命教育课程的目标

纵观教育学的学科体系，课程目标是教育目的、教育目标的下位概念，是具体体现在课程开发与教学设计中的教育价值，如不同学科的目标、具体教学过程的目标。[1]当前高校生命教育课程主要是以选修课程的形式开设，因此相关研究者在课程目标的确定上存在不同的看法。肖杏烟（2009）指出，生命教育课程目标应是引导学生确认生命，理解生命的由来、生命基本知识、人体生理结构等，使之对人生的生与死有全面而系统的认识；从而，引导学生认识生命发展的规律和特点，使之学习和掌握必要的生存技能；引导他们感悟生命的意义和价值，使之珍爱生命，完善生命——追求自我、生命与自然、生命与社会的和谐关系，过积极向上、快乐健康、有尊严、有爱心的生活。还有学者将生命教育课程目标划分为宏观和微观两个层面。在宏观层面上，生命教育课程的目标可以分为直接目标和终极目标。直接目标是认识生死、悲伤辅导、防范自杀、珍爱生命，培养学生爱护自己、尊重他人的态度，并提升学生应对挫折的能力。终极目标是引导学生感受生命的喜悦与可贵，体验生命的意义，建立正确的世界观、人生观、生活观和价值观，建构个体生命的内涵，提升生活内涵的品质。在微观层面上，生命教育课程要达到认知、情意、行为、价值四个层次的目标。杨春雷、吕辛（2010）将大学生命教育的课程目标设定

---

1 张华：《课程与教学论》，上海：上海教育出版社，2000：150。

为三个方面：第一，引领大学生认识生命的本质，激发他们自觉追求生命的意义，提升生命的质量；第二，帮助大学生树立正确的生命价值观，提升大学生的生命境界；第三，提高大学生应对挫折的能力，从而使其实现幸福人生。

要正确地确定大学生生命教育的目标，就要树立正确的生命教育理念。生命教育的理念在于改变教育中对人的生命存在与发展的形而上学的认识，不要把学生当物品，不要割裂式地对待学生，要把增进人的生命主体意识看作时代对教育功能的重要规定。[1] 因此，在大学开展生命教育必须坚持一些基本的理念。第一，树立以人为本的理念。现代教育要坚持以人为本，因为人是一切活动的中心。坚持以人为本，就是要重视人自身的价值，开发人的潜能，提升人的素质，最终着眼于人的发展。这就要求我们在开展生命教育的过程中，从大学生的根本需求入手，尊重学生的权益和权利，也尊重学生的个性和自由发展，在此过程中发挥大学生的主体性和主观能动性，教育他们积极地对待生命，引导他们在有限的生命里全面地发展自己。第二，生命教育要坚持理论结合实际的理念。生命教育说到底是一种实践活动，因此，正确把握理论是正确开展生命教育的前提，要关注大学生的生命教育实际需求，以便在生命教育过程中有的放矢，对症下药，理论与实践的结合才能够使生命教育不成为空洞的说教，在实践中发挥实效。第三，生命教育应该树立全人教育的理念。生命教育的全人教育理念由台湾大学的孙效智教授提出，在全人教育理念的指导下，生命教育是让一个人学会与自然和谐、与社会共善，是一个求真、向善、至美的过程。

理念是目标的先导，大学生生命教育在确定了教育理念后，才能制定生命教育的目标。美国学者麦克唐纳曾指出，教育目标的功能随着目标水平的不同（宏观、中观、微观）而各异，但它们有着共同的功能：通过明确教育活动的目标，提示旨在达到目标的最优的内容与方法，并且成为评价教育教学活动结果的一种标准。他具体描述了教育目标的五种功能：第一，明确教育进展的方向；第二，选择理想的学习经验；第三，界定教育计划的范围；第四，提示教育计划的要点；第五，作为评价的重要基础。[2] 因此明确生命教育课程的目标是课程建设的首要任务，因为它将直接影响课程内容与教学方法的选择，为课程的组织和实施提供依据，并以此为基本标准对教学过程进行价值判断。

1　叶澜：《新基础教育研究引发的若干教育》，载《人民教育》，2006（7）：4-7。
2　钟启泉：《现代课程论》，上海：上海教育出版社，1989：299。

一、生命教育课程目标的基本取向

生命教育课程目标是一定教育价值观在该课程领域内的具体表现，总是具有一定的价值取向，因为只有明确了课程目标的价值取向，才能够增强自我反思的意识，并提高制定课程目标的自觉性和主动性。纵观教育学中课程与教学论发展历史，其中关于教育目标不乏各种不同的价值取向，就高校生命教育课程而言，应是"行为"目标取向和"生成性"目标取向的结合。

（一）"行为"目标取向

"行为目标"是以具体的、可操作的行为的形式陈述的课程与教学目标，它指明课程与教学过程结束后学生身上所发生的行为变化。"行为目标"的基本特点是精确性、具体性、可操作性。用泰勒的话说，"行为目标"的作用是"有助于选择学习经验和指导教学"。"行为目标"是随着课程研究领域的独立而出现并逐步发展、完善起来的，这种目标取向一度在课程与教学领域占据主导地位。相关学者布鲁姆、克拉斯沃尔于20世纪60年代借用生物学中"分类学"的概念对教育目标进行了分类。借用布鲁姆的教育目标分类学的体系，我们将高校生命教育课程目标划分为"认知领域"、"情感领域"和"动作技能"的三维目标。

"认知领域"目标。布鲁姆将人的认知领域的目标从简单到复杂，从低级到高级划分为以下六个层次：知识、领会、应用、分析、综合、评价。知识目标既要达成生命教育对生命教育基本内涵（即生命教育是什么）等基础性知识的理解，对应用知识和实践性知识（即生命教育领域"做什么"和"怎样做"之类的学理性问题）。领会包括表明理解交流内容中所含的文字信息的各种目标、行为或者反应。在这种理解过程中，学生可能会在头脑中改组交流的内容，或者在用自己觉得更有意义的某种类似形式做出明显反应时改组交流内容，还可能有一些对简单扩大交流本身范围的反应。分析指把生命教育的各部分材料分解成各个组成部分，弄清各部分之间的相互关系及其构成方式。综合是指在分析的前提下，将各种要素和组成部分组合起来，以形成一个整体。这是一个对各种要素和组成部分进行加工的过程，是一个用这种方式将它们组合起来，以构成一种原先不太清楚的模式或结构的过程。在认知领域中，综合是对学习者的创造性行为提出最明确的要求的类别。评价指为了某种目的，对观念、作品、答案、方法和资料等的价值做出判断。评价包括用准则和标准来评估这些项目时准确、有效、经济、满意等的程度。判断可以是定量的，也可以是定性的，并且准则可以是学生自己制定的，也可以是别人为他制定的。评价目标包括"按内部证据判断"和"按外部准则判断"两个亚类。

"情感领域"目标。生命教育的认识从低层次到高层次是一个不断发展的连续体。首先学习者仅仅是对某种生命现象有所察觉，然后开始有意识地注意，接着带有情感地对这种现象做出反应，并且能抽象出具体生活来理解和解释这种现象，然后将这种观念和感受进行有结构的组织，并且将这种结构升华为一种人生观，即达到了情感领域目标的最高层次。具体来说，情感目标可以按其顺序性分为五种水平，包括接受、反应、价值判断、组织和价值观念的个性化。第一种水平为接受，即大学生对生命教育的相关现象能有选择性的注意，能积极关注发生在身边以及社会生活中的生命教育事件。第二种水平为反应。如果说接受是大学生处于观察和观望的水平，那么反应即是在积极关注的前提下能够接受并且能激发动机，尝试着积极行动，并且能从中获得满足感。第三种水平为价值判断。在这种水平中，大学生会觉得某一事物、现象或者行为是有价值的。这种价值观念一旦形成，将逐渐内化为生命教育的价值准则，逐渐稳定后表现为学生的某种价值观念。第四种水平是组织。在这一水平上，学习者能把价值观念组织成一个系统，能够树立起那些起支配作用和普遍存在的价值观念。因为当学习者逐次内化各种价值观念时，他会不断遇到与有关价值观念相对应的情景，需要将其价值观念进行组织。第五种水平是价值观念的个性化。各种价值观念在每个人的价值观念层次结构中占据各自的地位，这些观念会支配人们的行动。价值观念的个性化使这一目标层次达到了情感领域的高峰，人的信念、概念、态度被整合为完整的世界观，整合为人的完整的个性。

"动作技能"目标。相较于其他课程的动作技能目标，生命教育课程在这方面目标的规定性相对较弱。

（二）"生成性"目标取向

"生成性目标"是在教育情境中随着教育过程的展开而自然生成的课程与教学目标。它是问题解决的结果，是人的经验生长的内在要求。如果说"行为目标"是在教育过程之前或教育情境之外预先制定的作为课程指令、课程文件、课程指南而存在的话，那么"生成性目标"则是教育情境的产物和问题解决的结果，是学生和教师关于经验和价值观生长的"方向感"[1]，所以，"生成性目标"最根本的特点就是过程性。

杜威认为，良好的课程目标应具备这样几个特征：第一，它必须根源于受教育者个人特定的固有活动和需要（包括原始的本能和获得的习惯）；第二，它必须能转化为与受教育者的活动进行合作的方法；第三，教育者必须警惕所谓一般的和终

1　William H. Schubert: *Curriculum: Perspective, Paradigm, and Possibility*, London: Macmillan Publisher, p. 193.

极的目的。[1] 这样，课程与教学目标就不是一种指向遥远的未来的结果，而是引导着现在的生长和发展的手段，是从各个特殊的现时状态中自然引发、生长出来的。生命教育建立在学生各自的价值观念基础上，因此着重于训练达成教学的行为目标，显然没有办法实现课程中引导的教学目标。课程论专家塔巴说："教育基本上是一个演进过程。而且，它是渐进生长的，它扎根于过去而又指向未来，从这个意义上说，它又是一个有机的过程。在此过程的任何阶段上，我们能提出的目的，不管它们是什么，都不能看成是最终目的，也不能武断地将它们插到后面的教育过程中去。目的是演进着的，而不是预先存在的。目的是演进中的教育过程的方向的性质，而不是教育过程的某些具体阶段的，或任何外部东西的方向的性质。它们对教育过程的价值，在于它们的挑战性，而不在于它们的终极状态。"[2]

"生成性目标"取向消解了"行为目标"取向所存在的过程与结果、手段与目的之间的二元对立。当过程与结果、手段与目的被内在地统一起来之后，课程与教学目标就是学生在教育过程中、在与教育情境的交互作用中所产生的自己的目标，而不是课程开发者和教师所强加的目标。学生有权利，也能够决定什么是最值得学习的。当学生从事与自己的目标相关联的学习时，他们会越来越深入地探究既存的知识。随着问题的解决和兴趣的满足，学生会产生新的问题、新的价值感和新的对结果的设计。这个过程是持续一生的，因而基于"生成性目标"的课程必然会促进终身学习。

应该说，高校生命教育课程的价值取向是"行为"目标取向和"生成性"目标的结合，既要注重课程中对学生在知识、情感和能力方面的达成，同时也要针对当前的生命教育现状，针对大学生的身心发展特点，注重学习过程中的生成性目标，重视学生的体验，尊重他们解决问题的独特经验，发展学生对问题的兴趣。

二、生命教育课程目标的确定依据

在"行为目标"价值取向和"生成性目标"价值取向相结合的指引下，生命教育课程目标的确定并不是任课教师随意为之的选择。不同的学者在讨论生命教育的课程目标来源时有不同的认识，但按照课程的建设规范，纵观生命教育课程的研究，生命教育课程目标的确定应充分考虑大学生的需要、当下的生命教育现状以及生命教育课程本身。

---

1 约翰·杜威著，毛承绪译：《民主主义与教育》，北京：人民教育出版社，
1990：114-117。
2 塔巴著，张进辅译：《制定教育目的之方法论》，北京：人民教育出版社，
1989：625。

杜威在《我的教育信条》中就已提纲挈领地论述了学生、社会、学科的关系，并在《学校与社会》《儿童与课程》两部著作中系统论述了教育与社会、儿童与学科的关系。泰勒在《课程与教学的基本原理》中用一种折中的态度把学习者的需要、当代社会生活的需求、学科的发展并列为课程目标的三个来源。此后，这三个方面成为课程开发的基本维度。因此，结合当前高校生命教育课程的现状，我们将生命教育目标确定的依据定为以下三个来源。

（一）当代大学生的需要

作为学习者的课程，课程的建设首先得满足学习者的学习需求。生命教育在学校教育的每一个阶段，由于学习对象的身心发展差异，具有阶段性和差异性。而高校生命教育课程目标的确立首先要考虑的是大学生的身心发展的需要。这种学习的需要既要考虑年龄的差异，同时也应考虑个性的差异。

那么当代大学生的生命教育学习需要主要表现在哪些方面呢？首先，大学生成年社会人的身份与无法应对各种复杂生命问题的矛盾。作为年龄在17岁至23岁的大学生，从社会身份来说，他们大多是具有完全行动能力的成年人。然而由于长期处于成年人的保护下和相对简单的校园环境中，相当大一部分的大学生在面对复杂的生命问题的时候，常常感到束手无策，在得不到正确指导后，甚至会选择一些极端的方式来解决问题。其次，理性情感与欲望的矛盾。在生理、心理成熟后，当代大学生所面对的生命问题主要集中在学习、人际交往、就业和情感等方面。因此，在课程中应该设置相关的专题，急大学生之所急，让他们学习脱离现实生命困境的方法和手段。

（二）当前社会发展的需要

生命教育的研究不能一味追求形而上的哲学思辨，它必须与社会现实紧密结合，遵循社会政治、经济、文化发展的规律，关注社会中每一个个体的生存状态和生命诉求，否则生命教育研究就失去了其现实依据，成为无本之木、无源之水。纵观中国现状，当前转型时期的社会环境和条件使生命教育成果进入学校，与社会现实广泛结合存在着现实的可能性和必要性。

中国在经历了三十多年的改革开放后，在各方面都取得了举世瞩目的成就：国家综合实力逐渐增强，社会生产力不断提高，宏观经济总量不断增加，人民生活水平显著改善，到20世纪末已总体上达到了小康水平。同时，随着经济基础和社会生活的急速转变，人们在思维方式、价值观念、行为模式、生活方式等方面也发生了转型性的变化。在价值观多元的社会现实中，我们如何在社会核心主义价值观的指引下，让个性在共性中凸显？公民的个体生命也受到了前所未有的关注，"以人为本"已不仅仅是一句口号,它已落实在社会生活的众多方面。对于个体生命的重视,使得中外生命教育在最基本的原则上有了契合点。因此,尊重、敬畏个体生命和维护其尊严的域外原则为我国生命教育研究者所积极采用。此外,关于生与死的智慧,关于生命质量的规定,关于生命本质的追问,关于人与自然和谐相处的理念,关于对健康生活方式的追求,对轻生现象从单纯的心理原因到生理、心理和社会根源的探究等,都在中国学者的研究中得到了普遍的应用。[1] 然而,在经济发展、社会转型的同时,一些矛盾和问题也逐渐显现,并给我们提出了新的课题。如道德失范,拜金主义、享乐主义、极端个人主义滋长蔓延等,尤其是一些实际民生问题日益突出,人们对社会主义价值观的接受和认同在一定程度上被消解。[2] 这一系列关系到人民群众的切身利益的现实问题,是中国社会转型时期的附属产物,它们不仅是社会学关注的重要问题,同时也成为众多生命问题的社会现实背景,是大学生生命教育中不可回避的现实存在。

(三)生命教育课程本身的需要

尽管在中国古代有大量的关于生命教育的理论论述和实践手段,但从课程建设本身而言,生命教育课程是舶来品。这种发源于西方,针对西方生命教育现状而建立的课程,具有生命教育的一般性。当代的大学生生命教育课程应该在引进的基础上建立自己独特的问题领域和话语方式。在特定的社会政治、经济环境及文化背景影响下的域外生命教育,其目标直指西方的社会现实需要。因此,该领域在理论建构、研究方法、学科范式等方面都有着明显的西方特征和文化倾向性,只有在特定的西方社会文化背景下才具有针对性,才能凸显其真正的意义,并不是"放之四海而皆准"的永恒真理。中国生命教育学科本土化过程是在对域外生命教育成果的批判性引进中开始的。然而,中国与西方国家在社会政治制度、人文教育环境、价值伦理道德等方方面面差异的存在,决定了中国的生命教育研究只能是以中国的现实需要为出发点。中国学者不可能,也不应该脱离中国的具体国情和教育实际,单纯依靠移植域外的理论和问题来架构自身生命教育的范式,而必须置身于现实国情,针对时代提出的历史性问题,对现实的生命问题进行考量,并在此基础上构建具有本土化特色的生命教育的理论和实践内容。生命教育的创造"不是随心所欲地创造,不是在自己选定的条件下创造,而是在直接碰到的既定的,从过去继承下来的

1　陈华森:《个人本位——自由主义价值观评析》,载《云南行政学院学报》,2009(4):10。

2　孙学玉:《我国社会主义核心价值体系建设的现实基础与实践路径》,载《新华文摘》,2010(4):7。

条件下创造"[1]，因此，以历史为依托，深度挖掘积极的生命思想，对生命教育的理论发展和实践本身都有极大的影响作用。我们在中国本土文化和社会现实基础上创新生命教育理论体系和实践内容结构，一方面是为满足中国自身的教育之需，另一方面也在于通过域外生命教育成果与中国实际的磨合过程，创建出生命教育学科具有国别性、民族性、地域性的理论和实践体系。这种理论和实践体系是中国生命教育学科发展的理论和实践支撑，同时，客观上也因为拥有这种独特的甚至唯一性的成果，中国的生命教育才能够在世界多样的生命教育流派中占有自己的地位。

三、生命教育课程与教学目标确定的基本环节

确定生命教育课程与教学目标大致包括以下四个基本环节。

第一，确定教育目的。教育目的或教育宗旨是课程与教学的终极目的，是特定的教育价值观的体现。它所回答的基本问题是：什么是受过教育的人？教育与人的发展是怎样的关系？教育与社会进步是怎样的关系？等等。

第二，确定课程与教学目标的基本来源。课程与教学目标的基本来源或课程开发的基本维度是特定教育价值观的具体化。学习者的需要、当代社会生活的需求、学科的发展三者是怎样的关系？课程与教学目标或课程开发究竟应以什么为基点？当课程开发的基点确立以后，应如何处理好它与其他处于从属地位的目标来源的关系（如果存在处于从属地位的目标来源的话）？对这些问题的不同回答形成了不同的课程开发的向度观，这是确立合理的课程与教学目标的关键。

第三，确定课程与教学目标的基本取向。在"普遍性目标""行为目标""生成性目标""表现性目标"等取向之间应作何选择？怎样处理这几种目标取向之间的关系？这不仅反映了特定的教育价值观，也与课程开发的向度观有着内在联系。目标取向的确立为目标内容的选择和目标的陈述奠定了基础。

第四，确定课程与教学目标。在教育目的、课程与教学目标的基本来源、课程与教学目标的基本取向确定以后，课程与教学目标的基本内容和陈述方式也就确立下来了，在这种条件下，即可进一步获得内容明确而具体的课程与教学目标体系。

四、大学生生命教育的课程目标

根据上述的目标分类，并结合大学生生命教育的现状和大学生的认知发展水平与行为特点，我们认为大学生生命教育课程的目标应该由以下几个方面构成。

1　中共中央马克思恩格斯列宁斯大林著作编译局：《马克思恩格斯选集（第1卷）》，北京：人民出版社，1972：236。

（一）大学生生命教育的认知目标

认知目标是所有课程都必备的目标之一。大学生生命教育课程要让大学生形成有关生命的概念、知觉、判断、想象等。一方面，要帮助大学生了解和认识人生，了解生命的起源、特点、结构、规律等；另一方面，还要帮助大学生确立科学的理想和坚定的信念。在对生命教育的基本知识有了了解以后，如何帮助大学生树立正确的生命观、人生观和价值观就成了生命教育的重要课题。通过教育者的引导，大学生应正确对待当前的生命现状，找准自己的位置，选择与社会结合的最佳途径，从而将现实与想象结合，寻求自我发展、自我完善的途径。

（二）大学生生命教育的情感目标

大学生生命教育强调在体验中收获，从而达到使生命满足自己的情感目标。一方面，通过生命教育，让大学生建立热爱生命和珍惜生命的情感。正是因为生命的珍贵和不可逆性，教育者才要特别注意引导学生及时把握与珍惜当下。另一方面，要帮助大学生学会调控情绪。情绪是感情世界的重要组成部分，具有短暂性、情境性的特点，生命教育要引导大学生增强情绪的自我调节的能力。大学生应学会通过各种手段控制不良情绪，保持平静的心境，学会舒缓或抑制过激情绪，坦然面对人生的各种境遇，特别是在大起大落之时，更要保持平常心，在生命的过程中提高情商，减轻心理压力，提升生命价值。

（三）大学生生命教育的行为目标

大学生生命教育是理论与实践相结合的过程，开展生命教育就是要使大学生对各种生命问题形成正确的认知，由此形成行为目标，并能在实践中认真执行。首先，帮助大学生用责任来提升生命意识，并在此基础上激发他们的生命潜能和生命创造力，让他们积极、主动、健康地成长和成才。其次，高校生命教育作为高等教育的内容之一，应该帮助大学生提高竞争力。大学生的生命活力来自于强而有力的竞争力，而竞争力的关键在于创新精神和实践能力。创新精神和实践能力是一个综合的概念，其核心构成要素来自大学生的专业素养，包括专业知识和专业能力。同时，作为专业课程的补充，生命教育课程以其丰富的内容和多样的形式，在提升大学生的创新精神和实践能力方面也会发挥一定的效用。最后，大学生生命教育的行为目标在于预防大学生的侵害生命行为，包括自杀和伤害他人。高校开展生命教育，通过各种途径帮助有心理困扰问题的学生，对其进行及时疏导，使其寻找问题的原因，重拾对生活的信心，减少大学生自杀或是伤害他人事件的发生。

总之，大学生生命教育的目标是要让大学生在接受生命教育的过程中，对生命有正确的认知，树立积极的生命情感与顽强的生命意志，形成良好的行为习惯，避免他们做出伤害自己、危害他人和破坏社会的行为；同时帮助大学生树立人与自我、人与社会、人与自然健康协调发展的观念，树立积极进取的生命价值观念，引导他们为实现自己的生命价值而不断努力。

第二节　大学生生命教育课程的特征与类型

生命教育是教育"以人为本"的重要体现，它在最低层面上是认识生命、保护生命，在高级层面上是享受生命、优化生命、激扬生命、完善生命。有感于现实生活中生命的潜在危害和生命意义的空缺而设置的生命教育课程，必定以善待生命、悦纳生命、关怀生命、超越生命为基本的价值取向。因此，生命教育课程是一门人文科学的课程，我们要了解高校生命教育的课程特征与类型，让生命教育实施过程中充满人性的关怀，温暖、滋润学生。

一、高校生命教育课程的特征

高校生命教育课程以人的生命为主线，围绕生命的活动和生活的内容而组织，旨在引导学生认识生命、珍爱生命、发展生命，提升学生的生存能力和生命质量，使其实现生命的意义和价值。作为一门人文科学课程，高校生命教育课程具有如下特征。

（一）综合性

人的生命的整体性决定了生命教育课程的综合性。生命教育课程以生命为圆心，围绕认识生命、珍惜生命和发展生命组织内容。课程的综合性是相对于其他课程知识结构的单一性而言的，为了保证高校生命教育活动的顺利开展并收到良好效果，生命教育往往需要多科学、多层次的综合性知识，其中主要涉及哲学教育、安全教育、心理教育、社会生活教育、伦理道德教育、价值观和人生观教育、人体生理知识教育等方面，并在与其他学科教育的交融中，实现促进学生认知、情感、意志与行动各方面发展的目标。综合性的课程性质往往也要求教师具有多层次、复合性的知识结构。同时，这种多层次、复合性的教师专业知识结构，还应该实现彼此之间的相互支撑、渗透与有机整合，而且这种整合了的专业知识只有在表现为教师教育行为的科学性、艺术性和个人独特性，表现为教师精神生活的丰富性和发展性时，它才充分显示出教师作为一个专门职业，对丰富而独特的专业知识的要求绝不比对其他专门职业低。[1]

正是生命教育课程的综合性决定了承担高校生命教育课程的教师必须改变过去单一的只见树木不见森林的知识观,突破固守于一门学科的狭隘认识,尽可能拓展知识面,广泛涉猎哲学、教育、心理、生理、宗教、艺术等不同学科的知识,并使各学科知识之间融会贯通,以综合性的知识结构满足学科课程的教学。

(二)独特性

高校生命教育一方面强调理论与实践知识的综合性,另一方面又必须体现课程的独特性。生命教育主要针对教育中的各种生命异化现象,例如伤害他人(物)生命的暴力、自我伤害或自杀,以及教育中出现的漠视生命、教育无人的现象而提出来的。开展生命教育的目的是让学生能珍惜生命、快乐生活并且成就人生。既然生命教育的开展本身就是为了改变生命异化的现象,因此它能不完全被哲学、生理学、德育所取代,而具有其独立的特征。生命教育的独特性正是在尊重"立体生命人"的理念下,强调人的"自然生命之长""社会生命之宽""精神生命之高",并在此基础之上实现生命化的教育。"如果一定要用一句话来表达的话,就是:把对儿童的理解、关爱、信任、成全,在具体的教育过程中体现出来。"[2] 既然每一个"立体生命人"都是独特的,具有不同的个性、不同的思维方式和行为特征,有着独一无二的价值和尊严,因此,面对如此复杂的教育对象,生命教育应该遵循个性化的原则,在教育内容、教学方法和教育形式的选择上以及课程设计等方面有所甄别,体现差异性和个性化。只有这样,高校生命教育课程才能直接击中问题要害,落到实处,收到成效。

(三)开放性

"人的本质不是先天规定的,而是后天自我不断生成和建构的,生命永远向未来开放,具有无限的可能性。"[3] 以具有无限可能生命特征的大学生为实施对象的高校生命教育课程,也必然具有无限可能性,它应该具有开放和可生成的特征。从某种角度来说,生命教育"没有固定的程序,没有固定的内容,甚至没有固定的知识点"[4]。开放性的生命教育应该有开放性的课程内容、开放性的课程资源、开放

1 叶澜、白益民:《教师角色与教师发展新探》,北京:教育科学出版社,2001:23-25。

2 张文质:《生命化教育的责任与梦想》,上海:华东师范大学出版社,2009。

3 刘济良:《生命教育的沉思:生命教育理念解读》,北京:中国社会科学出版社,2004:31。

4 郑晓江:《生命教育课程的设计与教学的独特方法》,载《中小学心理健康教育》,2012(4):10-13。

性的教育过程以及开放性的实施空间。

　　首先，开放性的生命教育课程内容主要源于生命教育多元化的主题，但凡能够给当代大学生带来"生命困顿"的内容都可以成为研究的议题，其丰富的研究内容决定了高校生命教育是"是直面人的生命、通过人的生命、为了人的生命质量的提高而进行的社会活动"[1]，也是真正体现生命教育理念的教育。其次，开放性的课程资源是生命教育的一大特征。研究内容和主题的多元性决定了生命教育课程资源的丰富性。根据相关调查研究，近年来开设生命教育课程的高校不少，但是却没有出现统一使用的教材。就生命教育课程而言，没有任何一本知识性的课程教材能够给教师提供一整套包含理论和实践的教学内容。教科书所涉及的理论知识以及实践操作模式仅仅是课程教学的参考资料，我们还必须联系学生的生命实际，整合各学科的相关知识，挖掘高等教育中的典型案例，搜集更多有利于课堂教学的信息素材，有效地整合课程资源。最后，强调教育过程的开放性。这一方面体现在教育时空的开放性。生命教育不是知识教育，不是认知结果的堆积，而是在教育过程中生成有关生命的价值感，涵养生命情怀。生命教育的课程开设必须重视生命体验，创设情境，让学生参与其中。生命教育倡导的是生命本身从生活中学习，于生活中体悟，在生活中成长。没有哪个生命能代替另一个生命去生活，教育不在于传授学生多少生活的道理，而在于引导学生自己去经历和体悟真实的生活。[2]因此，高校生命教育绝不是拘泥于课堂教学的课程，它可以突破时间和空间的限制，将生命教育课程延伸至教育对象的整个生命生活过程以及教室以外的生命场所，是生命化的生命教育教学。另一方面，这也体现在教育形式的开放性。除了课堂教学，生命教育还可以通过体验、讨论、叙事等多种形式进行。教师可以根据不同的教学目标及教学内容灵活机动地选用不同的教学场所。在以感知和体验为主的课程中，可以充分利用各方面平台进行多种形式的教育，给学生营造一个高度自由开放的思维空间和实践空间，使他们活泼生动地参与到教育过程中来，通过自己的判断与反思，达到体认知识、开启智慧和润泽生命的效果。

（四）实践性

　　相较于其他偏重理论性的学科而言，高校生命教育课程的逻辑展开不是理论性的，它对生命现象的了解遵循的不是科学的逻辑，更多的是生活自身的逻辑，因此它是实践性的。即便是再高深、体系再完备的理论知识也往往由于过于概括

1
2　曹专：《首届大学生生命教育高峰论坛在北京师范大学举行》，http://www.jyb.cn/ ad/news/201110/t20111018_458413.html，2011-10-18。

与简化，在面对纷繁复杂的高校生命教育实践时显得苍白无力。生命教育课程的内容源于生活，学生在家庭、学校和社会中实际遇到的生命课题，媒体报道的生命伤害事件、生命不能自救事件、生命感动事件等，都是生命教育课程的重要内容来源。

高校生命教育要围绕日常生活中学生遭遇的种种生命现象开展，通过练习使学生掌握保护生命的技能，引导学生去思考、判断、体验他们自身的经验，主要运用活动和情景体验的方法，真正地使教育感动生命、震撼心灵、融入生命，而非仅仅停留在关于生命知识的认知上。

二、高校生命教育课程类型

大学校园中轻视生命的现象时有发生，高校生命教育现状不容乐观。据相关调查，当下大学生的生命意识较为薄弱。天津市委教育工委2009年成立了"天津市高校生命教育现状调研"课题组。该课题组通过问卷和访谈等调查方法，从大学生生命意识现状、生命价值取向以及生命教育课程等角度进行了实证研究。调查结果显示，当前大学生对生命本身以及生命价值等问题都有过思考，但是部分学生对死亡缺乏理性的认识，极个别的学生对自杀的认识存在偏差，存在一定程度的自杀倾向，还有极少量学生甚至有报复社会的想法。此外，调查结果还显示，有一部分学生对于未来缺乏人生规划。现有的生命教育形式已经不能满足大学生对生命教育的需求，因此，将不同课程类型相结合是拓宽高校生命教育的有效途径。

（一）学科课程

学科可以区分为科学领域中的学科和教育领域中的学科。科学领域的学科是指对事物规律性认识的科学研究结果的知识体系，具有独立的研究对象、成熟的研究方法、规范的学科体制。教育领域的学科是知识与学习的一个分科，是按照课程论组织起来的适合教学又能反映对应的科学基本内容的知识体系。"从学科功能来看，科学学科的主要功能是创造知识，但也不能否认它具有育人的功能；教育学科的主要功能是育人，但它也具有创造知识的功能。"[1]课程是在一定学校的培养目标指引下，由具体的育人目标、学习内容及学习活动方式组成的，具有多层组织结构和育人计划功能、育人信息载体性能的，用以指导学校教育、教学活动的育人方案。[2]此处高校的生命教育学科课程主要指的是教育领域内的学科课程。生命教育从流行于西方的一种哲学思潮起源，一直发展到今天，似乎尚未形成一个完备的学

1 孙绵涛：《学科论》，载《教育研究》，2004（6）：49-54。
2 廖哲勋、田慧生：《课程概论》，北京：教育科学出版社，2003：56。

科。但是生命教育课程的确是在对相应内容进行选择，并按照大学生身心发展的特点以及认知发展特点将内容进行改造与重组。

学科课程的依据来自宏观国家层面的课程指导文件，国家课程标准是我国各个学校教育实践的必然依据，也是各个学校课程结构的重要组成部分。日本在1989年的《教学大纲》中，明确提出了敬畏人的生命与尊重人的精神这一理念的教育目标，并拨出专款对这一目标进行专门的探索和研讨。[1]再来看美国的分科课程。美国首先根据不同的年级、学期以及逻辑主题，将课程内容分成若干个不同层次的单元主题——从生理到心理，从社会到哲学，从具体到抽象；然后再按照学科的相关性，将课程主题融入其中。[2]从这个层面来说，目前我国尚未出现真正意义上独立的生命教育学科课程。纵观各个高校的生命教育课程，它们的名称不统一，内容相对随意，带有明显的校本色彩，形式各异。尽管2009年6月大陆与台湾生命教育的专家、学者就大学生生命教育课程的体系构建、教学内容、教学方法进行了交流，研讨交流了生命教育课程建设问题，但如果仅限于民间的学术交流，而没有国家教育主管部门的介入与参与，仍难以也不可能形成统一的认识指导实践。当前高校大多数以选修课程的方式进行生命教育课程的教授，按照台湾林思玲教授的观点，大学可以单独开授有关生命教育的课程，并面向全校学生开展。这相当于当前许多高校开设的通识教育课程，有完整的课程体系、统一的教学大纲、丰富的课程资源建设以及优秀的生命教育师资，以课堂教学为主要载体。应该说，开设独立的生命教育学科课程，遵循大学生生命教育的逻辑性和完整性，系统实施生命教育的相关内容，以达成大学生生命教育的目标，具有重要的现实意义。

（二）融渗课程

在高校普遍缺乏独立生命教育课程的现状下，开发融渗课程是实施生命教育的主要渠道。融渗式的课程将生命教育的基本内容融入各门具体课程中，通过各门课程的教学活动来开展生命教育。这种在其他学科教学中渗透生命教育的方式，提供了看待生命问题的多维视野，有助于打开学生的视野，以"随风潜入夜，润物细无声"的方式使学生在所有学科的学习中领悟到生命教育的思想，在不同学科、不同性格、不同人生体验的教师的潜移默化下不断认识生命的价值，提升自己的精神世界。同时，学生也可以根据自己对生命的理解，从不同的角度对生命的价值进行思考，从多层面理解生命的意义。比如英国的生命教育课程就是在打破传统分科课程

---

1 杜应发：《高校开展生命教育的几点思考》，载《东莞理工学院学报》，2008（4）：118-121。

2 《美国LEC家长手册》，http://www.lec.org。

的基础上，将主题单元的内容根据生命的发展历程逐步加以深化。具体来说，就是重点选取与学生日常生活以及未来社会政治生活有关的问题，通过主题纵向的深入化探讨与横向的普遍化拓展来构筑学生的精神生命，让他们的生命与作为文本的综合课程实现"对话"，并通过"对话"消解文本与生活之间的对立，最终达到生命教育的目的。[1] 这种方式有助于学生形成对生命教育的整体认知，也打破了狭隘的思维局限，提供了看待问题的多种可能。

但是，融渗课程也有其弊端。有意识地以融渗方式渗透生命教育知识，这种贴标签的方式可能会破坏学科本身的完整性，因为每一个学科都是独特的，在选择和组织材料时有其内在的逻辑顺序。融渗方式的生命教育课程不可能给学生呈现一个系统完整、逻辑清晰的生命教育知识体系，这极容易造成学生对生命教育的片面理解和思维混乱。因此，融渗方式的课程既要求任课教师是他所教授学科的专家，同时还要求他应正确处理各门学科知识之间的内在联系性，熟练掌握生命教育的理论与实践。此外，更为重要的是，大学生生命教育课程设计可以根据生命教育综合性、开放性的特点，整合相关学科、相关课程资源，在培养方案与教学目标中明确规定相关课程的生命教育功能。如在"法律基础"课程中通过培养学生的法律意识，使学生认识到伤人、杀人的严重后果，预防校园暴力事件的发生；在"日常思想政治教育"课程中引导大学生认识生命的美好和重要，勇敢地承受挫折，坦然地面对现实，热爱生命，珍惜生命，思索生命的价值；在"马克思主义基本原理"课程中，教育学生运用哲学的观点、辩证的思想理解人的生命，深化对生命的理解，帮助大学生树立正确的生命观；而专业课、体育课则可以帮助大学生增强生命发展的能力。[2] 学生由此在其他学科教学中将生命教育知识内化为自己的思想，进而达成高校生命教育的目标。

（三）活动体验课程

生命教育课程具有一般学科的特征，即具有分解、分析、传授知识的功能，但是却尤其需要生命的感知与体验。生命的过程和意义在于体验，"体验不到生命活力释放的快感和意义所在的人，就不可能有积极主动的表现；而愈是感到生命的可贵与美好，人就愈会热爱生活并使生命表现出最大的意义"[3]。高校生命教育并不完全是认知活动，它不仅仅包含着要达成生命教育的历史、原则、生命活动交往过

1　徐乘国：《英国的生命教育及启示》，载《教育科学》，2006（4）：84-87。
2　刘小梅、张韵君、江伟：《大学生生命教育课程体系构建》，载《西南农业大学学报》，2012（1）：166。
3　张曙光：《生存哲学——走向本真的存在》，昆明：云南人民出版社，2001：316。

程的规律以及良好生活习惯形成等认知目标，更重要的是让学生掌握生命的技能，完成对生命意义的沉思。因此，完全按照知识逻辑组织课程是不可行的，而应该从大学生面临的现实生命问题入手，让学生在广泛的实践活动中感悟生命的意义与价值。

就大学生而言，活动体验式课程的实施方式主要有以下几种：第一，课内实践活动。高校人才培养方案中关于课程设置的相关规定明确指出，应该加大课程的实践比例，其中，增加课内实践是一条重要的渠道。在课堂教学中，可以通过组织演出情景剧，让学生进行角色扮演，透过角色理解他们的处境，体验他人在不同情况下的内心情感而促进自我的省思，得到生命的感悟。第二，校内实践活动。按照大教育家杜威的观点，学校即社会。人们在社会中参加真实的生活，才是身心成长和改造经验的正当途径。所以教师要把教授知识的课堂变成儿童活动的乐园，引导儿童积极自愿地投入活动，在活动中不知不觉地养成品德和获得知识，实现生活、生长和经验的改造。校内开展多样化的实践活动，特别是结合校园文化建设，开展有关生命教育宣传活动，可使学生从中得到锻炼与提高。第三，校外实践活动。通过有意识、有计划地组织，教师可以带领学生参观看守所、戒毒所或参加一些抵制吸毒、预防艾滋病等展览，增强学生维护自然生命的意识；可以让学生走进敬老院、孤儿院，做调查访问或义工；还可让学生参与社会公益活动做志愿者……使学生从中感受生命的意义与价值，令其更加珍惜生命的宝贵与美好。此外，还可以通过大学生三下乡、社会调查、社团服务、科技服务、顶岗实习等多种可行的大学生实践项目，拓展生命教育课程的实践范围，让他们在实践和体验中全面而深刻地感知生命教育的内涵与魅力。

第三节　大学生生命教育课程资源的开发

"课程资源"是指课程的直接来源，只有那些真正进入课程，并与教育教学活动联系起来的资源才是现实的课程资源。"课程"与"课程资源"的关系是非常密切的，任何课程都需要课程资源的开发。课程实施的水平，一方面取决于课程资源的丰富程度，另一方面也取决于课程资源的开发和运用水平。没有课程资源也就没有课程可言，没有课程资源的广泛支持，再美好的课程改革设想也很难转化为实际的教育成果；相反，有课程就一定有课程资源作为前提。因此，在生命教育课程的教育教学活动中，要积极开发和利用各种资源。

一、挖掘专业课程资源，丰富生命教育知识体系

在内容篇中我们谈到，高校生命教育包含生命意识教育、生存教育、生命困境应对教育以及生命道德教育，并以此内容整合为基础知识、应用知识和实践知识三大板块，因此，生命教育的课程资源开发，也应该围绕这些主题，按照不同的标准挖掘专业课程资源。

从基础知识来看，生命教育涉及生命的本质、内涵、发展以及意义等。大学生生命教育课程应该突破传统的认知目标的局限，从更高的生命层面挖掘资源，构建新的课程内容。这集中体现在生命意识教育、生命价值教育等方面。人类在经历了由感性进入理性的转变后，理性成了维护和规划世界的基本准则，一系列的量化标准将人的感性生命简化成了各种数字符号，教育作为个体生命开发、绽放的过程已经被各种数据所取代。由此导致的极端后果是：现代社会物质与精神失衡，知识本位、技术至上，教育过于工具化，它往往把关注的重点放在如何帮助学生扩展知识、提高能力上，却无视生命的存在，导致学生生命意识淡薄。[1] 因此，生命意识教育的内容应该被纳入课程资源。此外，多元化带来的价值冲突也可以作为重要的教育资源，以此来确立大学生的价值判断标准，培养他们对自我、对他人、对社会的理解和认同，促进他们提高和实现自我价值。生命教育并不推崇单一的生命价值观，而是尊重价值的多元化。大学生生命教育的内容就是要从追求确定知识走向对生命意识、生命价值和生命意义的追问和探寻，在生命教育课程的教学中让学生学会做事做人，学会创造，并最终实现自身的价值。

从应用型和实践性知识来看，大学生生命教育要坚持认知、实践、体验相结合的原则，使大学生在生命教育活动体验中达成生命认知、生命情感、生命意志、生命行为的一体化。社会实践中蕴含着丰富的生命教育资源，大学生生命教育要积极协调社会资源，充分利用社会的教育设施和条件，获得社会力量的广泛支持，开展形式多样、内容丰富的生命教育活动，并通过实践积累经验，编入教材，形成课程内容。

二、开发相关学科的生命教育课程资源

生命教育并不是一项完全独立的教育活动，更不是一门独立的学科，在它形成、发展的过程中，无论是研究方法、研究范式，还是问题域、话语方式等都受到了相邻学科的融渗和影响。因此，生命教育课程资源的开发，必须从相邻学科中开发资源。从某种程度上来说，生命教育研究的内容和主题在其他的学科和领域中已

1　刘恩允：《大学生生命教育研究》，北京：中国社会科学出版社，2012：239。

经有所涉猎，只是各自的侧重点不同。由于相邻学科在研究的过程中并没有形成横向和纵向的联系，因此，在生命教育出现之间，这些内容只是以零散的形式出现在相邻学科中，而没有形成系统的知识体系或独立的主题单元，以至于产生了研究交叉、教学重复的现象。从相邻学科的关系来看，哲学、心理学、伦理学、社会学等很多学科的课程都隐含着关于生命、生命意义、生命价值、生命责任等资源，值得课程开发和设计者进行深入挖掘。比如伦理学中就存在很多生命教育资源。随着社会的进步和科技的发展，人们在享受科技带来的便利的同时也正承担着科技的负面效应。第二次世界大战以后，科技的负面效应开始全面显现，其中标志性的事件为原子弹爆炸、法西斯惨无人道的人体实验、世界范围内的环境问题等。纳粹的人体实验将人露天冷冻以引起人体的变化，还有真空实验、致命病毒实验等，这些旨在发现宇宙真理的科学竟然以如此不人道的方式进行，轻视生命，违反了最基本的人权。正如爱因斯坦所说：为了使你们的工作增进人类的幸福，你们只懂得应用科学是不够的。关心人本身及其命运，应当始终成为一切技术上奋斗的目标；关心组织劳动和产品分配这个重大的尚未解决的问题，才能保证我们智慧的产物会促进人类幸福，而不至于成为祸害。你们在埋头于图表和方程式中时，千万不要忘记了这一点。总之，从伦理学等相邻学科中我们可以找到大量的生命教育课程资源，值得我们深入挖掘。

同时，生命教育课程还具有其他学科所不具备的内容，比如生死问题的讨论、终极关怀等。俄国的别尔嘉耶夫曾经说过：只有死亡的事实才能深刻地提出生命的意义问题。这是其他学科研究较少的内容，但是仅凭这单薄的几点，是无法搭建起生命教育课程大厦的。因此，对隐藏在相邻学科中的生命教育课程资源，通过整合的方式将其统一归纳在某一独立的主题单元，或是更长远来说，统一整合在一门独立的学科之中，这也是生命教育未来发展的方向。当然，我们还需要在原来课程的基础上，加强生命教育课程资源的扩充和融入式开发，这是在生命教育独立成学科条件不成熟的前提下的最佳选择。

三、开发生命教育人力资源，形成有效的对话机制

生命教育说到底是人的教育，需要人与人之间的精神交流和对话。因此，生命教育课程中课程目标的确定、课程资源的开发、课程内容的筛选、课程的实施以及评价的开展，都离不开生命教育人力资源，离不开高校生命教育者的投入。此外，有效的对话机制的形成也要求我们在开发生命教育人力资源时，充分开发大学生人力资源。因此，只有当高校生命教育的两大主题形成平等和谐的对话关系，才能充分发挥生命的灵活性，让参与者迸发生命的光彩。

生命教育者主要指高校教师队伍。生命教育在我国高校刚刚兴起不到20年，由于它的教育对象复杂，内容涉及面广，方法灵活多样，因此需要一定数量的高水平、高素质相对稳定的师资队伍。要建立生命教育师资队伍培训机制，对相关教师和管理人员进行生命教育意识、生命意识和生命关怀等方面的教育，并且将其融入课程教学和学生日常生活管理的各个环节之中，实现教育的生命化。此外，还可以依托专业培训机构，培养和训练更多的高水平的大学生生命导师。

针对大学生群体，课程资源开发应该尽量选择发生在大学生身边的生命事件为案例，解析和讨论其中的问题和解决方法，只有这样，才能使教育者和大学生之间形成对话的平台，实现生命的关联，达成对生命的共识，共同寻求和体验生命的意义。在教育过程中，不同的生活阅历、教育背景、情感体验、价值取向导致教育者和大学生在看待问题的时候会出现分歧、产生对立，再加上大学生的自主意识和反叛意识，大学生常常与教师的观念出现碰撞，发生各种形式的冲突。这不仅影响了课程教学的效果，还会影响和谐师生关系的建立。因此，当遇到分歧和对立时，教育者要学会在平等的基础上与大学生进行对话、交流和合作，通过对话消解教师权威的负面影响，形成良性的互动机制。只有建立在平等对话基础上的共同体验、实践和理解，才能让生命教育培育更合理，才能不断建构生命新的意义，实现教师和学生生命的共同成长，真正做到"教学相长"。

四、吸收家庭和社会生命教育资源

生命教育最初就来自于生活，最终也将回归于对生活的指导。对于大学生而言，日常生活就是他们进行生命活动的最主要场所，也是体验生命存在价值和生命意义的舞台。因此，注重大学生生活资源的挖掘，尤其是家庭资源和社会资源的挖掘，是对生命教育课程资源的重要补充。

高校生命教育课程资源需要家庭资源的互动与配合。生命教育作为一种综合性的活动，家庭是其第一个教育场所。家庭给予了孩子生命，提供了温暖的生命成长的场所，给予了他们最为温情的成长环境，家庭生命教育可以让大学生更直接地体会到亲情与责任。因此，高校的生命教育要与家庭生命教育积极互动，达成二者的密切配合。在家庭中营造良好的生命教育氛围，能为学校生命教育提供基础，还能巩固学校生命教育的成果。在课程资源开发中，学校可以选择学生生命个体独特的家庭生活经历，与他们的日常生活建立连接。通过了解学生的心路历程，引导他们正确理解生命的价值与生命的意义，并能做到推己及人。此外，高校的生命教育要充分重视来自家庭的力量，加强与学生家长的沟通与交流，及时反馈学生的生命成长的相关信息，处理好学生本身以及家庭中生命问题的影响因素，共同营造良好的生命教育氛围，促进大学生的生命健康。

此外，高校生命教育要重视利用社会资源，获取社会的支持。教育是社会大环境中的一个子系统，我们在分析当前大学生生命教育现状时也重点谈到了社会因素的影响。因此，在高校生命教育课程资源开发中，应该充分挖掘社会资源，获取社会对生命教育的支持。从生命教育的先行国家和地区的发展经验来看，社会层面的支持，对推动生命教育的作用非常大。比如在台湾和香港，各种社会团体和宗教团体都积极推进生命教育，成了生命教育的社会组织载体，建立了社会互动的良性循环。

大学生命教育课程资源的开发是一个长期的过程，我们要充分挖掘专业课程和相邻学科课程的生命教育资源，从学理上给予支撑；此外，作为一项涉及学校、家庭、社会等方方面面的系统工程，需要各方面的共同努力和积极配合，才能在众多的支撑资源中选择适合大学生的生命教育的课程资源，发挥课程教学的作用。

第四节　大学生生命教育课程的内容

所谓"课程内容"，是指各门学科特定的事实、观点、原理和问题以及处理它们的方式。[1] 其选择既须紧贴课程目标，甚至远及教育目的、培养目标，又得考虑学生的特点、社会的需求、学科的发展等。而且对上述几个目标一定还要根据学科的特点加以具体化、明确化。针对当前的生命教育课程内容选择，冯建军（2004）指出生命教育的内容包含五个维度：人与自我、人与他人、人与社会、人与自然、人与宇宙。刘宣文、琚晓燕（2004）提出生命教育内容由四个向度、五个取向组成。四个向度包括人与自己、人与他人、人与环境、人与宇宙。五个取向包括：生理取向、心理取向、生涯取向、社会取向、死亡取向。研究者们一致认为，教育内容应随着教育对象的不同而有所变化。同时，也有许多研究者对生命教育的内容进行了层次划分。许世平认为，生命教育的内容主要包括三个层次：生存意识教育、生存能力教育、生命价值升华教育。任丽平（2004）认为，生命教育的内容可分为三个层次：认知层次、实践层次、情感层次。褚惠萍（2007）认为，高校生命教育应该包括以下四个层次：认识生命、尊重生命、体验生命、死亡教育。

如笔者在生命教育内容中所谈到的，大学生生命教育内容丰富，包含了生命意识教育、生存教育、应对生命困境的教育以及生命道德教育。然而，如此丰富的内容不可能完全以课程的方式呈现，因此，在大学生生命教育课程内容选择的过程

1　张华：《课程与教学论》，上海：上海教育出版社，2000：10。

中，基本前提就是要遵循课程的逻辑顺序。作为一门尚不成熟的理论性课程，生命教育既要从学理上对生命教育进行全面阐释，使学习者形成完整的知识体系，又应从社会需求和高校学生实际出发，寻求解决现实生命问题的理论路径。据此，生命教育课程内容的构成理应包含基础知识、应用知识与实践知识三个部分。

一、基础知识——支撑课程的基石

课程的基础知识，即主要用于为生命教育课程"定性""定位"的根本性理论阐述。这一部分内容是支撑该课程的基石，位于知识体系的基础层次，包含了阐释生命"是什么"和"为什么是这样"之类的根本性学理问题，是大学生步入这一领域所必须知晓的理论知识。大学生生命教育的任务是针对大学生这一特殊群体，在正确解读生命意义的基础上，通过多种途径养护三重生命，使大学生树立正确的生命价值，并以此指导生命实践。因此，课程的基础知识包含生命的本质以及生命教育的内涵、功能与分类、研究方法等相关内容。

（一）生与死的界定

马克思指出："全部人类历史的第一个前提无疑是有生命的个人的存在。"[1]生命是世界存在和发展的基础，生命个体的存在更是人类历史发展的第一前提。因此，对于生命本质、生死定位的探寻无疑是大学生生命教育的逻辑起点。狭义的人的生命，既具有自然生命，又具有超自然的精神生命和社会生命，是三者的统一体。自然生命是精神生命的载体，精神生命和社会生命是自然生命的灵魂，舍弃任何一个生命都是不完整的。与生命相对应的死亡同样也是基础理论中的重要组成部分。对生命内涵和死亡的界定即已决定了生命教育在当下的大学教育中对生命本身的关注，包括个人与他人的生命，进而扩展到一切自然生命；同时也决定了生命教育是一种全人的教育，包括对生存能力的培养和生命价值的提升，关注生命的完整性，凸显生命的灵动性，彰显生命的个性。

（二）生命教育的内涵

所谓生命教育内涵的界定，即在解读生命本质的基础上，对于生命教育的内涵与外延的界说。既然人的生命是自然生命与价值生命的统一体，那么生命教育作为认识生命、热爱生命、呵护生命、美化生命的教育，理应包含对自然生命的教育、对精神生命的教育以及对社会生命的教育。生命教育作为基础知识中的核心概念，

---

1 中共中央马克思恩格斯列宁斯大林著作编译局：《马克思恩格斯选集（第一卷）》，北京：人民出版社，1995：6。

其层次和内涵的丰富程度与应用知识和实践知识密切相关，并对课程实施有着直接的影响。

（三）生命教育的意义

所谓生命教育意义的阐述，即从理论上谈及生命教育对于大学生成长和发展的作用。在社会转型的大背景中，生命教育有助于大学生树立正确的世界观、人生观和价值观，有益于大学生把握生命的真谛，有利于大学生提升生命质量，养成健康的生活方式，降低和减少轻视生命行为的出现等。生命教育的真谛是完成人的生命意识教育，以达成人与自然、与社会、与他人和自我的和谐相处。这不仅对于大学生个人，同时对于人才培养乃至国家建设都有着深刻的影响。

当然，生命教育课程的基础知识远远不止于此。按照学科发展的逻辑，学科的定性、核心概念的解读、学科发展的历史与现状、研究方法等都是基础知识中不可或缺的部分。这些内容在专业理论体系中起着基础性作用，并具有稳定性、普遍性、起始性等特点。无论事实知识或原理知识都适用于广泛的时空环境，针对众多的事物对象，能为学生学习专业知识、技术理论和新的学科打下基础。[1] 同时，基础知识从学理上对于大学生达成自然生命、精神生命和社会生命的平衡予以正面引导，并能让他们以人生的美满圆融为目的，在实际的生活和学习中实现天、人、物、我的和谐统一。

二、应用知识——课程对现实的回应

生命有其常态，也存在负面状态。生命教育的任务不应当仅仅是认识、解释生命，更在于对被扭曲行为的改造和重塑。生命教育不应当总是埋头进行逻辑的推演、理论体系的打造，不应当总是停留于对人苦口婆心的循循善诱，而应当在改造和重塑被扭曲行为的过程中恢复生命的常态，甚至提升生命的价值。正因如此，生命教育既是对生命的认识之学，也是完善生命的介入之学。也正因如此，课程的基础理论必将进入具体的应用之中，并由此必然产生课程的又一种知识——应用知识。

应用知识也被称为应用理论知识，是在将前述基本理论（如生命的本质、特点、类别等）用于认识、解决当下生命所遭遇的实际问题时形成的理论成果，是阐释在生命教育领域"做什么"和"怎样做"之类的学理性问题。自然生命、精神生命和社会生命作为生命整体的三维，其中每一维都是全息的，它们相互影响、相互关联、相互融通，共同构成了人的完满的生命。因此，高校生命教育课程的应用知

1　李成良：《大学教学　理论与方法》，贵阳：贵州教育出版社，1995：71。

识必然包含这三重生命流程的实现。

（一）以体育运动强健自然生命

教育的目的是在促进个体发展的同时促进社会的前进。而人的全面发展必须建立在自然生命的基础上，是自然生命的延续和提升。因此，生命教育绝不能无视人的自然的生理生命的发展。在高校，体育运动是生命其他方面发展的基础。体育的目的在于强健身体，延年益寿，促进身心的和谐发展。此外，体育作为自然生命的教育途径，其最大的目标应是让大学生在对运动的自主选择及其运动过程中，获得身体的自我满足与自我舒展，得到身心的愉悦。奥林匹克运动创始人顾拜旦不朽的《体育颂》传达着体育运动的真谛："啊，体育，你就是乐趣！想起你，内心充满欢喜，血液循环加剧，思路更加开阔，条理更加清晰。你可使忧伤的人散心解闷，你可使快乐的人生活更加甜蜜。"[1]在体育活动的选择中，除了由西方引进而广泛普及的各类运动，在中国已有数千年历史的养生实践手段，如气功、静坐、武术等，作为高校生命教育的巨大财富应被广泛使用。北京大学、清华大学、中国人民大学等高等院校，早已在学生中开展诸如静坐、导引等实践活动，而且还经常组织校际间的比赛，但这类活动多半是由那些不能参加剧烈体育运动的学生作强身健体之用。[2]

（二）以人格教育塑造精神生命

人的精神生命是超越自然生命的内在生命，表现为个体的完美人格。按照柏拉图的分类，个体完美人格应该在理智上求真，在意志中向善，在情感里求美，是真善美的统一。精神生命是在生命教育视野中智育、德育和美育的统一。智育在高校中要完成其自身的任务：学习知识，形成智慧，点化生命，层层递进。生命的道德教育是在尊重大学生个体，承认其主体性、情感性基础上的关注学生道德生命自由成长的过程，这个过程即善的价值的充盈过程。生命的美育是一种以情感为中介，关于超越和自由的教育。它不仅提高大学生认识和欣赏美的水平，发展他们的审美能力，培养审美情趣和审美意识，更重要的在于造就一种审美的自由人格，达成审美境界。

（三）以个体社会化成长社会生命

教育是在一定社会背景下发生的促使个体的社会化和社会的个性化的实践活

1　国际皮埃尔·德·顾拜旦委员会：《奥林匹克主义：顾拜旦文选》，北京：人民体育出版社，2008：110。

2　张琬琦：《中国人民大学师生在首都高校传统养生体育比赛》，http://tiyu.ruc.edu.cn/a/xinwengonggao/2011/1219/1290.html，2011-12-19/2012-2-20。

动。[1] 使年轻一代社会化，是教育的重要目的。联合国教科文组织提出了教育的"四大支柱"——学会认知、学会做事、学会共同生活、学会生存。这标志着对完人的认识走出了传统上精神生命的误区，开始把社会生命纳入其中。精神生命体现了教育的人文性，而社会生命体现了教育的工具性。教育既要引导人思考"为何而生"的意义，同时也不能放弃"何以为生"的本领。社会生命的教育使得大学生能适应社会的要求，通过与社会环境的相互作用，由自然人转化为能适应社会规范、遵守社会要求、参与社会生活的社会人。作为连接社会与个体的高校，生活教育、生存教育尤为重要，造就和培养具有谋生本领的劳动者和建设者，是高校各类教育的目标之一。

（四）轻视生命行为的预防

轻视生命的行为突出表现为自杀和他杀，而成瘾行为在大学生中也较为普遍。因此对轻生行为、成瘾行为的研究自然成了课程内容中应用知识的一大重点。如果说对于基础知识的介绍是一种属于建设性质的铺陈，而对于轻生行为、成瘾行为预防的提出，则使得生命教育课程发生了实质性的变化：它将课程从抽象的传统教授方式转向了具体的务实阶段。

三、实践知识——操作方法的理论阐释

大学生生命教育作为一种以思辨为主的教学课程，应当扼守其内容边界，不应越位去承担具体操作方法的实践任务，具体的生命教育的手段介绍应由实践性课程承担。依据教育学原理，在处理这一部分实践内容时，应当严格依据教学法的要求，注意教学计划中各门课程的相互联系和配合，特别是与先行课、并进课和后继课之间的关系，避免不必要的重复。[2] 将课程内容中操作方法的具体介绍变为理论阐述，这是大学生生命教育课程中实践知识的明智选择。这种理论的阐述具有一定的规范和原则，最终目的在于从理论上把握生命教育的各种形式和实现途径，对实践操作加以引导，以实现大学生生命教育的目标。

（一）以各类课程为载体

高校的各类课程是实施生命教育的重要途径。以帮助学生确立正确的人生观和世界观的"两课"，是实施生命教育的有效途径。面对转型时期各种复杂的社会现

---

1 全国十二所重点师范大学联合编写：《教育学基础》，北京：教育科学出版社，2007：4。

2 颜下里：《民族传统体育概论：反思与重构——一份对教材内容的研究》，载《成都体育学院学报》，2010（8）：27-30。

象，帮助学生认识生命、尊重生命、促进大学生身心健康发展已成为"两课"的重要任务。因此，教师应积极挖掘一切可利用的资源对学生进行教育。当然，除以道德教育为主的"思政课"，众多课程均可以根据授课内容和方式，在讲述学科知识的同时渗透性地进行心理引导和审美教育，培养学生的生命意识。除此之外，相关专家的专题讲座都是有效的实施生命教育的重要手段。

（二）健康生活方式的养成

生活方式简单来说即人的生活活动形式。尊重生命、珍视生命就应善待自己的生命，养成健康的生活方式，通过有规律的学习、锻炼、劳动始终保持旺盛的精力和体力。教授健康生活方式的养成的理论性实践知识，能够有效地促进生命的健康成长及其丰富和拓展。文明的生活习惯与健康的生活方式既是一种生活追求，也是一种人生境界。健康生活方式的养成首先要有明确的目标，比如现代的健康观、规律的生活、适度锻炼、合理饮食、不吸烟少喝酒、讲究卫生习惯等，同时更为重要的是反复实践、身体力行和持之以恒。面对高校中众多大学生有着不良生活习惯的现状，行为方式的转变、健康生活方式的养成对于学生来说大有裨益，同时对于减少学生的轻生行为和成瘾行为也有着重要的作用。

（三）轻生行为及成瘾行为的预防手段

介绍轻生行为、成瘾行为的预防手段是生命教育实践内容的重点之一，涉及具体实践的操作层面。但作为以理论性课程为主的大学生生命教育，针对社会和学生的现实需求，从理论上阐释当前学生所关注的对轻生行为的预防等问题也是十分必要的。轻生行为中的自杀与他杀均是生物、心理和社会综合作用的结果。因此对于轻生行为的预防应从三方面出发：介绍生物学病因的同时，针对大学生的心理疾病应阐释各种心理机能训练的方法，如建立心理档案、积极开展心理咨询与心理疏导等，防患于未然，有效地防范轻生行为的出现；同时从社会学病因出发，针对大学生群体中普遍存在的人际冲突、角色冲突、就业压力等问题及时进行干预与指导。

第五节　大学生生命教育课程的实施与评价

当前国内外生命教育课程呈现的类型可归结为以下四种：学科式的生命教育课程，活动体验式的生命教育课程，以生活内容为主的综合式生命教育课程，单一主题式的生命教育课程。我国学者在剖析四种类型的生命教育课程利弊的基础上，构建了几种我国高校生命教育适用的课程形式：专门的生命教育课程，综合式的生命教育课程，讲座式的生命教育课程，体验式的生命教育课程，选择适切的生命教育主题融入学校的德育活动中。庞秋月（2008）指出，高校实施生命教育的主要措施和课程有：利用现有资源开展生命教育（在已开设的有关课程中有意识地渗透生命教育的理念，在丰富的课外活动中融入生命教育的元素），增开以生命教育为主题的课程。肖杏烟（2009）指出高校生命教育课程实施中应注意做到以下几点：规范教学管理（成立大学生生命教育教研室，采用认知教学法和实践教学法）；加强社会实践（开展社会实践活动，开展生存拓展训练，结合校园实际开展活动）。李道友（2010）指出，生命教育课程应采用以下教学方法：体验法、角色扮演法、欣赏讨论法、案例教学法、渗透法。

一、高校生命教育课程的实施

课程实施是把课程计划付诸实践的过程，它是达到预期的课程目标的基本途径。生命教育课程实施是高校生命教育目标达成的重要途径。在本土化的背景下，结合中国传统文化特色以及当代大学生的认知与身心发展特点，高校生命教育的实施主要依托以下几条路径：

（一）强调学科课程与活动体验式课程并重

当前国内生命教育课程类型主要有学科课程、融渗方式的课程以及以活动体验为主的课程。学科课程强调根据学生的心理发展水平、学生所在系科、不同的学生群体等单独开设课程，并且能够按年级、学期、单元等划分为若干层次；教师采用讲演、讨论、价值澄清等教学方法来设计课程，以保证课程的系统性和完整性。关于生命教育课程的实施我们提倡学科课程与活动体验式课程并重。学科课程即意味着学校管理者应该充分重视生命教育课程的开设，编写专门的学科教材，开设独立课程，根据学分制科学地进行课程设置，使生命教育课程贯穿大学生四年的学习。学科课程与活动体验式课程的实施方式在课程类型中也有介绍。

（二）隐性与显性教育相结合

目前，我国大多数高校尚未开设生命教育学科课程，生命教育借助其他的学科，特别是"两课"，主要侧重于显性教育。这种方法在思想理论的宣传与道德教化上能起到一定的作用，但内容相对单调乏味，久而久之易使学生产生厌烦心理。

而隐性教育避免了显性教育因说教、灌输而引起的受教育者逆反心理和抵触情绪。隐性教育是指教育者在宏观主导下，在教学环境中隐藏教育目的，间接内隐地使受教育者在不知不觉的社会实践中受到影响的教育过程。隐性教育寓教于境，寓教于情，寓教于乐，具有可以对学生产生重要作用的丰富的环境信息，使教育者从高高在上的教育权威走进人们的日常生活，甚至退隐到日常生活的背后，而让教育成为受教育者自主选择的结果。

隐性教育是一种无意识教育，这种方法可以把教育目标侧面地、间接地渗透到人们可以接触到的一切事物和活动中，使人们受到心灵的感化与情操的陶冶。我国学校的品德教育就是教育者通过说服、榜样、训练、奖励和惩罚等方法把社会所需要的道德规范正面、直接、正规地灌输给学生，使学生逐渐形成符合这种要求的品德。隐性教育的效果虽不能立竿见影，但却具有潜移默化的影响，具有"累积性""迟效性""稳定性或持久性"。

深入学生当中，构建关爱生命的校园文化环境。在生命教育的教学实施过程中，教育者要走到学生中间去，深入学生实际生活，体会学生情感世界的丰富与细腻，有针对性地实施生命教育。在学分制下，宿舍必将成为下一步开展学生工作的有力抓手，辅导员可以进入宿舍开展生命教育。学校要在课堂之外建设具有人文情怀的校园文化环境，给学生提供关爱社会的机会。

生命教育的研究和教学要加强与其他学科的沟通，在其他学科中进行生命教育的渗透。我们还要优化学校的校园环境，包括物质环境与精神环境，通过校园物质文化建设来陶冶学生的心灵，帮助他们形成良好的行为习惯，同时开发校园精神文化，提升学生的精神境界，塑造学生优秀的道德品质，使学生在美的享受和愉快的心情中潜移默化地受到熏陶和感染。

（三）加强生命教育的师资培训

教师作为有效推动生命教育的实施者，在整个教育过程中承担着课程开发设计者、教学过程组织者和实施者的角色，应该说，教师自身生命教育的职业素养与专业能力对生命教育的成败有着至关重要的影响。因此，加强生命教育的师资队伍培训，成为保证生命教育课程顺利实施的重要环节。

然而，当前大学生生命教育队伍建设存在严重滞后的现象，专职的生命教育教师人员缺乏，辅导员学历背景各异，生命教育尚未形成系统的教师培训体系。此外，生命教育所涉及的很多知识储备和授课技巧都不是靠短期应急培训可解决的。生命教育虽然是以生命关怀为重点，但是更是一种教育理念，是一种渗透着生命教育意义的理念，它归根结底是塑造人、培养人、完善人的教育活动。因此，专职的生命教育教师应当具备多学科的知识，以自己完备的教育理论和教育实践为其服务对象讲解生命教育理论知识，并掌握相应的技术手段，为大学生排解学习、生活中的困惑。因此，在高校要建立一个中长期分阶段的教师培养规划，做好长期改进准备，确保高校开展生命教育的前瞻性、系统性和整体性。此外，由于生命教育与培养人的世界观、人生观和价值观的"两课"存在内容的交叉，因此，辅导员理应是向学生实施教育的一分子，是大学生思想政治教育工作的组织者、实施者，更是大学生日常生活的管理者、服务者。将生命教育拓展于辅导员的日常工作，就是要将生命教育延展于辅导员对大学生的教育、管理、服务工作之中。只有教师本身对自我生命价值的认可度高，具备关爱情怀，才能够与学生一起探索生命相关问题。

（四）加强社会实践教育

目前，我国大学生生命教育主要是进行理论阐述和灌输，很少与学生面临的社会问题与现实问题进行联系，存在理论与实践相脱离的现象。过于重视学理性而忽视了对学生日常生命实践的具体指导，这种封闭性、知识化、教条化、理想化和泛政治化的文本教育范式使得学生在教育过程中毫无体验感，也抑制了学生的独立性和创造性。

以此看来，生命教育绝非仅仅依靠理论的传授和语言的说教就能完成，体验是其实现的重要手段。"一般说来，体验包含经历、情感和认识三层意思，涵盖活动和结果两个方面。它有时是指一种活动过程，有时是指活动的结果；它既可指情感方面的，也可指认识方面的；它不仅可以指主体的亲历，即主体通过亲身经历来认识客体，而且也可以指主客体的心理交融与合一，即主体在观念上暂时把自己当作客体，使自己根据客体的环境、立场、观点去观察事物、思考问题，从中获得关于客体的信息；此外，体验有时也被用以指主体对自身的回顾与反思。"[1] 生命教育的体验必须结合实践才能完成。

学校通过一些社会实践活动，例如组织大学生去医院、殡仪馆参观，引导学生与病人交谈，让学生体会生与死，使其形成一种深刻的生命情感。这种情感能增加学生对生命的感性认识，使其更加珍惜生命。生命教育应与实践生活相结合，实现知行统一。我们的思想政治教育应当贴近生活、贴近社会、贴近现实，积极探索专业知识与社会实践的结合、知与行的统一；我们教育工作者在进行理论灌输的同时，应加强对学生的实践教育，让他们走出象牙塔，主动参与社会实践，使他们在丰富的实践活动中自我体验，树立正确的世界观、人生观和价值观，增强社会的责任感，以达到道德的提升、情感的升华。

（五）多方协作，形成合力

生命教育是一项涉及国家、学校、家庭、社区和全社会方方面面的系统工程，

1　宋乃庆、徐仲林、靳玉乐：《中国基础教育新课程的理念与创新》，北京：中国人事出版社，2002：112。

广泛涉及理论和实践的重大问题。很多国家都越来越意识到，学校教育的成功有赖于学校、家庭和社会的三方合力，社区人士、工商界、宗教团体等都必须参与其中。在整个生命教育的实施过程中，学校、社会、家庭需要密切联系，要做到政府指导、学校推进、社会支持、家庭配合，建立广泛的伙伴关系，全方位地进行教育。

学校是大学生获得智慧、塑造情操的重要场所。因此，学校除了开设专门的生命教育课程，还要大力开展校园文化建设。要积极组建各类大学生自助组织，如组织大学生心理、生命、伦理等互助社团，引导学生通过学习掌握一些心理保健方法；同时创设适宜情景让学生进行角色扮演，使他们能坦然面对所遭受的挫折，面对失败不屈、面对厄运刚毅和面对困难勇敢，使他们从互助实践活动中学会应对消极情绪与挫折的策略和技巧。

家庭与学生生命连接最为紧密，父母的人生态度决定了孩子的人生态度。进入大学之后，这种影响依然存在，因此争取父母对生命教育的积极参与至关重要。但是，一些家庭过分关注应试教育，致使家庭道德教育退居二线。

社会是生命个体存在和发展的重要条件，几乎所有国家的生命教育最初都是先由社会或宗教团体推动建立的。因此，生命教育还必须争取广泛的社会支持，为开展生命教育创造有利的现实条件。可以尝试成立专门的生命教育机构，作为实施生命教育的组织保障；积极联系社会中关注生命教育的相关机构，把生命教育与社会救助、保护环境、倡导健康及心理教育等融为一体，将其纳入社区工作，营造对学生乃至全社会进行生命教育的社会文化环境；还可广泛利用媒介，开展各种形式的活动，比如健康咨询活动、讲座等，来拓宽教育和宣传渠道。

要充分发挥大众传媒的教育作用。随着信息技术的飞快发展，各种通信技术和信息媒体，尤其是计算机网络技术也飞速发展，我们可以借助新的科技手段来拓宽生命教育的教育和宣传渠道。然而科学技术是一把双刃剑，也有它不利的一面。各种媒体信息良莠并存，虚拟空间真假难辨，一些淫秽、暴力、迷信、反动等负面信息也实际存在，这迫切需要我们运用马克思主义理论、高尚思想品德的东西去充实学生的精神生活。

二、高校生命教育课程的评价

生命教育的课程评价具有开放性，生命教育课程成功与否的评判标准不是学生的考试成绩或教学督导的评价，而是学生的生命品质是否得到改善。它把学生的认识变化与其实践行为联系起来，关注每个学生的活动过程，重视学生的困顿是否得到解决，重视学生在生活中能否做到知行合一。因此，对于当前生命教育中的课程评价的三种取向，我们应该有清晰的认识和准确的把握。

（一）生命教育课程评价的三种取向

按照课程理论，课程评价的取向是指每一种课程评价所体现的特定的价值观，它实际上是对课程体系的本质的集中概括，支配着评价的具体模式和操作取向。[1] 从取向维度来看，生命教育课程评价可以分为三种，即目标取向的评价、过程取向的评价和主体取向的评价。

1. 目标取向的评价

生命教育课程目标取向的评价是将课程计划和预定课程目标相对照的过程。在这里，目标达成与否成了课程成功的唯一标准。对于生命教育课程目标取向的评价来说，教师、辅导员等评价者是主体，学生是客体。主体可以采用一系列量化的、简单易操作的方式对学生进行有效的控制和改进。但是这种目标取向的评价方式却忽视了学生作为生命教育主体的主动性与创造性，也忽视了生命的不可预测性以及过程本身的价值，将课程的目标实现与否看作唯一结果，在考量了众多与结果相关因素的同时，忽视了人本身的作用性。

2. 过程取向的评价

相较于将目标当作唯一标准的目标取向评价，过程评价试图挣脱在课程评价中完全受预定目标指引的藩篱，强调把生命教育的实施者和对象在课程开发、实施以及教学运行过程中的全部情况都纳入评价范围，强调在生命教育情境中主客体的交互作用。因此，它不仅重视从量化的角度来评价过程，同时也以质性方法从一定的角度，以发展、过程性的眼光来看待生命教育活动本身。

3. 主体取向的评价

生命教育主体性评价认为，课程评价应该是评价者与被评价者、教师与学生共同建构意义的过程。在此过程中，无论是作为评价者的教师或辅导员，还是被评价者的学生，都应该是平等的主体。作为开发课程和选择具体教育资源的教师，在评价中具有主体性，不应该是被动的对象；同样，学生也是评价的主体，如前所述，相较于知识的传授和理论的讲解，生命教育更加看重学生的体验。因此，作为生命教育课程的评价主体，学生是生命意义建构过程中不可或缺的。在评价方法上，相较于量化评价这种只见局部不见整体的方法，质性评价能更加全面、客观地描述生命教育课程本身。而且从某种角度上来说，在生命教育中，无论是教师还是学生都应该对自身行为有反思的意识和能力。在此基础上，教师与学生相互影响。

---

1 张华：《课程与教学论》，上海：上海教育出版社，2000：392。

（二）生命教育课程的评价内容及过程

借鉴格林和西蒙斯把健康教育评价划分为四个方面的方式，高校生命教育课程的评价内容也涉及这四部分：第一，对计划准备工作的评价；第二，对教育活动设计和实施过程的评价；第三，对影响或近期效果的评价；第四，对生命教育目标体系的评价。

第一，对大学生生命教育准备工作的评价。这部分内容主要涉及教师在上课前对大学生生命教育的需要、接受程度、活动参与程度的调查，课程计划中所设计和选定的单元目标或主题目标的合适程度，生命教育课程所选用的教学方法和教学策略是否切合大学生的认知发展水平和生命发展需求。

第二，对生命教育活动过程和课程实施的评价。课程实施是整个课程执行环节的关键，针对这个环节的评价主要应该抓住以下几个维度：教育活动总体方案设计的质量，实施过程中组织领导、分工和协调的状况，实施过程中所选择的教学内容、辅助材料、教学方法、教育途径、教学组织形式及教学效果。

第三，对影响或近期效果的评价。生命教育课程不可能是完全学理性的介绍，作为一种实践活动，其所产生的效果必须接受评价。所谓的近期效果主要是在课程结束后一年之内，通过各种方式如调查、测量等得到的关于大学生生命教育知识和技能的掌握情况，大学生日常生活和行为习惯的变化情况。

第四，对课程目标体系的评价。在课程结束之后，以课程所产生的社会价值、对学生的整体影响、学生参与和支持程度等为依据，评价课程目标设置的合理性程度，并通过适时反馈，进行及时修正。

在课程评价的三种价值取向及生命教育课程评价内容之外，大学生生命教育课程的评价还涉及熟悉方案、设计评价方案和步骤、建立评价指标、确定资料的收集方法、收集资料、分析整理资料、编制评价总结、修订原有计划或方案等。当然，生命教育课程的评价并不完全是一种线性的递进式评价，在评价过程中，有些环节甚至会有交叉和重叠。因此，生命教育课程的评价环节会形成一个循环，每一次评价的结束都是下次评价的开始。评价主体应采用多元的、开放性的、尊重差异的评价方法，以观察记录、活动心得、研究报告、录像录音、照片、成长资料袋等途径，系统地收集学生有关学习行为的资料，加以分析处理后，再根据预定的教学目标给予价值判断。它强调真实性评价，让学生有更多机会在"真实生活"的情境中表现出学习成果。另外，评价的主体也应是多元的，既包括教师的评价，也包括学生自身的评价，同时参考同学、家长及其他教师的意见。生命教育课程的评价应该有益于课程的不断改进，有益于促进师生生命观的不断发展。

第五章

大学生生命教育师资的培养

高等教育理应关注人的发展，关注社会的进步，引导人探寻生存的价值、领悟生命的真谛、追寻生活的意义。教育起于生命，达至精神，与人的生命活动紧密相连，其本身就是人的一种生命现象，没有生命也就没有教育。对人来说，生命是价值的源泉和价值评价的最后依据。因此，我们在讨论了高校生命教育的理论基础、实践资源和环境等问题后，应该回到最初——人的问题。这要求我们在生命教育中对与之相关的人进行再教育。生命教育从空间来看有家庭生命教育、学校生命教育和社会生命教育，涉及的主体包括家长、教师、学生乃至每一个生命个体。高校生命教育的两大主体分别是教师和学生，应该说，教师与学生在生命教育中不是绝对的施教者和接受者的身份，社会的每一个个体都是生命教育的受益者。然而对大学生的再认识，对高校教师生命教育素养的分析，本身是为了更好地落实高校生命教育，达成个人发展的终极目标——全面而自由的发展。因此，我们特别选择从生命教育师资培养问题入手，讨论大学生生命教育实践环节中的相关问题。

《国家中长期教育改革和发展规划纲要（2010—2020）》明确提出，要重视安全教育、生命教育、国防教育、可持续发展教育。生命教育是高校建设和发展中的重要内容。而"坚持全面发展，全面加强和改进德育、智育、体育、美育。坚持文化知识学习和思想品德修养的统一，全面发展和个性发展的统一"已成为生命教育健康发展的重要指导方针。生命教育在高校是否能达成预期目标，受多方面因素的综合影响，其中教师的素质是其重要的内容之一，因为教师素质的高低是高校生命教育成败的关键环节。著名的教育家杜威曾经说过："所有其他的改革都取决于从事教师职业者的素质和性格的改革。正因为教育是人的一切事业中最个人化的、最切己的，它的力量的最后凭借和最终来源便在于个体的训练、品质和智慧，假如能拟定一种计划，使教育这个职业得到有力量、素质好、同情儿童以及对教学和学术问题有兴趣的人，那么，教育改革就不再有一点麻烦，也用不着再去解决其他的教育问题了。"[1] 所以，在推进高校生命教育进程中，我们要反思我国高校生命教育师资现状，重新审视高校生命教育师资的素质，并参照国外和我国台湾地区生命教

---

1 单中惠：《现代教育的探索——杜威与实用主义教育思想》，北京：人民教育出版社，2002：152。

育教师素质的提升方案，努力加强高校生命教育的师资建设，以达成高校生命教育的目标。

第一节　高校生命教育师资现状

生命教育教师作为高校生命教育的实施者，自身生命教育的专业知识和职业素质的高低是影响高校学生生命教育目标达成的重要因素。因为，若生命教育教师具有积极向上的人生观、向善的人性观，对生命有着深刻的反思，具备广博的科学文化知识和人文情怀，善于在各种生命实践活动中锤炼自己的品行，发展和完善人格，便能够成为学生生命教育学习的楷模。一个缺乏生命意识（如关爱、尊重等）的教师，往往注重的是生命学理知识的传递，缺少对学生生命的体悟和关切，缺少对学生现实生活的关注。正如有论者所描述的那样："我们重视知识的传递甚于知识的教育价值的实现，重视理性的训练甚于对丰富的生命的培育，重视严格的程序与秩序甚于对创造性的关注，重视学生的考试成绩甚于重视学生个体生活质量的提升。"[1]这种现象在中小学教育中较为常见，然而，高校的教育目标与中小学有着本质的差异，除了要培养专业人才，还要让大学生学会批判与独立思考，学会爱以及培养其独立的人格。应该说，高等教育的过程就是了解并改变世界，通过认识自己或是社会，激发超出自己既定认知范围的能力和思想，推动社会不断向前进步，这正是高等教育带给人们的最大馈赠。正如《中庸》开篇所谈到的："大学之道，在明明德，在亲民，在止于至善。"内涵丰富而又多维的教育目标要求高校教师、辅导员和行政管理人员的教育观念和知识结构都必须进行适时调整，从各方面支持高校目标的达成。2005年8月，中国科协2005年学术年会在乌鲁木齐举行。杨振宁在此间召开的新闻发布会上说，目前全世界对大学的责任看法已达成共识，即大学有教育年轻人、做尖端研究、为社会服务三项重任。此外，杨振宁说："从教育年轻人的角度讲，中国大学的本科教育非常成功。"高等教育是否成功，还需要社会和实践的检验，但要保证高等教育的成功则需要多方面的协同配合，并为之共同努力。生命教育作为培养合格公民的重要手段，需要专业的师资，涉及课程设置、课程实施等具体内容。然而，反观当前高校生命教育师资队伍，无论是生命知识结构，还是人才队伍建设，距离我们的目标都还有很长的路要走。

1　李家成：《关怀生命：当代中国学校教育价值取向探》，北京：教育科学出版社，2006：116。

一、高校教师普遍缺乏生命教育素养

生命教育素养是一个内涵丰富的概念，大体包括正确健康的人生观、价值观和世界观，以及由此要求而应具备的生命教育相关的理论知识、人文情怀和生命关怀，生命教育实践的技能与技巧，等等。生命教育素质是一个合格生命教育教师的基本素养，是在高校开展生命教育和应对突发事件的必备能力。

然而，当前生命教育在高校并非一门学科，众多学校也并未开设专门课程，即便存在课程，大多数也是以通识选修课程的形式出现。在此背景下，大多数专业教师具备充足的专业学科教学知识，但是生命教育素养却相对缺乏。特别是一些地方性大学，为了迎接教育部教学水平评估和审核性评估，引进了大量青年教师。这些青年教师大都是刚走出校园的硕士生和博士生，没有足够的教育经验和丰富的人生阅历。而生命教育的内容涉及生理学、生物学、哲学、心理学和社会学等多种学科的知识和技能，并且要求教师将学科的知识内化为自己的人文情怀，体现出鲜明的个性特质。此外，学科跨度较大的教师的知识结构如果没有得以及时更新，就会与生命教育实践相脱节，生命教育教师素养的高低对于高校生命教育课程与活动的开展影响重大。我们在讨论学校生命教育实施途径时曾提到，教师如果缺乏生命教育素养，在大多数专业课程教学中是很难实现课程融渗的。

国内众多高校生命教育课程的开设情况大致如下：20世纪90年代初，段德智教授在武汉大学首开死亡哲学选修课；1994年，郑晓江教授在南昌大学开设生死哲学公共选修课，教育学生树立正确的生死观；2006年，郑晓江等又在江西师范大学开设生命观教育与生死哲学全校公选系列课程，包括学会生死、学会做人、学会生活、学会休闲和学会养生五个板块，并出版相应著作；[1] 2008年秋，武汉大学面向全体学生开设生命观教育公选课；广州医学院通过专题讲座或借助现有学科（如医学伦理学、医学与社会学等）开展死亡观教育；首都医科大学建立学生生死观教育基地，定期组织学生到临终关怀机构参加社会实践；[2] 浙江传媒学院于2008年成立了国内高校第一家专门的生命学与生命观教育研究所，把生命观教育的理论研究、教学实践和资源开发作为研究所的主要任务。[3] 此外，天津市委教育工委2009年成立了"天津市高校生命教育现状调研"课题组。该课题组在天津师范大学、南开大学、天津大学、天津工业大学、天津外国语大学、天津科技大学、天津医科大学、

---

1 郑晓江：《生命教育演讲录》，南昌：江西人民出版社，2008：25。

2 李芳、李洋、孙莹炜：《大学生生命观教育的历史与现状综述》，载《北京教育（德育版）》，2010（11）：14-16。

3 钱森华：《大学生生命教育研究综述》，载《天津市财贸管理干部学院学报》，2010，2（12）：46-48。

天津农学院、天津中德职业技术学院、天津旅游干部管理学院等10所高校展开调查，涉及中文、化生、土木工程、新闻、外语、艺术、临床医学、管理、计算机、电子等专业。关于所在学校是否开设了生命教育课程这一问题，调查结果显示：有21.2%的学生反映"已开设"，有49.3%的学生反映"没有开设"，有29.5%的学生回答"不清楚"。[1] 当前生命教育没有国家的统一规划，各大高校对课程标准、教材、评价体系都没有统一要求，因此，授课教师各自为政，按照个人的研究方向或喜好选择教学内容。其中不乏一些教师掺杂了个人对某些问题的片面理解，这对生命教育价值观尚未稳定的大学生会产生消极影响，甚至有可能使其形成错误的生命意识，引发极端的行为。北京师范大学生命教育研究专家肖川教授在2013年出版了一本教材《大学生生命教育》。这本教材以"关注生命、尊重生命、珍爱生命、欣赏生命、成全生命、敬畏生命"六个核心理念为统领，以"生命常识教育、生命安全教育、生命健康教育、生命伦理教育、生命幸福教育、生命价值教育、死亡教育"等专题教育为重点，内容涵盖了生命的起源、生命的尊严、生命的权利、生命的责任、生命的情调、生命的阶段、生命的规划、生命的信仰、生命的质量、生命的归宿等核心主题。该教育旨在唤起大学生的生命意识和生命情怀，引导大学生珍爱和欣赏自己的生命，关怀和尊重其他的生命，提高大学生的生存技能和生命质量，激发大学生去创造生命的价值和幸福的人生。然而，根据笔者的调研结果，这本教材在全国各大高校的使用率并不高。

二、缺乏专业师资

生命教育在高校没有专业课程，因此，专业师资缺乏是高校生命教育发展的瓶颈。根据教育部历年教育事业发展统筹公报中公布的数据，1991年全国普通高校师生比为1：5.23，到了2012年，这个数据已经上升到了1：17.52。由高等教育大众化导致的高校师资的严重不足已经成了不争的事实。2013年3月21人，《广州日报》发表了深圳大学章建教师给校长的一封公开信。信中写道："深圳大学扩招10年，学生人数增长了3-4倍，而我们的英语课程体系，几十年来非常单一陈旧，我们的这点人手（67人），只增加了一倍不到，根本无力给两个年级，30 000多名学生提供连续两年的优质的英语技能课程。"[2] 英语作为国家规定的通识必修课程都面临着师资短缺的现状，更何况起步于20世纪90年代的生命教育？

1　宋德新、李鑫、张家玥：《大学生生命教育调查研究——以天津市部分高校为例》，载《天津师范大学学报》，2012（2）：70。

2　肖陆军：《一年教400学生　累了老师　伤了学生》，载《广州日报》，2013-3-21，（SZA21）。

此外，生命教育因为在国内起步较晚，没有专门的学科门类进行师资培养。据笔者调研发现，当前生命教育研究的人员大多集中在思想政治教育、心理健康教育领域。在中小学，生命教育是德育的组成部分，生命教育目标是德育大目标下的一个子目标。此外还有一部分研究人员来自教育学和医学领域。在相关学科中并不存在生命教育方向，因此专业研究人员的数量远远不能满足高校生命教育的实际需求。即便是由心理学老师兼任生命教育师资，其数量在我国高校也是远远不够的。联合国教科文组织规定，每6 000-7 500名中小学生要配备一名学校心理学家，每2 000-3 000名大学生要配备一名专职学校心理学家。美国咨询心理学专家认为，一般250-400名学生配备一名咨询人员最为合适。目前在我国高校从事心理健康教育的人员数量严重不足。据统计，国外高校专职心理咨询人员与学生的比例大致为1∶400，而笔者调查的国内几所高校大致为1∶10 000。[1] 在此背景下，高校生命教育大多数由辅导员兼职。教育部颁布的《普通高等学校辅导员队伍建设规定》明确指出，高等学校要以政治强、业务精、纪律严、作风正、德才兼备、乐于奉献、潜心教书育人、热爱大学生思想政治教育事业为基本标准，总体上要按师生比不低于1∶200的比例设置本、专科生一线专职辅导员岗位。但很多地方高校的辅导员与学生的师生比是远远小于1∶200，这样辅导员的日常学生管理、教育任务繁重，用于对学生进行生命教育的时间相对较少，甚至是有悲剧事件发生以后才以足够的重视。此外，由于高校辅导员队伍中大多数是青年教师，而青年教师因为工资待遇较低、工作时间不固定等不稳定因素，人员变动在高校往往也是最频繁的。据美国《纽约时报》报道，美国最新的一项调查结果显示，单论工资，在全球28个国家的教师中，中国几乎垫底。在中国，刚入行的大学教师收入按购买力平价计算，为每月259美元，是全球"最低价"，而中国大学老师的平均工资也仅为720美元。[2] 这种教师平均工资的统计也表明了入职之初的辅导员由于收入低，且需要高奉献，往往更容易产生职业倦怠，稍有机会便会向高校行政岗位和教师专业技术岗位流动。应该说，如何稳定辅导员队伍，发展他们的专业意识和专业技能，是当前高校生命教育师资建设中要解决的重点问题。正如东北师范大学党委副书记李忠军所说："由于现在的年轻辅导员并不都是思想政治教育科班出生的，缺少专业性的理论架构，加上经验不够丰富，所以还有进一步加强的空间。所以一定要重视后期的理论

1　高美玲：《高校专、兼职心理咨询员的差异比较：辅导员兼任心理咨询员的可行性分析》，南京：南京师范大学硕士论文，2011：9。

2　《调查称中国教师月薪全球最低　仅为加拿大1/22》，http://news.qq.com/a/20120404/000553.htm，2012-4-4。

学习，不仅要思想坚定，还要懂得教育规律，这样才能更好地胜任这一岗位。"[1]

三、缺乏生命教育理论与实践的培训机会

"首都高校大学生思想状况滚动调查"和"首都高校辅导员队伍职业发展现状调查"都显示，辅导员"敬业"但不"专业"，在驾驭和解决学生发展问题上，辅导员的能力和本领与学生的要求还有较大差距，辅导员职业认同、校内认同也低于国家认同，辅导员建设校内力度低于国家力度，辅导员配备不足、职业基础薄弱、岗位胜任力欠缺等问题凸出。同时调查显示，对政策支持上，辅导员最为普遍地感受到了培训进修方面的支持，在职务职称和协会组织上的支持力度相对较弱。[2]的确，当前辅导员队伍存在"定位不清""多头管理"等问题，人们往往将"辅导员"看作"过渡性"岗位。有相当大一部分辅导员将自己的专业作为未来的职业发展方向，对辅导员岗位缺乏职业认同。2006年，教育部下发了《2006—2010年普通高等学校督导员培训计划》，并对辅导员培训目的、培训原则、主要任务和保障措施做了明确的规定。在广西印发的《广西高等学校辅导员培训规划（2014—2017年）》对辅导员培训提出了以下基本要求：每年选派优秀辅导员参加国家级各类培训。依托自治区级培训基地及骨干院校，每年举办新入职辅导员岗前培训1~2期，培训150~200人次，集中培训时间不少于40学时；每年举办辅导员骨干培训班1~2期，培训150~200人次，时间不低于40学时。依托易班网建设全区高校辅导员网络学习交流平台，组织辅导员开展网络在线学习，每年每人在线学习时间不低于16学时。各高校组织辅导员开展校级培训，每年不低于32学时。但是由于高校辅导员队伍工学矛盾严重，大多数辅导员鲜有机会和时间外出进行学习和培训。辅导员所参与的培训大多数是关于思想政治教育基本能力培训、大学生党建工作培训、学生事务管理培训、心理健康教育培训、运用网络能力培训、职业生涯规划培训等方面的内容，很少涉及生命教育。因此，兼职生命教育教师的高校思想政治辅导员，无论是从专业背景还是职后培训上来看，都还不能达到生命教育专业教师的职业素养。

第二节　先进地区生命教育的师资培养经验

相较于在中国内地起步于20世纪90年代的生命教育，国外的生命教育理论与实

1　田晓雨：《高校应下好辅导员这盘"先手棋"》，载《中国青年报》，2015-2-11，（03）。

2　光明网：《高校辅导员职业发展三策》，http://news.gmw.cn/2015-07/23/content_16393304.htm，2015-07-23。

践已经相对比较成熟，同时也得到了社会各行各业的支持。世界范围内的生命教育从20世纪60年代开始兴起，逐渐从一个国家扩展到多个国家，形成了一股生命教育潮流。生命教育发展较好的一些国家和地区已经形成了独具特色的师资队伍的培养模式，这对我们的生命教育师资队伍的培养和培训具有一定的借鉴价值。

一、英国的生命教育师资培养情况

英国的生命教育始终伴随和围绕着公民教育而产生和发展。20世纪80年代，英国颁布了《1988年教育改革法案》。这一法案加强了国家对教育的控制，并规定学校管理委员会与学校有责任提出一种均衡课程，以促进学生的全面发展。20世纪90年代，政府回应国家课程的争议，将健康教育、公民教育、环境教育、生涯教育规定为跨学科课程。这一举措体现了英国政府对生命教育的重视。英国2000年9月确立的中小学国家课程指出，公民教育要教给学生成为合格社会成员的知识、技能、理解，让他们在社会上——本地、本国、国际，担当起有效的角色。培养有理想、有知识、有责任的公民，使其能富有责任感，并自信地在学校、社区和更广阔的世界中发挥积极作用。让学生学会尊重不同的民族与宗教，了解经济和民主体制及其价值。2002年起，公民教育成了中小学的必修课程。2007年1月25日，英国教育与技能部发表《课程检视：多样性与公民权利和义务》的白皮书，要求在公民教育中增加尊重多样性的教育内容，使具有不同背景的人能和睦相处，促进社会和谐。

英国高校的生命教育主要侧重于生命教育课程的形成，重视大学生生命意识的培养，以国家政策为干预，重视在生命教育研究和理论指导下培养学生对生命观的认同感，并启发他们尊重生命的理念，进而进行一些争论性问题的探讨等。英国生命教育以学生的需求和关心的事物为基础，与学生的兴趣与经验相关联，以学生的学习能力和背景为依归，很好地把社会需求的民族价值观等内容和个人发展的知识、技能等内容有机结合起来，把反映个体心理健康、道德品质、政治观点和思想观念的内容有机结合起来，形成了生命教育立体的、完整的内容。因此英国生命教育课程的主题和内容是尽可能地包含学生人生整体和其全部生活的历程，着重探讨与贴近学生真实的生活，从知识、能力与理解三方面入手，使学生具备一个有学识公民应有的知识，发展和提高其探究问题与沟通的技能，发展其参与和担当行为责任的技能。

为了配合生命教育的实施，生命教育师资培训也成了英国发展生命教育实效性的重要环节。英国的生命教育师资培训的途径主要有两条：第一，教师接受三年或四年的本科学士学位课程，这是小学生命教育师资培训的主要途径。第二，研究生学位课程，时间为1年，主要为大学毕业后对教育事业感兴趣的人提供提升途径。

这类提升课程，以问题为导向，主要是为了促进教师解决实际教育问题的能力。《柯瑞克报告书》提出了培养高质量的生命教育师资必须要遵循的一些基本原则。第一，高等学校和中小学的师资培训工作者应该拥有该报告书并参照报告书的意见。第二，公民教育委员会与师资培育协会应该密切配合，以便师资培训工作者及时获得新的政策信息，并参照师资培训工作者的意见来修订报告书。第三，公民教育委员会与师资培育协会应共同合作，相互支持，及时交流意见，以便让师资培育工作者了解国家师资培育标准及国家课程师资培育的基本要求，为接受培训的未来教师提供充分的机会和经验去增进教学知识、理解与技能的有效性。第四，师资培训者应将体现生命教育内涵的公民教育融入其他学科的教学中，如历史、地理和英语，以便让这些学科的教学能够与公民教育的教学内容相匹配。第五，建立职业入门档案，促进新任教师公民教育的专业发展。师资培训作为连接师资培养和教学实习的纽带，起着重要的桥梁作用。

此外，报告书也对在职教师的生命教育培训做了相应的规定。

第一，鼓励和支持所有教师在公民教育领域中为其专业负责。第二，高质量的、有效的在职培训可以增强教师的自信心，并使其顺利达到公民教育的教学目标，特别是在知识与理解方面。第三，公民教育委员会和师资培育协会应共同合作，确保科目召集人、特殊教育要求召集人与校长明确公民教育的教学责任。第四，有效运用国家学习网与虚拟教师中心所提供的资源，进行优良课程实施与高质量资源应用的个案研究。第五，举行全国性的校长研习活动。例如由国家领导职业资格支持、认定，加强校长对公民教育实施的深度了解。

此外，该报告书还对培训提出了一些基本的要求。第一，研究工作，比如通过主动联络小区或与学术单位合作，获取更多的信息；第二，小组工作与讨论；第三，社会模拟活动；第四，行动方案。

二、美国的生命教育师资培训情况

分权管理教育体制下的美国高校，对生命教育的内容、教材、方法都没有绝对统一的规定，各高校可以根据学校自身的特点和学生的实际情况灵活开展生命教育。在相关统计中，美国有22个州并未明确开设生命教育课程，而其他州立高校在开设生命教育课程中表现出了一致性。如都很强调对生命教育价值理性的思考，开设专门课程与学科课程有机结合，完善学生心理健康教育中心，提升大学生承受挫折的能力，拓展校外教育的广阔途径，将社会教育和学校教育有机结合。应该说，美国部分高校的生命教育已经形成了一个由学校、家庭、社会团体等构成的庞大的教育网络系统，该系统有效地实施着高校的生命教育。

在师资培训方面，师范院校并未有对口专业进行师资培养，大多数是由心理学科方面的教师兼任。而美国对教师的职后培训有着严格的规定，教师培训是州教育法规中规范教师资格的一部分，由州政府的教育部门负责执行。所有的州都规定在职教师必须参与教师培训活动。以纽约州为例，公立学校的新教师在获取教师执照后每五年需要完成175个小时的教师培训才能更换教师执照。弗吉尼亚州的教师培训要求基本与纽约州相同，所有老师都须完成180个小时的培训时间。尽管各州对教师培训的具体要求有所不同，但是所有教师都有各种培训的机会。各个学区和学校都会安排各种教师培训活动，所有培训活动大致有以下三大类：

第一，在校教师培训。每个学期，学校都有一天或两天的教师培训日，全天用作教师培训。校长聘请校外的教育专家来校作教学讲座和教学指导，或由学区的教育主管来校作专题培训，有教育技术的培训，也有跨学科的教学方法的培训，同时也包括生命教育的内容。

第二，学区教师培训。教育局相关负责部门提供的培训有三种形式，包括传统的课堂培训、网上自学培训和课堂—网上混合的培训。培训类型众多，涉及课堂教学管理与课程教学内容。

第三，教育专业组织的教师培训。全国性的、州立或地区性的教育专业组织每年会召开年会，这给老师提供了不少很好的培训机会。有些老师本身也是这些组织的成员。有些专业机构会举办各种不同的网络培训课程，通过网络来为老师进行专业培训，以提升教师的专业发展水平。

三、日本的生命教育师资培训情况

日本于1989年修改的新《教学大纲》针对青少年的自杀、霸凌、杀人、破坏环境、浪费等现象日益严重的现实，明确提出以尊重人的精神和对生命的敬畏之观念来定位道德教育的目标。近年日本流行的"余裕教育"也是生命教育的重要内容之一。"余裕教育"的口号就是"热爱生命，选择坚强"，是针对现在日本青少年的脆弱心理和青少年自杀事件而提出的，目的是让青少年通过"余裕教育"认识到生命的美好和重要，使他们能面对并很好地承受挫折，使他们更加热爱生命、珍惜生命。余裕教育者认为，热爱生命的主要内容之一，是要求人与自然和谐相处，并热爱其他生命。为此，"余裕教育"活动鼓励学生经常到牧场体验生活。更有日本的专家建议，要把中小学体验农村生活设为"必修课"。2005年，日本文部科学省（教育部）在年度新文科教材说明中，提出了"支持活出生命力的心与身"的主题，指出"活出生命力"以"健康的身体""富有的人性""确实的学力"为三大支柱，鼓励青少年健康成长，培养丰富的人性以及体验环境，其实质就是生命教育政策。日本的生命教育围绕着四个主题——人自身、人与人、人与社会、人与自然展开，在内容上也将小学、中学、大学进行了有效衔接，体现了生命教育的层次性。

日本的生命教育是国家参与的课程类型，而设置心灵导师、加强学生的心理健康辅导是日本生命教育的一大特色。"心灵导师"由两部分组成：一部分是为配合学校开展心理咨询活动配备的专门人员，另一部分是来自于社区的志愿者和专业领域的杰出人士。政府设立"心灵导师师资促进协议会"，并针对心灵教育进行师资培育，设计共通的课程及录用制度。学校设立专门的心理咨询人员，主要为在校学生提供各种心理问题的咨询服务。社区的志愿者通常会协助各种俱乐部活动或各种体验活动的开展，专业领域的杰出人士常常会被邀请到学校分享个人成长经历和宝贵的人生经验。[1]

四、我国港台地区的生命教育师资培训情况

香港特别行政区成立以后，于2002年12月成立了生命教育中心，以社区和中小学为阵地开展生命教育，学校、传媒和非政府机构都成为生命教育的主要力量。同年，教育中心明确提出了以生命教育整合公民教育及价值教育的目标，并在多所学校推广正规和非正规的教育课程；香港城市大学黄成荣与复合综合服务中心从2000年起也开始推广情理教育。[2]此外，香港生命教育的发展似乎与民间教育和社会福利团体有密切关系。香港"宗教教育中心"和香港"神托会"十分关注生命教育的推动，相关工作人员也先后去台湾参观及访问，并在返港后举办了相关生命教育的研习活动。香港宗教教育中心发起了"亲亲孩子，亲亲书"的生命教育计划，并举办了"走出生命迷惑——谈生命教育的意义与实施成效座谈会"，在社会上引起很大的反响。香港教育署课程发展处也提出"生命教育教师培训"的相关要求，显示教育行政单位对生命教育的重视。在培训活动中，学者、中小学教师、校长、教育署工作人员等交换宝贵意见，大家对生命教育的重要性均给予肯定，而如何设计生命教育的课程及体验活动，则是大家关注的焦点。

台湾地区的生命教育最早由民间团体于1976年从日本引入，主要由社会民间团体主动参与并逐步推广，并于20世纪90年代开始在大学开设生命教育课程，在课程形式方面主要以学科课程与活动体验课程为主。比如，彰化师范大学于1995年开设生命教育课程，单独开授两学分"生死教育"课程，帮助学生了解生死学及其教学

---

1 余伟芳：《日本学校生命教育及其借鉴》，北京：首都师范大学硕士论文，2005：11。
2 张文：《大学生命教育的追溯和前瞻》，载《青年探索》，2008（1）：84。

方法；同时，在通识教育课"人生哲学"中专门加入"防治自杀"与"临终关怀"课程，共计四小时。[1] 在课程内容方面，关照现实生活与关怀人生终极目标并重。而在师资培训方面台湾地区也有自己的特色，将正规培训和社会力量相结合。1997年，台湾教育部门就积极选拔并培养合格的"种子教师"，将其作为开展生命教育课程的后备人选；同时委托已有生命教育基础的大专院校筹设生命教育课程，规划生命教育通识课，储备生命教育课程的新师资。[2] 高校里的生命教育师资一部分来自专门的生命教育研究机构的专家和教授，另一部分是分散在一般综合性大学、师范院校以及职业技术院校的教师和辅导员。在职教师通过自愿报名或者指派的方式，有机会参加生命教育的培训以及相关的学术研讨会。台湾盛行的各种生命教育工作坊，其讨论涉及生命教育的各方面内容，探讨了人生的真相、大学生职业生涯规划与生命典范、生命教育途径和手段等相关内容。2004年，台湾大学、台湾教育研究院筹备处、辅仁大学、台北师范学院（教育大学）、台湾生命教育学会等单位提出了《师资培育专门课程研发实验暨种子学校与种子师资培育计划》，设置了一套时间长达一年半的生命教育师资培训方案。师资培训机构在培育计划的基础上，规划了26个生命教育师资培训的学分。专职生命教育教师通过专业培训或者不定期参加学习研讨会，不仅可以交流自己工作中的心得体会与工作苦恼，而且也能丰富自己的学理知识，并能进一步用生命教育理念重新审视并提升自己。除此之外，台湾大学的生命教育课程一部分由社会团体、基金组织、慈善机构、宗教文化团体参与其中。如台湾周大观文教基金会、彰化县生命线、台湾生命教育协会及世界宗教博物馆等，均积极参与台湾各大高校的生命教育理论与实践。

总之，先进地区生命教育的顺利开展和成效显著，非常重要的一点来自于师资队伍的保障。在师资队伍建设中，一方面，政府高度重视，提供师资培训的经费和机会，将正规培训和社会力量相结合；另一方面，高校十分重视生命教育研究和理论指导，强调国家政策干预的重要性。应该说，以上这些生命教育师资培训模式对我国内地高校的生命教育师资培养具有重要的借鉴价值。结合当前我国内地生命教育师资普遍缺乏的现状，确立合格生命教育师资的知识结构的基本构成，完善教师的知识结构体系，是我们讨论高校生命教育师资培训路径的基本前提。

1　柴志明、何仁富：《首届"海峡两岸大学生命教育高峰论坛"论文集》，北京：中国广播电视出版社，2010：164-176。
2　刘恩允：《大学生生命教育研究》，北京：中国社会科学出版社，2012：190。

第三节　生命教育师资的知识结构

对教师知识结构的广泛研究始于20世纪60年代世界范围内兴起的教师专业化运动。到了教师专业化运动的第二阶段，即80年代以后，国内外大量的学者开始了教师专业知识结构的研究并且提出了相关的理论。教学论专家舒尔曼提出了七种类别的知识：学科知识、一般教学知识、课程知识、教学内容知识、学生及其学生特点的知识、教育环境的知识、关于教学的目的和价值以及它们的哲学和历史基础的知识。格罗斯曼、吉尔伯特等也提出了知识结构的六分法和四个层次。国内的学者如华东师范大学叶澜教授将教师的知识结构划分为互相渗透的三个层面：基础知识、专门性知识、教育学科知识。北京师范大学的辛涛、申继亮、林崇德教授从认知心理学的角度，将教师知识结构划分为四个方面：本体性知识、条件性知识、实践性知识和文化知识。陈向明教授将教师专业知识划分为理论性知识和实践性知识。生命教育师资是高校生命教育活动开展的重要保证，笔者认为教师的知识结构主要由以下四个部分构成。

一、普通科学文化知识

教师的工作是对人的教育，因此，相较于一般的职业，具有"人文性"的特点，需要教师进行创造性的劳动。然而教育的创造不同于科学和艺术的创造，它是浸透着人文色彩的活动，需要教师对社会历史文化有深刻的理解力和洞察力，广博的科学文化知识是教师深厚人文底蕴的重要基础。此外，广博的科学文化基础知识有助于教师拓宽眼界，解放思想和精神，使他们摆脱无知、偏见、狭隘的束缚，学会清晰的、合乎逻辑的、深刻的、全面的认识方式和思维习惯，获得良好的语言交往技能，成为学生的楷模。同时，随着科学的飞速发展，学科在高度分化后又开始出现了融合的趋势，大量交叉学科、综合课程的出现，使得教师必须具备相应的知识结构，以应对生命教育中出现的各种问题。当代大学生思维活跃，获取信息的渠道和途径日益增多，教师拥有广博的文化知识才能满足他们多方面的求知欲，真正有效地促进他们的健康发展。美国教育家科南特就曾指出，教师教育的"目的在于发展有关一般文理科目领域的学力，使教师在同这些领域的任何一门专人教师的同事谈话时具有一定的信心。不论对小学或中学教师来说，这种程度的学力信心都是必要的，即使小学教师直接关心的是算术或者比较简单的科学或社会科学，他也应该知道在前面的道路究竟是什么"[1]。

滨州学院初等教育学院的杨玉杰和邹玲对大学生最喜欢的教师类型进行调查，报告显示：在上课方式的选择上，学生对旁征博引型教师的选择占主流；而在知识素养上，约有72.9％的学生喜欢知识广博型的教师。这显示出当代大学生都希望教师能够具备多学科的知识储备和广阔的视野，在课堂上谈古论今、旁征博引、挥洒自如。其中也存在文理科和高低年级的差异，与理科生相比，文科生更欣赏教师在课堂上所展示的广博知识；与低年级学生相比，高年级学生对教师的知识储备有更多的期许。因而对于教师来说，教授不同学科，面对不同的教学对象，要有不同的知识准备和不同教学方式的灵活选择。这对教师素质和教学艺术提出了挑战。[2]因此，从事生命教育工作的教师也要进行科学文化知识的积累，广泛涉猎科学、艺术和文化发展的历史，了解文化发展的最新动态和成果，以严谨的科学精神、广博的科学文化知识和深切的人文关怀开展高校的生命教育活动。

二、生命教育专业知识

专业学科知识，是指教师所具有的特定的专门学科的知识，是教师知识结构的核心内容。对于高校从事生命教育的教师而言，其职业要求他们必须对所教授的知识有广泛而深入的了解。叶澜教授也认为，只有当教师有丰富的、扎实的知识底蕴，并能在科学体系中把握自己讲授的学科时，教师才能使知识在教学中不只是以符号形式存在，以推理、结论的方式出现，而且能展示知识本身发展的无限性和生命力，能把知识活化，在教学中真正实现科学精神与人文精神、理论与实践、知识与人文的统一，充分发挥学科知识全面育人的价值。教师的生命教育专业知识应该包括以下一些基本内容：

第一，对生命教育的学理性知识（包含生命的本质、生命的价值、生命教育的内涵等）、应对生命困境的方法和技能有广泛而又准确的理解，掌握与生命教育实践相关的技能与技巧。

第二，了解与生命教育相关的知识，比如哲学、伦理学、社会学、心理学的知识，尤其对其与生命教育的交叉点、相关点、相关性质与基本逻辑有最基本的了解和把握。

第三，了解生命教育产生的背景，在世界各国发展的历史以及未来的发展趋

---

1 科南特著，陈友松译：《科南特教育论著选》，北京：人民教育出版社，1988：249。

2 杨玉杰、邹玲：《大学生最喜欢的教师类型的调查报告》，载《考试周刊》，2007（3）：10-12。

势。了解生命教育在提升个体生命质量、改善由社会转型发展带来的种种人的生命困境的价值以及在人类生活实践中的不同表现形态。

第四，掌握生命教育所提供的认识世界、看待世界的独特视角、域界层次及思维的工具与方法，熟悉学科内科学家的创造发现过程和成功原因，以及他们身上所展现的科学精神和人格力量。[1]

三、教育科学知识

生命教育的研究对象是人，高校生命教育的对象是大学生。而"90后"的大学生在身心发展和认知水平、生命价值观等方面都表现出了独特性。作为教育者，就必须具备相应的教育科学知识，这是成功进行生命教育的重要条件。教育科学知识主要指教师所具有的教育学科方面的知识，即教师在具备丰富的生命教育专业知识的基础上，要了解和遵循教育的规律，掌握教育学、心理学等教育基本理论知识。苏霍姆林斯基在对青年教师的建议中就曾经说过，从事师范教育的青年教师每月都应该阅读一些专业书籍、名人传记和心理学方面的书籍，只有这样，才能在教育过程中有所思考，进行创造性的劳动，在自己整个教育生涯中加深教育学科方面的知识储备，才能够真正成为教育的能手。杜威在《思维与教学》中也指出："为什么教师要研究心理学、教育史、各科教学法一类的科目呢？有两个缘由：一、有了这类知识，他能够观察和解释儿童心智的反应——否则便易于忽略。二、懂得了别人用着有效的方法，他能够给予儿童以正确的指导。"[2]因此，不仅仅是高校生命教育教师，所有的学科教师都必须掌握教学学科知识，这是成功教学的重要保障。具体来说，生命教育教师的教育学科知识包括两个方面：

第一，一般的教育学科知识。包括教育学、教育心理学、教学论、教师专业发展、教育科学研究方法、德育概论等基本性、一般性的教育学知识。

第二，生命教育学知识，如关于生命教育的教学、课程、教材、教法研究。它们是在一般教育学知识的基础上，针对高校生命教育的特殊性，对教育学心理学、生命教育知识、大学生特点等问题的综合理解和具体运用。

四、生命教育实践性知识

生命教育实践性知识是相对于理论性知识而言的，是指教师个体在日常的生命教育实践活动中，通过体验、感悟、反思所形成的知识。实践性知识是教师在面对

1 叶澜、白益民：《教师角色与教师专业发展新探》，北京：教育科学出版社，2001：23-24。
2 杜威著，孟宪承、俞庆棠译：《思维与教学》，上海：商务印书馆，1936：248。

大学生生命问题时迅速做出判断的知识，是在应对大学生生命教育问题中真正采用的一类知识。实践性知识的获得有赖于实践经验的积累，教师个体实践性知识的数量与质量在某种程度上也决定了其教育教学的效果。

实践性知识究竟由哪些知识构成，这是让所有教师都很困惑的一个问题。教师都能意识到实践性知识的重要性，但却因为实践性知识所具有的个体性和缄默性，教师往往难以具体言说。然而，实践性知识又不完全是个人的、独特的，它具有一定的普适性。北京师范大学的陈向明教授认为，实践性知识是教师真正信奉的，并在其教育教学实践中实际使用或表现出来的对教育教学的认识，包括六个方面的内容。（1）教师的教育信念。具体表现为对如下问题的理解：教育的目的是什么？学生应该接受什么样的教育？什么是"好"的教育？"好"的教育应该如何实施和评价？如何看待教师职业？（2）教师的自我知识。包括自我概念、自我评估、自我教学效能感、对自我调节的认识等。（3）教师的人际知识。包括对学生的感知和了解（是否关注学生，受到学生召唤是否恰当地做出回应并有效地与学生沟通）、热情（是否愿意帮助学生）、激情。（4）教师的情景知识。主要通过教师教学机智表现出来。（5）教师的策略性知识。包括对教育学理论的理解，对整合了上述领域的教学学科知识的把握，将原理知识运用到教学中的具体策略（如比喻和类推），对所教科目及其目标的了解和理解，对课程内容和教学方式的选择和安排，对教学活动的规划和实施，对教学方法和技术的采用，对特殊案例的处理，选择学生评估的标准和手段等。（6）教师的批判反思知识，主要表现在教师日常"有心"的行动中。[1]生命教育教师的实践性知识也正是表现在生命教育的理念上，是教师对自我、人际的知识，教师的情境知识、策略性知识以及自我反思批判的意识。

布朗（J. Brown）在2000年提出的知识的冰山模型中说，存在于书本、可编码、可供传递的明确知识犹如冰山一角，大量的知识都是存在于个体经验、嵌入实践活动中的默会知识。因此，在生命教育教师的知识结构中，理论性知识与实践性知识是密切交织在一起的。广博的文化知识是合格的教师进行有效教学的基础，生命教育专业知识是教师教学活动的实体部分，教育学科知识对教师的生命教育专业知识的传递起到了理论性的支撑作用，而实践性知识恰好能弥补教育学科知识的缺陷。教师的知识结构是进行生命教育的基础，但是这些知识并不是完全无序地在头脑中堆砌的，而必须有一个完善、合理的知识结构。具备生命教育的理论和实践性

---

1 陈向明：《实践性知识：教师专业发展的知识基础》，载《北京大学教育评论》，2003（1）：104-112。

知识，并能合理地对这些知识进行组织和结构是决定教师专业水平高低的最直接标准。因此，在教育过程中教师应该通过多种方式，例如学习、实践、反思、分享与交流等，完善自身的知识结构。

第四节　高校生命教育师资的培养路径

世界上很多国家都非常重视生命教育，各国不同的生命教育的发展历史、理解理念、环境支持带来不同的生命教育特点，在课程设置和实施、师资培养策略等方面也独具本国特色。先进国家的生命教育师资培训对我国生命教育发展中的师资培养和培训具有重要的启发作用。因此，借鉴国外先进的师资培训经验，结合我国的教育现实，高校生命教育师资的培养工作可以从以下几个方面开展和实施。

一、正确认识当代大学生的特点

在生命教育师资培训中，教师首先应该对教育对象的身心认知发展水平和生命价值观特点有清晰的了解和把握。当代大学生正处在人生发展的关键期，他们的特点不同于父辈，也不同于以往的青年大学生。只有了解了当代大学生的特点后，才有可能增强高校生命教育的针对性和实效性，防止一般化教育和"一刀切"的倾向。当代大学生大都是20世纪90年代以后出生的，其成长环境的物质条件相对丰富，并受到自身身心发展的阶段性和多元社会文化的影响。在分析其特点时，我们主要从大学生的身心发展特点和文化发展特点进行介绍。

大学生是主要集中于18至23岁年龄段的青年群体。在社会上，他们被认定为积极向上、朝气蓬勃的一代，也被认为是衣食无忧、坐享其成的一代。"五四运动"95周年纪念，习主席在北京大学与青年学生进行座谈时，就称他们为"可爱、可信、可贵、可为"的当代青年。而这一批当代青年因生活的环境决定了他们是社会经济急速发展的受益者、网络全球化时代的体验者，也是某些社会不良风气和不良文化的受害者。因此，从生理上说，他们的大脑发育成熟，思维和分析能力越来越强，基本上具备了成人的体格和生理功能，但是在心理发展发面，却存在着冲突性和不稳定性，表现出这个阶段青年心理发展的独有特征。在认知方面，当代大学生认知的目的性日益增强，功利性也明显增强；认知模式由外部权威转向内部理性模式；认知灵活性较强，但是缺少对问题深入分析和研究的能力。此外，青年大学生对价值观念、伦理道德的认知表现出了时代性和群体性。对于传统社会普遍认同的美丑、善恶、真假、对错等标准，有的坚守着文化传统，有的大学生却背道而驰，表现出不稳定性。汶川地震后的大学生青年志愿者和北京奥运会上的青年志愿者，向世界展示了当代大学生的社会使命感和责任担当。然而，极端的大学生自杀、伤人等恶性事件又显示出他们中的极少数在判断是非对错时的错号入座，反映出他们比较缺乏承受挫折和应对与化解突发事件的能力。从某种程度上说，他们的思想和价值观受社会风气的影响较大，更加趋于功利性，常常以自我为中心，趋利避害。这是"90后"自我矛盾的集中体现。

心理学家和教育家斯坦利·霍尔（Stanly Hall）在他的著作《青春期》中曾经把青春期比喻成"狂飙运动"，认为青春期是一个情绪躁动和叛逆的时期，青春期年轻人的行为既可以安静内敛，也可以鲁莽冲动，充满风暴和压力，充满情感混乱和骚动。这样的人生阶段具有明显的个体精神焦虑和失序。"90后"在进入大学以后，身心发展日益成熟，社会性成长和价值观的形成催生了他们的成人感，他们往往强调自我意识，具有反思和批判精神。他们中的大多数人都希望有自己的生活世界、思维空间、个性特色和处事风格。当纠结于生理成熟与社会成熟、自我发展与社会发展、未来前景与现实存在的众多矛盾时，他们以创造、传播、认同青少年流行文化、群体亚文化的形式来获得身份的认同，解决遭遇的各类麻烦。但他们的心理发育还未真正成熟，社会化任务远未完成，价值观还没有完全定型，对社会上多元复杂、矛盾交织的思想观念和现象缺乏理性思考和科学辨识的能力。因而他们对自我、对社会的认知还存在诸多矛盾，人生观、价值观、社会历史观等方面还存有不少困惑。面对与社会大众文化的冲突和价值判断，他们在行动或选择时往往会表现出疑虑重重、摇摆不定甚至"怎么都行"的态度。生命观是指人们对一切生命的系统认知和价值判断，是人们处理所有与生命相关的事物时的态度。作为对生命的态度和看法，生命观是人类意识的核心。而当代大学生的生命观表现出了独特性，如生命价值观认知偏离，生命归属感缺失，生命责任感淡漠，等等。除此之外，大学生生命观的独特性还表现出了承受压力能力较弱、生命的协调能力缺乏等。究其原因，既有学校层面的问题，也有家庭教育中功利思想的侵蚀，更有社会生命教育文化的缺失。因此，高校生命教育课程必须根据大学生的身心发展特点和对生命的独特认识进行设计和实施。

二、更新师资培训理念，注重对教师生命素质的培养

国内的生命教育培训大多属于职后教育，国家没有统一的计划和培训内容。现行的培训大多数围绕着教学需求进行内容设置，以提升教师的教育教学能力为培养目标。然而正如雅斯贝尔斯所说："教育是人的灵魂的教育，而非理性知识的

堆积。"[1] 教育不仅仅是教学技能的提高，更是一种创造的艺术，是以生命影响生命，以灵魂唤醒灵魂的过程。因此，教育教学技能的提高只能是生命教育体系中的一个浅层次目标，更为重要的是培养教师的生命教育素养。没有生命素养和人文关怀的教师，是没有灵魂的教师，即使有高超的教学技能，也不配成为学生的生命导师。

教师的生命素养是一个内涵丰富的概念，它包括教师的生命意识、生命教育理念、生命关怀和人文情怀、敏锐的洞察力、多样有效的生命教育途径等。教师的生命意识的确立也是一个漫长的过程，主要建立在对生命的基本特征、生命发展历程的总体认识和把握上，是教师对学生尊重、宽容、理解、厚爱的情怀，体现为教师对学生生命成长中的细节与点滴变化的关注——一种人文的关怀。张文质从生命教育的视角出发，提出："尊重并不是害怕和畏惧。根据该词相来看，它表明按其本来面目发现一个人，认识其独特个性。指一个人对另一个人的成长和发展应该顺其自身规律和意愿。……让被爱的人为他自己的目的去成长和发展。"[2] 教师的生命教育理念，是教师对生命教育的一种理想、精神性和终极的追求，是涉及生命教育对学生身心发展的理想观念。应该说理念是一切行为的先导，高校教师只有转换理念，才有可能带来行为上的变化。因此，高校的生命教育师资培训的非常重要的一个内容即对教师的生命教育理念进行培养。学校可以通过讲座、培训或拓展体验等方式对教师进行先进生命教育理念的培训，树立其正确的生命教育观，让教师意识到每一个学生的独特性和差异性，明白生命的不可尽述。并在此观念下引导学生关注自我精神生命的成长，引领学生不断超越自我，追寻人生发展的完满境界。教师的生命教育关怀和人文情怀是建立在正确生命教育观的基础上的。教师用宽容的胸怀、高尚的心灵去关照自我和学生的生命，以一种负责任的态度珍爱自身生命，主动摒弃功利诱惑，追求精神价值，以乐观向上的态度促进身心的健康发展，以一种恬淡的心态应对和化解教学工作中的压力，实现自身生命的解脱。若教师具有如此情怀，一定能够更好地实现对学生生命的润泽、点化、关怀和提升的作用。[3]

一言以蔽之，高校生命教育师资培训是一个涉及面广、内容丰富的教师发展过程。其中，培养生命教育素养的重要性要远远大于知识的掌握和技能的获得。因为，教师拥有什么样的素质才能培养学生什么样的素质，缺乏生命素养的教师也难

1　卡尔·雅斯贝尔斯著，邹进译：《什么是教育》，北京：生活·读书·新知三联书店，1991：3。
2　张文质：《生命化教育的责任与梦想》，上海：华东师范大学出版社，2006：96。
3　过仕明、邸春殊：《生命教育视野下高校教师素养研究》，载《思想政治教育研究》，2014（8）：119。

以培养出有生命素养的学生。因此，提升教师的生命素养，提升教师的生命质量，是教师生命发展的需要，也是学生生命教育的需求。生命教育师资培训应从关注教师教学能力、师德素养转向关注生命素质和人文情怀，突出对教师内在生命的培养。

三、加强教师和辅导员的生命教育专业素养

加强教师和辅导员的专业素养是高校生命教育师资培训中的重要环节。知识结构合理、专业素养高的专业教师和辅导员队伍，能够表现出更加积极的生命价值理念，构建更为牢固的高校生命教育防线，身先示范，为大学生营造出更具模范引领效应的高校生命教育环境。

教师的生命教育专业素养包括文化素质水平、专业技能知识水平和生命教育智慧。教育是一种创造性的活动，而这种活动不同于科学创造或艺术创造，是一种浸透着人文精神的不间断地探索和完善的过程。在这个过程中，它要求教师具备对于社会、历史、文化的深刻洞察力，具有深厚的文化底蕴。因此，广博的文化素养是高校教师学术魅力的基础，是对学生产生良好影响力的前提。教学活动会传递出高校教师的文化素养，良性课堂互动的前提是教师学识渊博、兴趣广泛、多才多艺。教师不仅应该是他那一门学科领域的专家，也应是博览群书的饱学之士，这样，才有可能口含灵珠，游刃有余，讲起课来旁征博引、妙趣横生、见地别具、吐语不凡，从而给学生带来一缕春风，使其如同进入一个辽阔、纯净甚至可以嗅到芬芳的知识王国，流连忘返，全身心地陶醉其中。与之相反，知识贫乏的教师讲起课来单薄、干瘪，不善举例和比喻，不善联系和联想，不能把知识扩展和深化，枯燥乏味是其课堂教学的主要特征。专业课程教学因为其专业性而略显晦涩，因此更需要教师运用广博的知识积极调动学生。

教师的专业知识和技能是指教师所教专业的学科知识，它是教学活动开展的基础。对于专业教师而言，其职业要求他们必须要精通自己所教专业的知识，对专业知识和专业技能有广泛而深入的了解。苏联教育家苏霍姆林斯基就曾经说过："教师所指导的东西，就应该比他在课堂上要讲的东西多十倍、多二十倍，以便能够应付自如地掌握教材，到了课堂上，能从大量的事实中选出最重要的来讲。""在你的科学知识海洋里，你所教给学生的教科书里的那点基础知识，应当是沧海一粟。"[1] 尽管在高校，教师课堂教学并不是获取专业知识的唯一途径，但是我们在

---

1 苏霍姆林斯基著，杜殿坤译：《给教师的建议（下）》，北京：教育科学出版社，1984：156。

大量的调查访谈中发现，教师是否知识渊博、富有底蕴，已成为大学生评价老师素质的重要指标。因此，专业教师应该建立终身学习的理念，不断了解学科发展的前沿知识，敏锐地追踪专业的发展变化及未来走向，并能及时将前沿知识补充到课堂教学中去，拓宽学生的知识面。由于现代科学日益呈现出综合化的发展趋势，边缘学科、交叉学科及系统科学的研究要求教师拥有广博的科学文化知识。"学高才能为师"，头脑中存储少，其视野和思路必大大受限。教师要有吸收新知的意识，因为没有"内功"就无法"外化"。

此外，教师的生命教育智慧也需要进一步提高。生命教育智慧是智慧的一种内在品质，表现为一种自由、和谐、开放和创造的状态，表现为真正意义上尊重生命、关注个性、崇尚智慧、追求人生幸福的教育境界。教师的生命教育智慧表现在课堂教学中，表现在教学改革中，也表现在课后与学生的交流中，尤其表现在对生命化课堂的构建中。在教学中，教师以学生为主体，对其学习活动进行指导，让学生了解自己、悦纳自己，挖掘自我的生命潜力，创造幸福人生。此外，在生命化课堂构建的过程中，教师应该积极利用教育智慧，适时运用教学机智，对学生进行评价与点拨。教师的生命教育智慧是一个不断积累的过程，它既需要教师有深刻的逻辑思维能力，善于抓住问题的实质和核心，同时又能在大量教育实践中敏锐地反应，灵活性地应变，创造性地驾驭课堂，真正体现教育的科学性和艺术性的有机结合。每一位教师要谨记苏联教育家乌申斯基所说的话："无论教育者怎样地研究了教育学理论，如果他没有教育机智，他就不可能成为一个优良的教育实践者。"

2004年，国务院发出《关于进一步加强和改进大学生思想政治教育的意见》，明确指出："思想政治教育工作队伍是加强和改进大学生思想政治教育的组织保证。大学生思想政治教育工作队伍主体是学校党政干部和共青团干部，思想政治理论课和哲学社会科学课教师，辅导员和班主任。""辅导员、班主任是大学生思想政治教育的骨干力量，辅导员按照党委的部署有针对性地开展思想政治教育活动，班主任负有在思想、学习和生活等方面指导学生的职责。"[1]辅导员在缺乏生命教育专业师资的高校中是实施生命教育的中坚力量。因此，加强辅导员队伍的生命教育培训是师资培养中的关键环节。

高校辅导员队伍生命教育素养的提升包括两个方面。一方面，在辅导员选拔中，应该尽量选择与生命教育相邻的专业背景的毕业生，如思想政治教育、心理学、教育学、哲学、伦理学专业的毕业生。生命教育相邻专业毕业生在学习期间或

1　教育部：《中共中央国务院发出〈关于进一步加强和改进大学生思想政治教育的意见〉》，http://www.moe.edu.cn/s78/A12/szs_lef/moe_1407/moe_1408/tnull_20566.html，2004-10-14。

多或少接触过相关的理论与实践，在职后培训中会更为轻松。对于以兼职为主的高校辅导员，职后培训无疑是其发展的重要途径。另一方面，我们应该将生命教育延展到辅导员日常教育管理工作中。辅导员对大学生的生命教育管理可以在课堂教学和课外实践活动中实现。具体来说，就是课堂的强制性教育和课外各类活动相结合，并将生命教育渗透于会议、学术讲座、党团活动、社团活动、社会实践活动、心理健康与咨询、网络交流等大学生日常教育中，改变当前大学生总是以被动、应付的态度去接受生命教育的状况，使学生在潜移默化中接受生命教育，从而提升大学生的生命意识。

四、构建多层、多维的生命教育培训模式

从先进的生命教育师资培养模式中我们发现，不同国家和地区的师资培养模式各具特色。但总体而言，英美生命教育师资培养体现了层级性，从校本培训、社区培训到专业团体培训，针对不同的生命教育主体进行研讨，提升教师的专业素养。而港台地区，尤其是台湾，生命教育师资培训主要是针对生命类选修课程的需求而确定。如对高中师资的生命教育课程培训就划分了三个板块，分别是生命教育基础课程的工作坊、专业理论课程和灵性培育课程。这种建立在课程体系基础上的师资培训模式，正是建立在对生命教育内涵清晰认知的基础上，融合了对生命教育多元观点的培训模式。这种模式值得借鉴。

当前，内地的生命教育师资培训没有固定的组织承担，培训往往选择生命教育内的某一主题进行，没有对课程进行系统设计，培训的连续性不强，也导致了实效性不高。江西师范大学的郑晓江教授在2012年就曾指出，生命教育在2008年进入发展快车道后存在两个突出问题："第一，是从社会本位而非从个体生命成长的需要来看待生命教育、推动生命教育，把生命教育当作服务社会管理的手段，其结果是出现了所谓'生命教育是个筐，什么都往里面装'的现象。许多学校的生命教育内容包括了知识性课程之外几乎所有的教育内容，这样必然模糊了生命教育的外延，稀释了生命教育真正的内涵，无形中消解了生命教育。二则是把生命教育视为服务学校教育管理如安全需要的一种手段。而不是从学生生命成长来看待生命教育，其结果是把生命教育等同于安全教育，等同于德育，等同于班会活动，等同于心理健康教育，等同于其他教育活动如生命化教育、阳光教育、生本教育等，从而无法掌握生命教育的独特性，发挥其独特的教育价值，实质是淹没和异化了生命教

育。"[1] 而出现类似情况的原因在于政府管理部门或是校方没有清楚认识生命教育的本质特征，在出发点上就出现了偏离。此外，南京师范大学冯建军教授指出："生命教育不应该只作为解决社会问题的工具，而应该指向人的整体发展，成为全人教育。"[2] 人的终极发展目标就是要实现人的自由而全面的发展。正如法国思想家阿尔贝特·施韦泽（Albert Schweitzer）指出："敬畏生命、生命的休戚与共是世界中的大事。"施韦泽还指出："有思想的人体验到必须像敬畏自己的生命意志一样敬畏所有的生命意志。他在自己的生命中体验到其他生命。对他来说，善是保存生命，促进生命，使可发展的生命实现其最高的价值。恶则是毁灭生命，伤害生命，压制生命的发展。"[3] 因此，建立健全生命教育职后的多层、多维培训模式是生命教育师资培养中亟待解决的问题。

所谓的"多层"，是指在生命教育师资培训中坚持以高校为主体，以社会培训为推动，以全国性专业教育研究为引领。第一层次为校本培训。对本校生命教育专、兼职教师培训进行系统的生命教育课程设计，有步骤、分阶段地实施。在课程内容设计方面，要达成关怀大学生现实生活和关怀人生终极目标的双层目标。帮助大学生认识自我、热爱自我、尊重自我，并且能够认识自己当下的生存环境，对生活中某些境遇有积极的应对手段。校本生命教育师资的培训课程，要坚持以专题讲座、工作坊与活动体验相结合的方式。通过各类合作活动、体验活动，教师能够从不同的角度进行交流，形成生命对话的氛围。同时针对生命教育的核心议题，工作坊邀请专家学者开展专题讨论，呈现多元文化、多元价值观点。第二层次为社会层面。这里的社会层面也包括政府，因为大学生生命教育在国内的研究刚刚起步，若仅仅依靠教师或学术机构自发努力，这种自下而上的形式在推行和发展动力上是远远不够的。因此，学校生命教育的发展必须取得政府和社会的支持，或设置专门机构积极参与运行并给予积极的支持。生命教育是全社会的事情。第三层级是生命教育团体。2010年，北京师范大学建立了以生命教育为主题的学术研究机构——北京师范大学生命研究中心，不定期召开年会，讨论学校生命教育中的热点问题，分享教育经验和教育成果。此外，迄今大陆和台湾学校生命教育研讨会也已经举办过多次，来自大陆和台湾的生命教育研究工作者分享了自己的研究成果，并为大陆和台湾的文化、教育交流搭建了友谊之桥。

1　郑晓江：《"立德树人"与生命教育》，载《思想理论教育》，2012（24）：4-8。
2　冯建军：《生命教育实践的困境与选择》，载《中国教育学刊》，2010（1）：35-38。
3　阿尔贝特·施韦泽著，陈泽环译，汉斯·瓦尔特·贝尔编：《敬畏生命：五十年来的基本论述》，上海：上海社会科学院出版社，2003：9。

所谓的"多维"，是我们可以参照台湾生命教育师资培训的方法，建立理论培训、教学技能培训和人格培训三维培训课程体系。理论培训主要关注与生命教育密切相关的其他学科的知识，建立教师的自学评价体系；教学技能培训除了现有的讲座教学，还可增加教师实践教学环节，将教师的教学设计和教学效果纳入师资培训考核内容；人格培训是针对师资的内在生命的培训，相比于台湾地区借助寺庙、宗教的灵性教育，大陆可采用参与式、体验式的研修方法，通过各类案例阐明事理，让教师与他人一起学习，在理解和解决问题的合作中建构对生命内在的理解。[1]

教育既是一门科学，又是一门艺术，它需要教师的热爱和奉献。教师作为所有教育活动的主导者，在教学中具有领航指导的作用。在提倡以教师个体专业化进而促进教师职业群体专业化的今天，教师应从角色意识、专业知识、教育人格、专业智慧、心理健康等多方面进行专业化发展，其中也包括应当具备丰富的生命教育理论与实践知识。我们在关注和改善高校教师的生命与成长的同时，通过多层次、多维度的培训，一方面要关爱教师的生命和成长，提升他们生活和工作的健康程度，另一方面也要对教师进行全方位、系统的生命教育培训，为创建良好的高校生命教育环境、达成生命教育目标保驾护航。

1　蔡勇强、孙建荣：《台湾高中生命教育类课程师资培育的研究及启示》，载《中国教育学刊》，2014（11）：87-90。

第六章 大学生生命教育的环境构建

高校生命教育环境有着自己特定的内容，有着自己的结构特点和运动规律，对实现高校生命教育的目标有着独特的作用。高校生命教育绝对不可能在一个真空的环境中实施，它必然会与大学生的家庭、社区和社会环境紧密相连。具体言之，高校生命教育环境即学校、家庭与社会优势互补、资源共享的生命教育实施体系。在体系中任何一个环节出现问题，都会影响大学生生命教育的整体效果，进而对家庭、学校和社会的正常关系和秩序产生重大的影响。因此，讨论对大学生生命教育的环境利用，除了要关注作为生命教育的学校环境，更要有的放矢地针对当前大学生的家庭教育和社会教育，营造良好的外部环境，为当代大学生生命教育开拓实施空间。

第一节　　重视生命教育的家庭环境

　　家庭在中国社会中占有举足轻重的地位。在我国家庭所具有的象征意义与所缔造的凝聚力，比之西方国家更显重要。《礼记·大学》对家庭在人生发展时间维度上的作用即有描述："古之欲明明德于天下者，先治其国；欲治其国者，先齐其家；欲齐其家者，先修其身；欲修其身者，先正其心……心正而后身修，身修而后家齐，家齐而后国治，国治而后天下平。"可见，欲明德天下，须先"正心、修身、齐家"，方可达"治国、平天下"之境界，"正心、修身、齐家"三境，皆有时间进程含义，同时"齐家"也是古代大多数中国人的最终归宿，真正达"治国、平天下"境界的为数寥寥。

　　家庭作为社会的一种特殊组织形式，以婚姻为基础，以血缘为纽带，是人类最为稳定、情感最为真挚的群体形式。作为社会最微小的构成细胞，家庭与其他社会群体在比较中有着自己的特点。应该说，家庭是最微小但又最普遍的主体，任何人都是从家庭中派生出来的，而且从人生的发展趋势来看，组织家庭是人生的必然阶段。除此之外，建立在血缘基础上的家庭能够满足人们多方面的发展需要，从物质到精神、文化娱乐甚至是政治方面的需求，在家庭中都能得到不同程度的满足，可以说，家庭的功能几乎无所不包。此外，按照苏霍姆林斯基的说法，对儿童和青少年施加教育影响的有六个方面：一是家庭（首先是母亲），二是教师，三是集体，四是自我教育，五是书籍，六是社会环境。在这六个方面中，我们可以看出家庭教育对人的影响是最大也是最深刻的，每一个人的身心发展都打上了家庭教育的烙印。

家庭教育是个体健康成长的最基本条件，承担着众多功能，包含抚养、认知、道德教育、情感教育等。古今中外许多杰出人物的成长经历都证明了这一点，我国一位学者最近的研究也证实了这点：在1943年至1960年期间，68位诺贝尔科学奖金获得者中84%的人受过良好的家庭教育。在当代社会，生命教育也是家庭教育的重要内容之一。家长应按照生命发展的规律对子女进行有关生命的教育。而家庭生命教育的目的就是引导子女获得生命的智慧，不仅要懂得生命的意义，还要有积极的生命态度，自如应对生命中的种种遭遇。[1]因此，在大学生生命教育环境的利用中，如果忽略了教育最为持久、最为稳定的家庭，就失去了其立足之本。在这样的背景下，搭建家庭生命教育平台对构建良好的大学生生命教育环境意义重大。

一、当代中国大学生家庭的独特性

当代大学生主要以1994年至1998年出生的年龄群体为主。按照中国的生育政策，这一时间节点的家庭，基本上以独生子女为主。从1979年起，我国施行独生子女政策以来，这批孩子既具有时代的特点，同时也具有独特家庭结构形式的特点。

（一）当代大学生家庭结构简单

家庭结构主要指的是家庭成员的序列和数量。家庭结构决定了儿童生活所面临的家庭成员关系的复杂程度，这是影响家庭教育工作和个体身心发展的一个重要因素。

最常见的家庭分类是以家庭代际层次和亲属关系为标准，包括核心家庭、主干家庭、联合家庭和其他家庭等四种类型。核心家庭是主要由父母和未婚子女组成的家庭，仅有夫妻组成的家庭也叫核心家庭。而主干家庭是指父母和一对已婚子女组成的家庭。联合家庭指父母和多对已婚子女组成的家庭，如果已婚子女在父母去世后仍不分家，也叫联合家庭。其他家庭包括单亲家庭、残缺家庭等。单亲家庭是离婚者或未婚者与子女组成的家庭。残缺家庭是指未婚子女组成的残缺父母或者残缺一方的家庭。

中国传统家庭观，如"多子多福"等使得传统家庭一般结构复杂，成员较多，规模较大。"四世同堂""三代同居"的大家庭非常普遍。但是随着社会的发展，以及子女抚养和教育成本的增加，在当代，中国的家庭结构日益简单化，逐渐由过

1　马兰霞：《让生命教育走进家庭》，载《家庭教育》，2004（1）：5-9。

去的主干家庭向核心家庭转变。据相关统计，我国现在由父母和子女两代人组成的核心家庭居多，约占我国家庭户数的70%。家庭结构简单，人口数量少、规模小，使得家庭成员的关系更为亲密，家庭的内部凝聚力也更强，对子女教育具有迫切性和一致性，这些都是有利于子女成长的促进因素。

但是在简单的家庭结构中长大的青年，也给家庭教育带来了一些新的困难。首先，由于家庭结构简单，人口数量较少，家庭成员之间的关系也很简单，在这种环境成长起来的青年，往往受到父母的过多保护而失去了很多锻炼处理人际关系能力的机会。当下大学生中自我中心者居多、大学新生人际关系紧张等常见问题，追根溯源也是因为简单的家庭结构影响了儿童的社会化进程。国外的相关研究表明，生活在两代人同居家庭中的儿童，不如生活在三代人同居家庭中的儿童的社会适应能力强。此外，核心家庭中的父母均为上班族，与孩子的接触较少，一旦接触，父母的爱和关注焦点都集中在孩子身上，往往会出现溺爱的现象。所以说，简单的家庭结构对于儿童的发展既存在有利的一面，也存在一些困难和不足。在这种结构简单家庭中成长起来的当代大学生，不可避免地被打上了时代和家庭的烙印。

（二）在家长重视智力开发的环境中成长

"90后"的大学生出生的年代，就是中国基础教育发展如火如荼的时期。随着社会的发展和科学文化的进步，社会对劳动力的文化素质的要求也越来越高。家长强烈地感受到了未来社会竞争中人才竞争的激烈和形势的严峻，因此，家长希望通过教育这一有效途径，提高子女在未来竞争中的地位。在这样的背景下，家庭中出现了普遍重视子女的早期智力开发和科学文化知识学习的现象。

中国基础教育中普遍存在的"择校热"和"择班热"就体现了家长对子女接受成功教育的急迫性。当然，除了为孩子选择一个良好的学校就读，家长作为孩子的"首任教师"，还十分重视家庭教育，在工作之余配合学校亲自辅导孩子，聘请家教，购买各种科学文化读物，送孩子参加各类技能和专业知识的培训班，将大量的时间、精力、财力投入孩子的教育。从某一方面来说，这样的方式，对于青少年的科学文化素质的提高是大有帮助的。

然而，过分集中于子女智力开发和文化发展的家庭教育也存在一些片面性。第一，过于重视智力目标的发展，却在一定程度上忽视了思想品德和行为习惯的养成。对于不少核心家庭中的家长来说，抓孩子的学习成绩与智力发展非常重要，而对于孩子的思想品德和行为习惯的要求却相对不多。这种家庭教育观念会让孩子在成长的过程中，除了学习，对于其他方面的发展不甚重视，甚至置之不理。第二，家长过多关注学习，而忽视对孩子生活能力的培养。对于一个完整的人，学习能力只是他发展中的一方面能力而已，除此之外，生活能力、人际交往能力等其他多种能力都是其成功人生的重要保障。如果家长只关注孩子的学习，而忽视对孩子独立生活和适应社会生活能力的培养，那么，仅仅拥有知识并不意味着孩子一定会有完满的人生，社会生活中类似的案例比比皆是。第三，在知识学习的类型中，只重视书本知识，而忽视社会知识的学习。书本知识，是人类智慧的间接学习方式，应当努力掌握；然而，社会是知识的大舞台，对于人的生存和生活同样有着非常重要的功能。家庭所处的不同社会文化环境中的各种生命教育的案例都可以成为教育的有效资源。第四，在学习中，家长更关注智力因素的发展而忽视非智力因素的培养。应该说，非智力因素的培养和发展对智力因素的达成有着积极的作用，如同培养孩子的学习能力，它对于促进学生的学习成绩一样有着重要的作用。

因此，在这种环境中成长起来的大学生，在进入大学之前，学习几乎是其生活的全部内容，家庭教育中的片面性和非科学性使得众多大学生在发展中出现了不少问题。

（三）家长的爱强烈而集中

在结构简单的家庭中，父母对子女的爱强烈而集中。父母爱子女是人类的天性。一对夫妻只养育一个孩子，这个孩子自然会得到全家人，包括父母、祖父母、外祖父母以及其他家庭成员的关注和爱护。在此环境中成长起来的大学生，在家庭中享受到的爱是多子女家庭的孩子无法得到的。应该说，家庭教育中，父母对孩子关注和爱，让他们感受到被爱和生活的美好，这对他们的成长和发展都是十分有利的。

但是，这种强烈而集中的爱，如果没有拿捏好分寸，有可能变成儿童成长中的障碍。苏联教育家马卡连柯就曾经说过："家里只有一个儿童，他会变成家庭的中心。父亲和母亲的关注完全集中在这个儿童身上，往往超过了有益的范围。在这种情形下，父母的爱会突出地有某种神经质的情形。"他举例说："儿童的疾病死亡对于这样的家庭所给予的痛苦是很大的，做父母的总是感到这种不幸的威胁，使他们失掉应有的安静。"这样过分的爱会使得独生子女"成为最困难的教育对象"与"社会的危险物"，马卡连柯进而总结道，"可以肯定的说，教育独生子女或独生女比教育几个孩子困难得多"。[1] 了解了国外学者对独生子女教育的研究，再结合当前我国独生子女教育的现状，我们可以看到，在教育中，父母强烈而集中的爱容易使孩子养成许多不良习惯，甚至会助长孩子的暴力行为。对于家庭内部某些子女

1　安东·谢苗诺维奇·马卡连柯：《马卡连柯全集（第4卷）》，北京：人民教育出版社，1957：396-397。

的"暴力事件"，父母的骄纵和溺爱确实起到了"推波助澜"的作用。

在这种环境中成长起来的当代大学生，他们从儿童时代就接收了过多的来自家庭的爱，如果这种强烈而集中的爱是理智的，那么就会有益于孩子的身心发展；反之，将会有害于孩子的成长。在爱孩子的问题上，家长应该特别注意分寸的把握，在给予孩子无私的爱的同时，让他们养成正直、公正、平等、善良、热爱等人类良好的品质。

二、家庭教育功能

就生命教育而言，家庭确实具有不可或缺的作用，而家庭教育也具有它的特殊性，因为它并不是专门从事教育工作和培养人的团体，教育仅仅是它众多职能中的一种，但是家庭的多功能性使得还在成长过程中的孩子受到多方面的训练和影响，受到多方面的熏陶。此外，家庭教育的主要实施者是家长，在中国当下的家庭模式中，父母双方均要外出工作，相较于专门实施教育的学校，在孩子教育上花费的时间和精力是非常有限的。加之每个家庭家长自身素质的差异，使得家庭教育必然会受到父母的意志、经历、思想觉悟、文化素养、职业和爱好等个人因素的影响，因此，不同的家庭可能会存在不同的家庭教育目标以及不同的教育内容、方法和途径。但是，无论家庭教育相较于学校教育有多大的差异，家庭教育在生命教育过程中也有着不可比拟的优势，发挥着重要的功能。

（一）家庭为生命教育提供了广泛的基础

大学生生命教育具有丰富的理论基础和实践资源。在丰富的家庭生活中，家长可以利用生活中的各种契机对成长中的孩子进行生命教育。比如，家长可以利用各种法定节假日，让孩子了解节日来源及节日典故，让孩子在享受节日的同时增长知识。比如端午节，不仅让孩子知道有吃粽子的习俗，同时也可以将屈原怒沉汨罗江的典故告诉给孩子，让他们知道后代的节日习俗本身体现的就是对先辈的追忆和悼念之情。又如重阳节也体现了对自然生命轮回的尊重以及对生命的感恩。应该说，以家庭为单位组织的生命教育，更加有利于与传统资源结合，具有丰富多彩的形式与强烈的情感感染力，对生命教育的实施十分有利。

对于这一点，古人早就注意到了。颜之推在他的家庭教育论著《颜氏家训》中就开宗明义地指出："夫同言而信，信其所亲；同命而行，行其所服。禁童子之暴虐，则师友之戒，不如傅婢之指挥；止凡人止斗阋，则尧舜之道，不如寡妻之海瑜。"[1] 意即对于一般人而言，人们更倾向于相信感情亲近、关系密切的人所说的，在自己心中有权威的人发出的指令也会更有威信。人们在吵嘴、争斗的时候，与其讲一些圣人的大道理，不如请妻子来从中劝说。其中最主要的原因是，作为亲人，其情感有着不可估量的作用。而《颜氏家训》也从中看到了家庭对子女巨大的教育价值。

因此，家庭中的成员在对孩子进行生命教育时，可以充分利用这种特殊的亲近感，再伴随以说服教育和榜样示范，往往会大大增加教育的力量并且增强教育的效果。马克思就曾经说过："还有什么比父母心中蕴藏着的情感更为神圣呢？父母的心，是最仁慈的法官，是最贴心的朋友，是爱的太阳，它的光焰照耀着我们心灵深处的意向！"所以，家庭在孩子成长过程中的生命教育，以情感为纽带，并能灵活地运用一切机会进行适时教育，相较于以课堂教学为主的学校生命教育，更为灵活生动。

（二）家庭教育具有天然的延续性

生命教育的延续性，从大处来说是一个国家和一个民族的延续，从小处来说是一个家庭的家庭文化传承。在家庭中所接受到的教育，是通过长辈连续不断的反复训练、不断重复，逐渐强化而内化在家庭后辈心中的。因此，同社区教育和学校教育相比较，家庭教育具有教育上的天然的延续性。一个人从出生、成长到离开家庭独立，一般都处于一个比较稳定而又连续的家庭环境中，作为教育者的父母或者其他长辈，对子女的了解和熟悉程度以及对整体教育和全面教育的把握，是其他任何教育者都不能比拟的。再者，由于父母对子女天然的权威性以及子女对父母较强的依赖性，家长可以根据孩子在生命教育中的现状有针对性地进行相应的教育与训练，按照孩子的思想实际随时随地地进行教育，并循序渐进地提高要求。在这种情况下，经过反复的教育、训练、强化，可以逐步加深子女的印象，使其形成较为稳定的行为方式，有利于子女养成良好的生活和学习习惯，培养良好的品质，树立正确的生命教育观念。因此，每一个人的成长都无法离开家庭的烙印。在生命观的形成方面，家庭无疑起到了重大的作用。世人常提到的"家风、门风"等所体现出来的就是一个家庭在世代的繁衍过程中，逐步形成的较为稳定的生活作风、生活方式、传统习惯、家庭道德规范以及待人接物、为人处世之道等，是一个家庭思想意识方面的传统。家风一旦形成，不仅对当代的家庭成员具有深刻的影响，也会持续影响下一代人，世代相传，成为一种稳定的习惯势力，影响深远。

1　颜之推撰，王利器集解：《颜氏家训集解》，上海：上海古籍出版社，1980：19。

家庭中的生命教育是不间断的教育过程，因而具有长期性这一显著的特点。与学校教育相比较，家庭教育是一种终身教育，人们这一生都要接受家长特别是父母的教育和影响，这是一个持续不断的过程。在中国古代，人们就意识到了家庭教育长期而连续的优势，比如早期的《管子》《韩诗外传》《孟子》等作品就体现了这种思想，"蓬生麻中，不扶而直，白沙在涅，与之俱黑"等名言都说明了后天环境的重要性。而后形成的各类"家训"，对于家庭教育的经验都进行了理论性的描述，也充分认识到了在孩子成长中每个阶段的教育重点，这正是长期的家庭教育的优势所在。孩子长时间连续生活在自然形成的稳定环境中，耳濡目染、潜移默化，由恶变善或由善变恶，这种不知不觉发生的变化就像自然现象一样，而家长对子女的教育过程，就是一个"渐染"的过程。正如在古代罗马，国家将培养青少年一代健康成长的任务委托给家庭，要求家庭对未来的公民进行严格的训练，正是看中了家庭这个自然形成的生活环境和父母能对子女进行连续教育和训练的优势。

（三）家庭教育内容具有丰富性，方法具有灵活性

生命教育的内容原本内涵丰富，它既包括了儿童精神生命的发展，也包括了儿童自然生命的发展。家庭教育的随意性与及时性，使得家长可以利用各种灵活的方式，对儿童进行全方位的生命教育。比如，在孩子成长的初期，就可以利用亲子阅读的时间，与孩子分享各类绘本，这其中包含着丰富的生命教育内容。比如死亡教育作为生命教育的重要内容，在儿童发展早期就可以用绘本的方式进行。图画书《外公》中，用图注解死亡和生命。故事中注有文字："外公不能出去玩了""为什么外公就不能出去了呢？""请幼儿在图画中找找答案"。再加上图画中的温水袋、温度计、药品，以及外公坐在有药瓶子的桌子边的沙发上，腿上裹着毯子，神情黯然，可以推断外公自然就是生病了，不能出去了。

在《獾的礼物》中，作者对整个事件做了深刻而清晰的刻画。獾离别的信很简单，只说："我去下面的长隧道了，再见。"接着，狐狸宣布了獾死亡的消息。故事在一开头就用文字对死亡进行铺垫——"它很老了""老得无所不知"，后面用图画加文字"我去下面的长隧道了"表明獾结束了生命，以"长隧道"的方式表明"死亡"的含义："死，仅仅是我离开了自己的身体。"在《爷爷变成了幽灵》里，艾斯本的爷爷去世了。妈妈说"爷爷变成了天使"，爸爸说"爷爷变成了泥土"，可艾斯本都不相信——"人怎么可以同时在两个地方"？爷爷穿过墙壁，走进花园，走到马路上，然后就消失在黑暗里，不见了。就这样，爷爷的死，就像一个幽灵穿过黑暗消失了一样，平常得跟道别似的。

通过讲述故事的方式解释死亡，让孩子明白生命的消逝就像是小动物去的"长

隧道"、外公留下的"空沙发"以及像"幽灵"一样消失的亲人，引导和启发幼儿移情共景，体会情感。

在家庭教育中，家长可以根据不同的教育情境，选择不同的教育方法，给儿童适当的生命教育，做到收放自如。在大学生成长的过程中，父母应转变教育观念和方法，从原来的代替、包办到倾听、建议。大学阶段，孩子的独立精神和奋斗意识都在增强，但遇到困难和挫折时，他们第一时间想到的仍然是父母，因为父母是他们最亲近、最信赖的人。此时的父母若能在倾听中给出中肯的建议，就能提高大学生应对困难的能力，引导孩子及早走出困境。

尽管家庭在大学生生命教育中功能众多，意义非凡，但当前大学生的家庭生命教育却存在众多失范行为。第一，家庭生命教育缺乏对大学生自然生命的关怀。自然生命是一切生命的基础，它表现为人从出生到死亡的每一个阶段。然而现在的家庭教育中，很多父母避讳甚至忌讳谈"死亡"。但只有了解了死亡，坦然面对和接受死亡，大学生才能更加珍惜生命和热爱生命。此外，家庭中缺乏对大学生生命安全意识和生命意志的教育。在国内的教育大环境中，很多家长将精力过分集中于孩子的学业，而忽视了对孩子生命安全意识和生命意志的培养。由于独生子女政策，家庭中对日常生命安全意识的教育是非常出色的，大学生更加缺乏的是应对突发事件的知识和能力以及对待生命的合理态度。生命意志力的缺乏也是引发众多大学生生命悲剧的重要原因。父母应该在教育中增强孩子承受挫折的能力，摆事实，讲道理，让孩子学会善待生命。要让他们明白成长中的每一个人都可能遇到不同的情况，人的成长需要体验人生百味，任何经历都是财富。第二，家庭中缺乏对大学生社会性生命的关怀。对于即将走出学校、进入社会的大学生而言，家庭教育是社会教育的准备阶段，因此家庭教育应该突破自身的局限，用社会的要求来教育孩子，让他们更好地适应社会要求，更好地进行社会角色转变。但是，在一些家庭中，父母对孩子的社会性关怀缺失。一方面，家庭缺乏集体意识教育。作为社会的个体，大学生属于不同的组织和群体，如果沿袭成长中的个人中心主义，那必然很难处理与集体、与同事之间的社会关系，反之，不良的群体关系也会遏制大学生的发展。另一方面，家庭教育中缺乏尊重意识教育和诚信意识教育。尊重和爱是马斯洛需要层次理论中的一个重要组成部分，每一个个体都有需要。而受他人尊重的前提是自尊和尊重他人。因此，在家庭教育中，家庭成员应该养成彼此尊重的习惯。此外，家庭中的诚信教育也非常重要，因为一个不诚信的人虽然短时间内可能得利，但从长远来说，是不可能获得良好发展的。事实上，大学生的众多不诚信行为都受其家庭因素的影响。诚信意识、法律意识教育的基础都源于家庭教育，只有家庭教育重视这些内容，大学生才能将它们内化为一种自我要求，更好地融入社会。第三，家庭对大学生精神生命教育的缺失。精神性生命是对个体自然性生命和社会性生命的超越，大学生的精神性生命表现为大学生的信念、理想、审美、民族责任感和荣誉感等。当前大学生普遍表现出精神性生命的缺失，家庭教育的缺失是造成这种现象的重要原因。一方面，家庭缺乏理想生命教育。生活的理想是为了理想的生活，大学生是未来社会的栋梁，承担着建设国家的重任，他们应该明白自身的责任和使命感。但功利主义盛行的今天，父母对子女的教育却也仅仅是关心衣食住行，鲜少涉及为社会、为国家做贡献。另一方面，家庭缺乏信仰教育。甚至有的家长采用迷信的手段来处理问题，这些都影响了大学生的信仰。

三、利用家庭教育进行大学生生命教育

既然家庭教育有着其他教育类型不可取代的优势，而且每个人接受的教育都与家庭息息相关。因此，生命教育本土化的过程中，家庭教育必然是一个重要的环节，要更新家长的教育观念，尤其是生命教育理念，注重良好家庭氛围的营造，长辈言传身教，孩子在潜移默化中接受教育，使家庭教育成为其他类型教育的有益补充。

（一）对不同环境类型的家庭进行适时的引导

尽管当代大学生的家庭结构相对比较单一，但是由于受到各种因素的影响，家庭生命教育环境依然表现出多元化的特点。划分家庭教育环境的标准很多，家庭的经济状况、家庭环境的和谐程度、家庭成员的特点以及与外部的关系等，都可以成为当代大学生不同家庭类型的划分标准。而在这其中，对家庭生命教育环境影响最大的因素应该是家庭的经济状况和家庭的和谐因素。以和谐为标准，我们将大学生的家庭生命教育环境划分为和谐的家庭生命教育环境，偏激或情绪化的家庭生命教育环境。以家庭经济状况为标准，又可以分为贫寒和富裕家庭的生命教育环境。不同的家庭情绪与心理特征，给家庭环境下处于成长阶段的个体带来完全不同的影响。把家庭看成单一组织或个体，其情绪和心理从来不是一成不变的，这种变化对大学生家庭教育环境的影响至关重要。和谐稳定的家庭氛围，将有助于塑造健康的个性成长环境，对生命个体的性格塑造起到完善和助推作用。情绪化或偏激情绪居情绪主流的家庭，对家庭中成长个体的影响将是负面的，也会给后期大学生生命教育环境的构建带来挑战。[1]

针对不同类型的家庭生命教育环境，应该采用不同的教育方式。在民主型的家

1　廖桂芳、徐园媛：《生命与使命——大学生生命教育创新模式构建》，成都：电子科技大学出版社，2012：270。

庭中，主要是塑造良好的家庭氛围；而对贫寒家庭中成长起来的大学生应该将其身上的优良品质加以发扬，针对该群体中大学生可能出现的自卑心理要及时进行干预和指导；针对经济条件较好家庭中成长的大学生，家长更应该从小树立孩子正确的人生观与消费观。

家庭生命教育环境的作用和影响，不仅仅体现在心理、经济条件等方面，家庭中父母言行影响、邻居交流影响、家庭生活观念影响等，都会对家庭生命教育环境形成影响合力，应积极引导家庭教育环境向着积极和谐的方向发展，为未来大学生、社会精英树立良好的初期生命教育环境。

（二）构建和谐家庭环境，树立良好的家长形象

和谐的家庭环境是良好教育的基础。和谐的环境有利于家庭成员之间进行民主化的沟通，据相关调查显示，在和谐家庭环境中成长起来的大学生，在进入校园后能够更快地融入大学生生活环境。家庭生活已经潜移默化地影响了大学生对生命教育的理解水平和层次。此外，健康、积极向上的家长形象也是塑造良好家庭教育环境的重要因素。

当代大学生家长大多数是"60后""70后"，文化素质相对较高，较少具有传统大家长的专制作风，较易建立和谐民主的家庭关系，同时塑造健康、积极向上的家长形象。一旦良好的家长形象与和谐的家庭环境得以建立，良好的家庭生命教育环境随之得以初步构建。家庭生命教育环境的预期目标，是确立准大学生珍视自我与他人生命的感性认知，使之在面对困境时可以拥有较佳的生存韧性，不致脆弱到不堪一击。生存韧性是形成大学生生命韧性的必要前提，拥有韧性意识的生命观才是最坚强的生命价值观。

家长应该用其健康的形象与人格魅力，对正在成长中的子女予以正面引导。在教育中，子女一旦认同教育者后，往往会与教育者表现出趋同性。积极健康的家长形象拥有多种个性层面的展现方式，可以让大学生在将来融入大学生命教育环境时，拥有多元表达途径。积极健康的家长形象，无论是沉稳类型还是诙谐幽默类型，都会对步入大学校园前的准大学生产生正面影响。积极健康的家长形象最核心的作用是帮助大学生在步入大学前树立生存与生命韧性意识，无论他们拥有哪种个性展现方式，都可以尽快融入大学生生命教育环境，取得价值认同，同时保持各自的人格魅力。

在家庭生命教育环境中，民主平等的家长形象是达成施教主体与施教客体间和谐沟通的桥梁。只有民主平等的家长形象，才能对大学生的生命关爱认知产生有效影响。大学生中有叛逆性格的较多。这种叛逆性格使他们不轻易接受未经识别的生

命认识观念，即使内心渴望得到关爱，也愿意形成关爱生命的意识，却无法说服自己去接纳强加给自己的生命关爱理念。

促进形成大学生关爱生命意识，亟待构建民主平等的家长形象。特别是面对那些具有明显叛逆心态与叛逆性格的大学生，更需要家庭成员间建立融洽的多样化生命关爱意识与教育方式。民主平等的家长形象易引导大学生形成自然的关爱生命意识，为大学生生命教育环境在校园条件下的构建打下良好基础。

（三）以家庭宽容与理解促成积极的生命价值观

大学生积极的生命价值观的形成，需要得到包括家庭、校园、社会等在内的多方面宽容与理解。当前社会中的唯经济论家庭教育价值观存在诸多弊端，易导致由于家庭经济条件较差形成的自卑心理和家庭经济条件较好形成的自负心理，这两种消极情绪的产生根源皆是当前唯经济论的社会价值评价基础。不同家庭经济条件形成的原因众多，贫寒与富裕多由不同地域、不同产业布局等多种客观条件形成，某些唯经济论"英雄"的观点具有价值评判极端化倾向。这种评判基础所形成的家庭价值教育环境，将会培养出狭隘的拜金主义者，容易出现社会群体性的生命价值冷漠态势，需要得到特别纠正。

第二节　构建高校生命教育环境

高校生命教育环境对大学生的生命教育观念、价值取向和行为方式等起着潜移默化的影响，具有重要的育人功能。高校生命教育环境是教师、学生和管理者共同构建的结果，是高校校园文化的重要组成部分。而高校的校园文化是大学区别于其他社会组织的重要象征，是一所大学赖以生存和发展的重要根基和不竭动力，是大学的精神和灵魂。因此，高度重视高校校园文化的育人功能，努力构建和谐良好的生命教育环境，是实现高校生命教育的重要途径。

当前的一些相关调查显示，我国大学生的文化选择和价值取向，从整体上来看呈现多元化的发展趋势。从个体来看，尽管17岁至23岁的大学生属于成人，但因其生活经历相对简单，部分学生尚未形成稳定的人生价值观，对待某一些问题表现出多变、偏执等各种不稳定的状态。处于准成人化阶段的大学生往往因为生活阅历不深、实践经验匮乏，缺乏对人的自然性、社会性、理性等的成熟认识，尚未形成正确世界观和人生观，因此，大学生漠视或残害生命的事件偶有发生。在一些恶性事件发生后，人们对大学教育、对大学生的质疑越来越强烈。这些极端案例中的大学生是在高考竞争中优胜的孩子，为什么进入大学校园后在面对人际压力、学业压力时会选择杀人或自杀？分析其原因，固然有一些社会方面的因素及大学生的个人因素，但是在他们的成长中，缺乏生命教育确是不容忽视的事实。当世界各国对中国学生在2012年经济合作组织举办的PISA测试中取得的好成绩给予欣赏和赞扬时，21世纪教育研究院对该成绩的解读却是："中国学生几乎把全部精力用到了学习上，甚至不惜付出缺乏睡眠、体质下降的代价，以获得分数竞争的优势，而欧盟学生只把25%~40%的时间用到学习上，有大量自由生长的时间，做自己感兴趣的事，投入锻炼当中。""我国教育除知识教育能拿得出手之外，其他的教育欠债太多。如果只关注知识教育，而不重视人格教育、心理教育、生活教育，这样的教育很难让公众满意。"[1] 很明显，这里是指教育的整体缺失是导致大学生漠视生命的重要原因。

此外，从家庭教育到学校教育，我们进行道德教育的时候，往往注重培养的是孩子的爱国爱党、见义勇为、乐于助人等传统优秀道德品质，而对于生命教育中如珍爱生命、热爱生命、敬畏生命等相关内容涉及较少。很多大学生是在被赞扬、被保护的温床中成长的，一旦进入大学，在独立面对各类事件时，总是以自我为中心思考问题，遇到挫折时极少数学生便以极端的方式去解决。

教育的本质是培养真正的"人"，而不仅仅是传授知识和技能。在国外教育中，公民教育是其重要的内容。所谓公民教育，包含以下八个内容，即公民自我教育的能力、公民对家庭的责任、公民对民主价值的追求、公民参政议政的意识、公民处理经济生活的能力、公民对社会统一与多样性的适应、成熟公民社会的形成以及环境保护等能力和意识的培养。换言之，上述八种价值观的培养已形成了各国公民教育的核心内容。公民教育反映了世界教育发展的一大趋势，对我国的高等教育发展具有重要的启示。在高等教育中，为了培养大学生完满的人格，我们应当呼吁重视生命教育的内容，以弥补在中学教育阶段过分注重知识与技能的不足，强调在大学教育中专业性和人文性并行的教育理念。重视生命教育，并通过生命教育引导大学生欣赏生命，感觉到生命的存在与价值，意识到生命的尊严与意义，这样才能在保证自然生命和精神生命健康的基础上，发挥人才的价值，在提升个体生命价值和生命质量的同时，让人才未来能为社会主义建设做贡献。此外，我们呼吁重视生命教育，也是为了弥补现行教育制度中重知识轻人文的不足，强调在大学四年中通过生命教育使大学生认识生命，引导大学生欣赏生命。只有让大学生感觉到生命的存在和意识到生命存在的尊严和意义，才能最大限度地挖掘他们自身的潜能，充分发挥大学生的积极性和主动性，充分展示大学生的个性，最终提高大学生个体的生

1　杨东平：《PISA上海第一的思考》，载《河北教育》，2014（2）：48。

命价值和生命质量。从这个意义上来讲，在大学生生命教育的进程中，构建良好的校园环境对大学生的人格塑造和人生发展有着举足轻重的作用。

而生命教育环境是围绕在大学生生活学习过程中的众多环境类型之一，我们可以从文化环境、心理辅导环境、生命教育环境三个方面进行有效把握。大学生文化环境的构建是其中最重要的一个环节，是与大学生在校园环境中的存在价值和追求目标相一致的。

一、大学生生命教育的文化环境构建

文化环境又称"文化内环境"，是一个文化生态学概念，指相互交往的文化群体凭以从事文化创造、文化传播及其他文化活动的背景和条件。各民族所赖以生存、活动的特殊文化土壤，决定了不同的民族文化形态及其独具个性的文化特征。大学的文化环境作为一种文化形态，是伴随着学校的出现而产生的。换言之，校园文化环境作为一种客观实在，无论人们是否意识到它的存在，在学校出现时，它便作为一种独特的文化形态产生并且存在于"文化世界"中了。不同类型的学校教育文化不同。从教育学研究的角度来看，一般说来，校园文化的产生必须具备三个基本条件——群体、共同的文化意识和物质载体。而大学生生命教育的文化环境构建是大学生生命教育环境构建的理论基础，为大学生树立正确的生命价值观形成理论指导框架。在大学教育理念导向下，在特定的大学教育活动中所形的成具有个性化的校园文化底蕴，是一所大学学习与传授知识氛围中日积月累的文化沉淀。构建大学生生命教育的文化环境，就是以这一文化沉淀为基础。下面从高校管理文化、活动文化、教师文化素质和网络论坛文化几个方面，探讨大学生生命教育的文化环境的构建。

（一）树立"以人为本"的校园文化管理理念

现代大学有三大支柱——人才培养、科学研究、社会服务。大学的管理是围绕大学的使命而展开的。高校文化是学校的生命与灵魂，是贯穿学校发展的命脉，是学校历史与现实的集中呈现，是学校社会形象的阐释，它对学校发展具有价值引导、观念整合、情感激励、制度规范、行为矫正等作用。无论是中山大学的"把中华民族从根救起来，把世界文化迎头赶上去"，还是鲁迅先生为北大设计的校徽中体现的"以人为本"的理念，皆表明大学因大师而大，更因大学生而大。教师就是要甘为人梯，学生站在巨人的肩膀上，就是要青出于蓝胜于蓝。北京大学前任校长许智宏说，真正的"大"学，学术之大，责任之大，精神之大，尽在其中。因此，在现代教学办学中，一定要坚持"以人为本"的理念，而在大学校园文化管理理念中，"以人为本"更容易成为大学生行为方式的指南针。"以人为本"的校园管理文化更具亲和力，步入大学校园的大学生更容易对大学校园中"以人为本"的管理方式产生价值认同和心理接受上的共鸣。

"以人为本"的管理文化，可以帮助管理者与管理对象之间建立平等互信的沟通。大学校园中最主要的管理对象就是大学生，而大学生在校园中往往具有双重身份。一方面，他们代表一种向上的阶层，也是社会文化阶层中先进文化的代表者，同时因为校园有大量大学生自发组织的协会，因此，他们还兼任了管理者的角色。管理者与被管理者的双重身份，使得大学生对校园文化的洞察力更加敏锐。一种有着历史沉淀的校园管理文化更应当将"以人为本"的理念贯彻执行下去，使大学校园管理文化呈现以"人性化"为重心的和谐局面。另一方面，"以人为本"的校园文化环境对生命教育环境的形成更加有利。因为，合理的管理文化环境能够让大学生充分了解校园文化环境的特点和功能，同时兼做管理主体时，能够配合校园文化环境做好社团的管理工作。和谐互动的氛围，使得大学生在管理认知上达到一种平衡，在无形中也营造出管理主客体之间的融洽氛围，构建良好的生命教育外部环境。在高校生命教育的过程中，要提升生命的独特性和超越性，教育者就必须让学生明白，无论我们身处何地，人与人、人与社会、人与自然之间是彼此依存、双向互动的关系。因此，在管理中我们要学会关怀、包容、尊重他人，以创造良好的人际互动，并在现实的社会中学会独立判断与思考的能力，从而构建更宏伟的生命价值认知体系。

（二）开展高质量的生命教育活动

开展高质量的生命教育活动，是大学校园塑造良好教育氛围的重要途径。一方面，大学生在参与和体验中感受到了生命教育的价值，另一方面，高质量的、多样化的活动形式也是高校生命教育补充课程的重要形式。然而，当前众多高校的生命教育活动却不尽如人意。一些学校为了应付检查，硬性要求学生参加一些只注重形式而无实际内容的活动；一些毫无文化意蕴的生命教育活动，浪费了经费，收效甚微，无意义占用了大学生的学习时间。

在高校开展的生命教育活动，必须是高质量的，并且应该蕴含着丰富的文化表现形式。高质量的生命教育活动有其突出的表现：第一，活动内容体现出与教育目标的一致性。大学生处于人生发展的重要阶段，在成长的过程中遇到的困难和矛盾，产生的冲突和困扰，不仅受到社会政治、文化、思想、道德、行为习惯等方面的影响，而且往往还伴随着心理方面的问题。这些矛盾和困扰他们的问题并不是孤立存在的，而是多因素混杂的结果。因此，想要帮助大学生解决这些矛盾和问题，加强和改进大学生思想教育工作，就要在理想信念、思想品德、行为养成、心理健康等各个层面全面展开，使思想政治教育与心理健康教育相互补充、相互促进，只有将两者紧密地结合起来，才能真正收到教育的效果。[1] 大学生生命教育活动内容在此原则的筛选下，应该体现出"成人"与塑造学生完满个人的目标一致性。第二，活动的主题应该新颖且具有吸引力。活动主题的选择要与大学生的生活息息相关，比如青年期的爱情教育、死亡教育、挫折教育以及应对突发事件等与大学生生活学习密切相关的主题。越是有体验感和认同感，就越能激发大学生参与生命教育活动的热情。有些高校开展的"恋爱与生命叩问"主题的活动，将进入青年初期的大学生对美好爱情的憧憬以及求而不得的困扰以情景剧的方式呈现出来，对大学生树立正确的爱情观和人生观有所帮助，也能引发学生对爱情与人生、爱情与生命等深层次问题的讨论与思考，从而促使参与此类活动的大学生形成更为理性而深刻的爱情观和生命观。高质量的与学生生活密切相关的活动，能以寓教于乐的方式达成教育的最终目标。

此外，开展形式多样、高质量的校园生命教育活动，本身是对大学生学业学习的补充，而具有丰富文化底蕴的生命教育活动，有助于高校清晰地传达生命教育理念，将珍爱生命的主题更多样化地表现出来。如通过现代多媒体技术让学生了解人体内部构造，在生物层面了解生命的产生和成长过程，从而让学生更好地善待自己和他人的生命；通过各类社团组织活动，让学生与同学加强交流，培养他们富有爱心、宽容、豁达的美好品质；通过欣赏音乐、美术、舞蹈等感受艺术生命对于人自然生命的提升，去了解各种生命表现形式的美，从而进一步加强对现实生命的尊重与热爱。

（三）完善大学生生命教育的网络文化论坛环境

随着时代的发展和互联网的普及，网络时代已经来临，手机、博客、数字电视等新媒体的传播内容、传播形式以及对社会的影响，都已经远远超越了传统媒体。而网络终端设备已经成了大学生生活的有机组成部分，并完全渗透到了他们的日常生活、娱乐、学习中。日益便捷的网络正改变着大学生的认知方式，并逐渐形成了一种网络文化，对当代大学生产生越来越巨大的影响，成为一种新的文化现象。有学者不无夸张地说："网络文化是继语言文化产生与形成，活字印刷发明以后，人类文化发展经历的第四个里程碑。"网络文化的内容和形式都完全有异于传统文化，对传统文化造成了巨大的冲击，并以黄河之水滔滔不绝之势冲击着当前社会文

1　单春晓：《心理健康教育与加强思想政治工作相结合》，载《中国教育报》，2013-10-20，（12）。

化。就接受群体而言，正处于成年初期的大学生一方面对新鲜事物具有超乎寻常的接受能力，另一方面，由于生活阅历和人生经验的欠缺，鱼龙混杂、各执一词的网络信息也会混淆他们的视听。因此，关注网络动态，了解网络文化发展趋势，构建良好的网络文化论坛是营造高校生命教育环境的重要环节。

应该说，在网络时代，网络文化论坛开拓了高校生命教育的交流空间，网络文化论坛环境是构建大学生生命教育环境的重要组成部分。网络成了生命教育活动表演的又一个舞台。以互联网为代表的信息工具深入生活，容易改变大学生的思想和行为，高校要构建以助人自助、互助成长为宗旨，以网络为载体，以服务为中心，以参与式为基础的网络信息交流平台。在这个信息平台中，"人人都是新闻人，人人都是麦克风"。大学生对社会意识和文化变革反应最为敏捷，同时他们在接受了各种新思想、新观念之后，会通过自己去影响他人而发挥"麦克风"的作用。正因如此，网络在大学校园的普及程度空前提高，各个大学皆有独具特色的网络交流平台。而网络平台有其两面性。一方面我们可以通过网络交流平台引导积极的人生态度在网络论坛中生根发芽，但是另一方面网络平台快速的信息传播会导致信息泛滥，夹杂大量留言，容易形成社会舆论场，负面影响很难消除，而且往往会被非理性因素影响，成为影响高校稳定的重要力量。因此，高校在建立生命教育文化环境时，必须利用好这一重要的交流平台，宣传积极的生命教育理念，用生动、感人的案例传播正能量。要坚持预防与干预相结合的方针，以发展预防性教育为主，自助、互助相结合，形成成熟的生命教育网络互动互补模式，营造良好的网络生命教育文化氛围。

当然，网络文化论坛是学生自由表达观念的平台，如果完全被校方把控，就会失去其应有的功效。因此，构建网络文化环境时我们应该把握"外松内紧"的基本原则。所谓的"外松内紧"，指的是由宽泛自由的论坛表达方式与谨小慎微的网络文化动向监管方式共同构建的网络论坛模式。外在相对宽松的环境使得大学生可以对各类问题和现象各抒己见，提出疑问，寻求答案；而内部监管相对严格，对大学生言论加以引导和疏通，使网络文化主题永葆积极鲜明的特点，使网络论坛上生命价值观始终朝着积极向上的目标发展。

二、大学生生命教育的心理环境构建

大学生生命教育问题并不是孤立存在的个体，往往与社会文化、心理健康等问题交织在一起，其中以大学生的心理问题为甚。教育部在2001年颁布的《教育部关于加强普通高等学校大学生心理健康工作的意见》中就曾指出，加强心理健康教育是高校德育工作的重点。《中国普通高等学校德育大纲（试行）》明确提出，要把心理健康教育作为高等学校德育的重要组成部分，大学生应具备良好的个性心理品质和自尊、自爱、自律、自强的优良品格，具有较强的心理调适能力。加强大学生心理健康教育工作是新形势下全面贯彻党的教育方针、实施素质教育的重要举措，是促进大学生全面发展的重要途径和手段，是高等学校德育工作的重要组成部分。因此，了解大学生的心理发展特点，建构良好的高校生命教育的心理环境，是从其他层面配合生命教育的重要途径。建立良好的心理环境，首先要对在校大学生的心理发展特点有清晰的认识。在大学几年中，学生的心理发展变化呈现出阶段性特点。一般大一时期是转变和适应期；大二和大三时期，学生逐渐适应并熟悉了大学生活，开始安排和规划自己的生活，进入稳步发展期；大四时期，学生已经开始为离校做准备，开始找工作、考公务员或者考研，进入毕业准备期。大学一年级的学生处在人生的第二个"断乳期"，由于对大学生活不了解而迷茫和困惑，产生专业学习的问题、人际交往的问题等，往往会出现情绪不稳定。大二和大三阶段是大学的稳定期，大学生已经熟悉了校园环境，适应了大学的学习和生活方式，开始稳步发展自己的各方面能力。在这一时期，最容易出现的心理问题主要出现在人际交往、学业困难、恋爱和情绪管理等方面。而大四阶段是大学生心理定型。这一阶段大学生面临的压力较大，处于人生的转折期，是大学生活向职业生活转变的阶段。大学生的自我认知受到家庭、学校和社会环境的多重交互影响，使他们对自身能力和就业环境做出不同的评价。毕业生容易出现的心理问题为自负心理、自卑心理，以及表现最为突出的由于理想与现实之间的矛盾而引起的问题。心理健康问题往往是导致大学生轻贱生命的重要因素，由于高校管理者应有针对性、分阶段性地对大学生进行心理疏导，预防侵害生命的行为。

（一）高校生命教育心理辅导环境建设

心理辅导环境建设有固定组织形式和师资队伍，是大学生生命教育环境构建的关键组成部分。据调查，大学生的生命危机很多与其本人的心理障碍有着重要的关系，而高校的心理辅导具有针对性和可操作性的特征，心理辅导本身对大学生的生命价值观的树立具有重要的指导意义。因此，高校构建以指导管理型心理环境——校（院系）心理之家，以互助管理型的心理环境——以团支部和宿舍等为基本单位相结合的心理辅导环境，可为大学生生命教育环境搭建完善的心理辅导环境平台。

加强指导管理型心理环境——校（院系）心理之家的建设。校（院系）心理之家辅导环境的建设主要以指导管理为主，重点针对大学生中广泛存在的心理问题进行群体性辅导。学院可以及时组织开展各种讲座，建立心理健康档案，对在学生群体中出现的心理危机进行有效的预防和干预。比如，对刚进入大学校园的新生进行适应性指导，让他们顺利度过心理障碍期，适应大学的学习特点和生活方式。再如校（院系）心理之家的考前心理辅导，让大学生从心理上对考试有积极正确的认知态度。尤其要对部分前期知识积累不到位、后期考前准备不充分的考生进行有针对性的考前心理辅导，帮助他们从更深远的意义上把握考试本身，树立正确的考试心理，对"学习欠账"现象有正确的认识，从而顺利度过考试阶段心理动荡期，并在以后的学习上有出色表现。实践证明，校（院系）心理之家对突发事件的善后心理辅导工作具有显著效果。以内江师范学院为例，在"5·12"汶川大地震和雅安地震发生后，内江师范学院的"大学生心理辅导中心"重点针对地震灾区学生进行了卓有成效的心理干预辅导工作，通过前期心理辅导和后期心理跟踪，使灾区学生顺利度过心理波动期，很快进入正常课业学习阶段，心理辅导效果明显。

建立以团支部和宿舍等为基本单位的互助性心理辅导环境，这种互助型的管理环境有助于预防心理个案的发生。宿舍是心理辅导在高校的最小单位，因同学朝夕相处、相互了解、情感深厚而有着其他辅导形式不可替代的优势。朝夕相处，能够及早发现某些心理问题，并且通过同学之间互相帮扶，避免出现一些极端的恶性事件。应该说，这种以宿舍和团支部为单位的心理辅导环境无疑对指导性的院系心理辅导之家起到了有力的弥补作用。开展以团支部和宿舍为单位的互助管理环境建设工作，也为大学生之间积极有效的沟通和交流提供了良好的途径。每一个大学生都会对宿舍的"卧谈会"记忆深刻，这是大学生活中一种自发的宿舍交流途径。通过了解大学生互助管理环境需求，有针对性地组织专题讲座，开设心理辅导课程，宣传相关知识，优化互助管理环境，动态地理解时代发展、人际关系，让大学生在不断消除心理障碍中超越自我、走向成熟。团支部讨论活动应协助大学生自由互助，将个别大学生的敏感行为或敏感事件，向学校报告，做到及时介入和干预，可避免极端事件的发生。[1]

在高校，通过以院系指导性的心理辅导之家与以宿舍和团支部互助性管理为主的心理辅导相结合的方式，我们可以对学生群体中普遍存在的心理问题进行群体性指导，同时也可以依托大学生自身和所在的小团体进行个体心理的预防和干预，有效达成高校生命教育中实现学生心理健康的目标。

（二）突破传统手段，提倡多种心理辅导手段相结合

无论是指导性的院系心理之家，还是以宿舍和团支部为主的心理辅导，以面对面交流和分享这种传统心理咨询方式，确实解决了部分学生的群体困惑和个人问

1 廖桂芳、徐园媛：《生命与使命——大学生生命教育创新模式构建》，成都：电子科技大学出版社，2012：280。

题。然而，这种方式的实效性往往会受到时空限制或是因教育主体单一、学生面对面难以启齿等问题而大打折扣。因此，如何突破传统心理健康教育的局限，尽力打通学生心理咨询渠道，成了高校在探索心理健康实施手段时的重要考量。各大高校经过多年的实践探索，寻找到了一条将传统心理辅导手段与大学生心理自助互助网络支持系统相结合的方式。这种方式突破了传统心理健康教育主体单一、时空限制较大的瓶颈，形成了以体验互助为主要特征的新的心理辅导模式。所谓的心理自助互助网络支持系统是在互联网时代背景下，根据大学生接受心理的多变性和选择性的增强而进行的心理健康教育的手段。

各大高校在实施心理自助互助网络模式时，基本涵盖了以下内容。第一，开设网络心理健康课程。利用媒体的特点，在网上建立大学生心理健康教育知识系统，开设心理学方面的课程。利用网络的优势，在线普及心理健康知识，并通过举办网络专题讲座，将文本、声音、视频案例、动画等多种方式相结合，向学生普及健康知识，介绍调适方法，充分发挥学生自我心理调适的优势。第二，开展网上心理咨询。部分大学生对心理咨询的认识仍然存在一定的偏差，网上心理咨询正好打消了大学生对面对面咨询感到尴尬的顾虑，并能通过网络这一相对隐蔽的环境在线求助于专家和老师，以获得心理上的辅导和支持。第三，建立网络心理测验系统，开展网络心理测验。与传统心理测验耗时长、难以统计等弊端相比，网络心理测验以科学性和趣味性相结合的方式，全面了解大学生心理健康状况，建立大学生心理健康档案。当前的大学网络心理测验根据被试的特点，至少包括人格、交往、学习、挫折等方面的内容，让学生在轻松的氛围中进行测试，以达到正确反映学生心理健康状态的目的。第四，网络心理论坛和互助。高校可以利用校园BBS等网络平台，对当前社会和高校中的典型案例进行讨论，建立使个性与人格得到健全发展的良好氛围，同时邀请有关专家学者参与讨论，并对大学生心理问题进行积极引导。同时，学校应充分利用计算机网络的交互性，建立专门的校园网虚拟社区，作为老师、学生与家长进行相互交流的场所。虚拟社区可通过不同的论坛，将教师与学生、家长有机地联系在一起，针对某一个求助者的心理问题共同探讨解决方法，以教师、同伴、家长支持的方式进行，既可以使求助者获得支持和帮助，同时也使得其他学生通过思考与讨论获得问题的解决方式。这种讨论较为自由、宽松，不受时间和地点的限制，教师、学生、家长都可以随时上网对论坛中其他学生的心理问题或观点发表自己的意见。这样，不仅提高了学生参与心理教育的热情，也使一些学生在活动中对自身、对社会有了更多的认识，其效果是常规心理交流无法达到的。[1]

高校将传统心理健康教育和构建网络心理辅导、心理咨询等形式相结合，开展形式多样、内容丰富的心理教育活动，构建心理健康良好的环境，帮助学生排除心理隔阂、褊狭、猜疑、孤独等障碍，重视学生的每一个"求救信号"，尽可能地满足每一个学生的沟通要求，争取危机处理和干预的时间，采取有效的措施，帮助学生尽早摆脱危机，走出阴影，回到正常的心理轨道上来。这种心理环境的构建本身也为高校生命教育的心理环境建设提供了有力的支撑。

三、从校园到社会的生命教育过渡环境建设

从家庭教育中形成的生命教育理念雏形，到大学教育阶段生命教育环境的成长与完善，大学生的生命价值观经历了一个在时间维度上逐渐走向成熟的变迁过程。在这一系列的过渡环境中，他们的生命价值观念日益由感性认识走向理性认识，最后他们能够走向社会，完成社会化进程，在社会环境中得以锤炼和提高，成为一个真正的社会人。在这个漫长的人生历程中，大学阶段是大学生走向社会的最后一个阶段。正如杜威先生提倡的"学校即社会"，并指出学校应该"成为一个小型的社会，一个雏形的社会"，我们要"使得每个学校都成为一种雏形的社会生活，以反映大社会生活的各种类型的作业进行活动……当学校能在这样一个小社会里引导和训练儿童成为社会的成员，用服务的精神熏陶他，并授予有效的自我指导的工具，我们将有一个有价值的、可爱的、和谐的大社会的最深切而最好的保证"。[2] 大学作为社会的一个缩影，能让学生看到社会的需要和价值趋向。一方面，大学本身就是一种社会生活，具有社会生活的全部含义；另一方面，在校内的学习和校外生活之间应当建立联系。

美籍犹太教哲学家赫舍尔在其哲学书籍《人是谁》中特别强调，"探索有意义的存在是实存的核心"[3]。因此，从校园环境到社会环境的过渡本身也是一个意义探索的过程。学校提供给学生社会的环境和氛围，而这种环境对于大学生而言是一个崭新的生命过渡环节。较之于大学以求知为主要目的，以和谐的师生和同学关系为主要内容，社会环境中涉及的人际关系更加复杂。在理想面前，现实性的因素对青年人的压力更为明显，因此，他们对生活、生存价值的追求容易变得更加切实和

1　邹炳泉：《基于网络环境的中学生心理健康教育策略研究》，山东师范大学硕士论文，2008：25。

2　杜威著，赵祥麟、王承绪编译：《杜威教育论著选》，上海：华东师范大学出版社，1981：320。

3　赫舍尔著，隗仁莲译：《人是谁》，贵阳：贵州人民出版社，1995：52。

功利。

与非大学校园出身的同龄人相比，接受大学教育，完成大学时期的学识积累，无疑可以成为大学生步入社会初期找到良好工作的契机，大多数人会有更好的工作机会和更为舒适的工作环境。因此，大学生从校园环境到社会环境过渡中的生命教育环境构建，须以理想信念追求与现实之间的冲突为切入点。大学生从校园到社会的过渡环境，本身存在时间较短，对大学生生命价值认知水平要求较高，大学生及早确立经得起社会环境考验的生命价值观，才能更好地适应社会需要，顺利通过校园到社会环境的过渡进程，迎接来自社会条件下新的生命环境挑战。

在这短暂的生命教育过渡环境中，大学生在四年的学校教育中，结合家庭教育和社会教育，获得必备的生命观念和心理适应的准备。从大学生长期发展中的生命教育环境构建角度考虑，在过渡环境来临前，建立大学生"类社会生命教育环境"是一项有的放矢的举措。"类社会"就是要关注社会的整体性与和谐性，真正实现生命在社会环境中自由而全面的发展。"类社会生命教育环境"是在大学校园实现的对社会生命教育环境的模拟，旨在提高大学生社会环境适应能力，塑造完善的生命价值观。大学生最终将以社会环境为延续，"类社会生命教育环境"的建立，可使来自不同家庭的大学生在"类社会环境"中得到锻炼和提高，让他们走出校园后能很快融入社会环境。[1]

第三节　建设生命教育的社会环境

社会是共同生活的人通过各种社会关系联合起来的集合，它是一个有系统、有文化的组织，生产活动是其基础，并且有一套自我调节的机制。而社会教育的内涵有以下几点：其一，"社会教育是以公共生活为基础的教育活动形式"；其二，"社会教育是以社会作为教育主体实施的教育"；其三，"社会教育是一种有目的、有计划、有组织的教育实践"；其四，"社会教育是一种注重教育潜移默化功效的教育活动"。[2]大学作为社会化进程中的一个渐趋成熟的环节，除了受到来自家庭、学校生命环境的影响，同时也受到了社会环境和社会教育的影响。国际形势的复杂多变以及国内经济社会转型时期面临的众多社会问题——生活方式多样化，就业形势日益严峻等——使得大学生在就业环境中面临着巨大的压力。良好的社会

1　廖桂芳、徐园媛：《生命与使命：大学生生命教育创新模式构建》，成都：电子科技大学出版社，2012：284。

2　龚超、尚鹤睿：《社会教育概念探微》，载《浙江社会科学》，2010（3）：80-85。

教育有利于学生缓解压力、陶冶情操、满足需求，促进大学生的全面发展。从广义的角度来说，家庭和学校作为社会的一个组成部分，是社会环境的特定阶段，家庭生命教育环境和学校教育环境不可能完全摆脱社会环境而独立存在。社会是一个大系统，是多种因素相互作用的一个有机整体，社会环境必然会以显性或隐性的方式和渠道影响着大学生。因此，发挥社会教育功能的积极作用，合理地利用社会政治、文化、经济环境中的积极因素，增强民族凝聚力和集体主义意识，坚持正确的舆论导向，创造良好的社会氛围，传递社会正能量，建立多层次的和谐社会体系，为大学生的成长提供良好的社会环境，这些都有利于大学生的生命教育。

一、社会生命环境对大学生生命教育的价值

随着社会的发展，人类文明程度的逐渐提高，人们对生命的可贵性和独特性的认识越来越深刻，相当大一部分人从过分关注外部世界对人的影响转向以整体、现实的眼光关怀生命本真。政府和社会机构利用各种途径和形势开展了大量诸如珍爱生命、远离毒品、感恩活动以及心系新生命——种子工程等活动，这些都为构建大学生生命教育的良好社会环境打下了坚实的基础。正是因为社会环境覆盖面广、信息丰富、包容量大、适应性强等特点，中国才能在建设和谐社会、共筑中国梦的过程中，在全社会范围内惩恶扬善，启迪民智，匡正陋劣，扶持正气。应该说社会生命环境对于大学生生命教育具有重要的作用。

（一）良好的社会生命环境可以广泛唤起全社会对个体生命的关注

高校生命教育环境是整个大社会环境的缩影，然而在我们传统的社会教育中，树立更多的是道德模范典型，很少涉及自救知识或涉险技能的传授。比如1988年5月，被中国共青团、国家教委授予"中国少年先锋队小主席"、"英雄少年"和"全国十佳少先队员"的赖宁，正是一位为抢救集体财产而奋不顾身的小英雄。即便在高校，教育依然是围绕立德树人的根本任务，积极培育和践行社会主义核心价值观，深入挖掘和宣传表彰大学生的先进典型。2015年，由中央宣传部、教育部、共青团中央、人民日报社共同指导，人民网、大学生杂志社联合主办的活动中，评选产生了10名"第十届中国大学生年度人物"特别奖。位列第一的兰州理工大学能动学院机械电子工程2013级本科生魏玉川，勇救落水女孩献出了自己的生命。无论是赖宁还是魏玉川，他们都能在生死存亡的关键时刻舍生忘死，挺身而出，以自己的实际行动践行了社会主义核心价值观，成为当代青年学习楷模。然而社会中的某些宣传却走向另一个极端，将珍爱生命的行为视为"懦夫"和"逃兵"，使相关人物受到人们的鄙视和唾弃。这种非此即彼的观点本身也存在着不合理性。但值得庆

幸的是，中央电视台的《今日说法》栏目、中国教育报等多家主流媒体也开始了对生命教育的关注与讨论，并且举办了自护自救系列节目，目的在于通过模拟情境来普及自救和自护知识，提高人们应对突发事件的能力。

此外，关于珍爱生命的各类宣传标语、口号和横幅也在很大程度上体现了社会对个体生命的关注。比如交通规则中的宣传标语："司机一滴酒，亲人两行泪""别让文明缺失，莫用生命赶路""一分一秒不重要，生命安全最重要"。比如远离毒品和艾滋病的宣传标语："远离毒品、预防艾滋、珍爱生命""帮助艾滋病病人和感染者就是帮助我们自己"。这一系列宣传标语，体现了整个社会对公民生命的重视。

（二）良好的社会生命教育环境使大学生在历练中走向成熟

社会环境为大学生生命教育环境的良性形成带来了巨大的挑战，这种挑战既是压力，同时也是大学生生命教育环境走向成熟的巨大动力。广义的社会环境对生命教育价值观、家庭教育和学校教育的影响是伴随人的一生而存在的，但是社会环境下的生命价值教育是对家庭和学校生命价值教育的拓展和延伸。每个人都是社会中的一员，珍视生命的价值取向在家庭、学校和社会中都有其存在的必要性。生命观的形成是多因素综合作用的结果，其中学校教育无疑是一个重要的环节。在家庭中形成的生命价值观更多停留在感性层面，对个体人格的形成具有重要的作用。假如这种以感性层面为主的生命观脱离了学校理性的生命教育环境的熏陶，生命观就会趋于主观意愿的朴素价值观。这种朴素的价值观点，更多的是对生命实践经验的感性认识，是一种只能看到现象，而无法理性分析现象背后的原因，更无法提出改进策略的局限于小我的生命认识。尽管任何生命教育环境的构建都必须建立在个体小我的感性认识上，但高校良好生命环境的构建与对生命问题的理性认识，是对积极的生命价值观念的积累与升华，是构建社会主义核心价值观的前提。更辅之以大学生各类高质量的活动、心理健康辅导活动或是自助互助的合作管理活动，不仅仅丰富了大学生的课余生活，同时也拓宽了大学生的生命思维的角度和视野，帮助大学生最终将生命价值观升华到理性层面。总之，社会生命教育环境作为家庭和学校生命教育环境的延续，让大学生亲历磨炼，最终形成集感性思维和理性思维为一体的成熟的生命价值观。

从某种角度来说，社会生命教育环境对大学生的生命价值观的最终确立具有重要巩固作用。在成长过程中，形成于父母长辈言传身教的生命观，形成于师长循循善诱的生命观处身于相对单一纯净的环境中，并未受到实践生活的检验，而鱼龙混杂、良莠不齐的社会生命教育环境，往往会对大学生的生命观点和行为起到巩固或者颠覆的作用。比如当前社会中"见到老人跌倒不敢扶"的现象，它背后可能涉及法律、医疗成本、社会道德等更深层次的问题，但也反映了人情的冷漠。这种人人以自我为中心的冷漠是与每一个成长中个体在家庭和学校教育中所接受的"助人为乐"品质培养相违背的。在社会环境中大学生生命价值观有一个扬弃过程。在面临社会环境条件考验时，人们出于生存和生活需要，会遭遇各种完全不同的生命价值观构成的价值冲突。有着新颖的理性思维模式、优秀的感性思维基础的大学生，在面对种种生命价值取向冲突时，仍将走上生命价值观的扬弃过程，这是生命价值观趋向成熟的体现。完善的价值观也是大学生步入社会环境、参与社会竞争的重要前提。

（三）珍视生命的社会氛围是实现大学生生命教育社会环境构建的重要途径

形成珍视生命高校环境是一项系统工程，它需要家庭、社会等方面积极主动的配合，共同肩负起公民生命教育的重任。在新的社会背景下，重塑自然和谐的生命环境，需要汇聚全体社会成员的合力，营造珍惜生命、爱护生命的社会氛围。

2017年1月15日，据英国时报报道，美国一名12岁小女孩凯特琳因为难以忍受男性亲戚对她的长期性虐待，选择上吊自杀，并用手机直播了全过程。这种网络直播自杀的很多人并不是真的想死，而是希望得到更多的关注和帮助。很多自杀者在自杀前的各种倾诉行为，很可能是希望得到她们在现实生活中得不到的关心和同情。其实她们真正想说的是："安慰我！阻止我！救救我！"然而，不幸的是，很多时候她们收获的反而是更多的恶意。当整个社会没有形成良好的珍惜生命、爱护生命的融洽氛围时，那些在生活中的孤独或者愤怒无处排解，人们唯一能想到的解决办法就是向网络上的陌生人倾诉，更有甚者选择直播自杀这样的极端方式。据相关统计，世界范围内选择极端网络自杀的人，年龄最大的22岁，最小的只有12岁。而那些在网络上冷言嘲讽的看客，其实不过是想通过观看别人的生活，为自己无聊的生活找点乐趣。直播再清晰，也被屏幕隔绝了真实世界的温度，折损了人的判断力。面对层出不穷的类似直播自杀悲剧，我们真正能做的就是，抽出一点时间去关心一下身边的人，也许他们需要的只是一个善意的微笑和一句暖心的安慰。

因此，无论是西方社会还是中国，构建良好的社会生命环境，营造珍惜生命、爱护生命的融洽氛围势在必行。比如，社区开展积极的教育活动，将生命教育与保护环境、关爱健康等主题有机融合，为实施生命教育提供国家保障；新闻媒体和网络引导社会公众树立科学的珍视生命观念；等等。

每个人的生命只有一次，它是宝贵的、不可逆的。和谐的生命教育环境的形成来之不易，是多方面因素综合作用的结果。然而在当前社会发展转型过程中，呈现出了众多的社会问题：如某些领域道德失范，拜金主义、享乐主义、极端个人主义在滋长蔓延；见利忘义、损公肥私、贪污腐败等现象时有发生；诚信缺失、欺骗欺诈、假冒伪劣等问题比较突出，黄、赌、毒等丑恶现象沉渣泛起；文化事业受到消极因素的冲击，一些危害青少年身心健康的东西屡禁不止；收入差距不断扩大，住房、教育、医疗、社会保障等实际民生问题日益突出，人们对社会主义价值观的接受和认同在一定程度上被消解。[1] 这些转型中出现的具体问题，关系到每一个人的切身利益。身处其中的大学生，如何才能做到淡然处之，如何才能树立正确的价值观念和培养积极的心态，这些都是大学生生命教育环境应该回答的问题。大学生生命教育环境，旨在为解答大学生的人生疑惑，为重塑大学生人生价值提供植根沃土。营造珍视生命的社会氛围，是构建大学生和谐生命教育环境，引导生命自然和谐相处的基础，也是建立和谐生命境界构筑法则的重要途径。

然而，在当前的社会生命教育中仍然存在大量的失范现象，费孝通先生所说的"生态危机"和"心态危机"在社会中都是比较广泛存在的。生态危机就是"人与自然对立，粗暴对待自然的行为，造成的对环境的破坏和恶劣生态环境对人类生存的威胁"；"心态危机"就是"个人与他人与社会对立、粗暴侵害他人和社会利益的恶劣行为，造成的个人身心扭曲、社会风气败坏的后果及其对个人和社会健康发展的威胁"。[2] 社会生命教育中的缺失具体表现在以下几个方面：第一，过于注重生命的工具性。教育的目标是什么？生命的目标是什么？这些问题的答案在现实中有所曲解，大学生的生命主体在教育中没有被彰显，反而是其工具性特别突出。建立在社会分工基础上的经济发展模式，对人才的专业性要求越来越高，这也影响了学校和家庭的教育观念。在部分家庭中，一切与升学无关的事情可有可无，无关紧要；在部分学校中，一切与专业学习、就业无关的事情都可以放在一边。正如尼采所说："由于这种非人化的机械和机械主义，由于工人的'非人格化'，由于错误的'分工'经济，生命便成为病态了。人类的目的，也就是文化，看不见了，作为达到文化手段的现代科学活动，产生了野蛮化。"[3] 一些人在科学化发展的道路上，反而成了物质的奴隶，失去了人本身。第二，社会环境中生命的不平等和漠视生命的现象严重。生命的不平等造成了对生命的漠视。社会价值取向的偏离、片面

1 龙海霞：《生命教育研究中的本土意识》，载《教育评论》，2011（3）：48-51。

2 顿占民：《解读生命——启动生命教育工程奠定文明社会基石》，载《保定师专学报》，1999（3）：25-29。

3 冯建军：《当代主体教育论》，南京：江苏教育出版社，2001：31。

的成功观、出人头地的观念、对物质永不餍足的追求等，都是当今社会生命环境教育中实际存在的一些不良影响。

二、良好社会生命教育环境的构建

大学生生命教育的环境构建是家庭教育环境的延伸，最终在社会环境中得以成熟和完善，因此，讨论大学生生命教育环境构建目标在社会环境下的实现途径本身是为了更好地利用社会力量，达成高校生命教育和谐环境构建目标，以促使大学生形成正确的生命价值观，为进入社会打下基础。社会环境是一个复杂的概念，包含甚广，影响颇大，我们主要选择以下几条途径，形成教育合力，共建和谐生命教育环境。

（一）大学生生命教育与社会热点问题相融合

大学生和谐生命环境的构建目标在于塑造和谐的生命价值观体系。而生命教育价值观体系的价值主体不同就会有不同的价值目标，以全人类作为价值主体，其价值观包括真、善、美、自由、平等等全人类追求的共同目标。生命教育的最终目标是达成人的身心、人与社会以及人与自然的和谐。在追求生命教育终极目标的过程中，我们可以与社会环境中的热点，如环境教育、法制教育、心理健康教育等内容相融合，进而将抽象生命教育目标具体化和多元化。

环境教育是以人类与环境的关系为核心，以解决环境问题和实现可持续发展为目的，以提高人们的环境意识和有效参与能力、普及环境保护知识与技能、培养环境保护人才为任务，以教育为手段而展开的一种社会实践活动过程。简而言之，环境教育就是以人类与环境的关系为核心而进行的一种教育活动。环境问题是由于人口增长、现代科技和现代生产力迅猛发展所产生的问题。人类对生存环境恶化的担忧促使环境教育应运而生，其原始的动机还是来自人类对自身生命的关爱和珍惜。

法制教育是以普及法律常识，增强人们的法律意识，培养人们维护和遵守法律的行为习惯为目的的宣传教育活动。这是预防犯罪的重要措施。高校法制教育最重要的目标是培养大学生的公民法治意识。"徒法不能以自行"，一个法治社会绝非单靠冰冷的制度就能构建，人们所期许的文明、理性、有序的社会，是经济、政治、文化、法律共同作用的结果。法制教育同样"徒教不能以自行"。我们需要摒弃那种认为法治教育就是讲法条、讲案例的观念，把传播法的理念、精神、价值贯穿于权力行使和权利保障当中，把民族优秀传统文化与西方先进法治文明结合起来。在高校中将社会热点法治教育与生命教育相结合，正是要教育大学生客观理性地认识自己，认识生命，进而能够尊重自己和他人的生命，建立正确的法治观念，在法制的基础上促进生命的发展。

而心理健康教育，正如前所述，是高校生命教育环境构建的重要平台。

高校生命教育环境的构建可以和社会所关注的这些热点问题进行有效的结合，帮助大学生树立"悲天悯人"的生命情怀，让大学生学会通过多种途径和手段关注个人的身心健康，以法制为基础促进整个社会的和谐发展，对人类以外的自然心存敬畏。这种结合社会教育的方式丰富了大学生对生命价值的认同，也培养了其珍视生命的多元价值观，建立并完善整个社会环境下和谐的生命教育价值体系。

（二）多种社会媒体协助实现生命教育理念宣传

媒体宣传是构建高校生命教育环境的一条重要途径，社会媒体是生命教育理念传播的最佳载体。这里的媒体包括报纸、电子等传统的媒体形式，也包括微信、微博、播客等新媒体类型。校园中的一些极端自杀和杀人事件发生后，整个社会对生命教育问题的关注度越来越高。传统媒体如人民日报就曾聚焦生命教育，力图唤起人们对生命的敬畏，其中就谈到"教育的目的应该是向人类传递生命的气息"。泰戈尔的话启发我们，教育是基于生命的事业，是发展生命、完善生命，并最终使得个体生命实现自我价值和社会价值、获得幸福人生的伟大事业。然而，对当代大学生的生命教育仍十分不足。正如记者采访时一位大学生所说："学校教育，教会我们爱祖国、爱他人，却并未教会我们爱自己。"[1] 2016年11月22日，由公安部交通管理局、交通运输部运输服务司指导，公安部道路交通安全研究中心、北京京安公益基金会主办的《让生命无憾》公益宣传教育片开播仪式邀请了多名交通事故亲历者，与主持人白岩松现场互动，讲述交通事故的危害。此外，著名青年演员黄晓明现身首映会现场，以亲身经历倡导规则意识，并承诺将致力《让生命无憾》国民交通安全系列公益宣传教育片的宣传推广。

除了传统媒体，也可以充分发挥新媒体的作用，利用各种新媒体制作音像制品或电子宣传片。还可以以新媒体为手段，在各种节日融入生命教育活动内容，让生命教育、人性教育深入人心。比如有些高校在"国际禁毒日"配合社会教育所做的"珍爱生命、远离毒品"的宣誓或电子签名主题活动；在传统中国节日"七夕"，发起"追寻爱情，缔造完满人生"的电子签名活动；利用"父亲节""母亲节""重阳节"等各种传统节日，以电子贺卡、邮件等形式介绍节日背后的生命意蕴，传递亲情、友情和爱情，加强对大学生的感恩意识教育。应该说，新媒体以其个性化突出，受众选择性较多，表现形式灵活多样，交流的世界性、观赏的互动

1　陕西省教育厅：《人民日报聚焦生命教育：唤起对于自己和他人生命的敬畏》，http://www.snedu.gov.cn/jynews/mtsj/201305/23/34656.html，2013-05-23。

性、信息发布及时等特点，逐渐成为青年一代尤其是大学生获取咨询的首要途径。

应该说，多种媒体类型可以协助大学生生命教育环境建构过程的宣传，此外，媒体的介入也更容易引起整个社会对大学生这一独特群体的生命问题的关注，使得更多优秀的生命教育价值观念更为迅速地传递到社会环境中。另外，大学生生命教育理念的形成和实现是一个漫长的过程，并不孤立存在。当前高校面临十分严峻的生命教育挑战，需要各种类型媒体进行正确理念的宣传和引导，让全社会关注高校，关注大学生群体的生命教育活动。由此所形成的全社会正确的生命价值观，从小处来说，会使大学生受益匪浅，从更大范围来看，受益对象将是整个社会群体。

（三）共同打造维护大学生生命安全的机制

社会环境中最基本的单位是社区，社区是区域性的小社会。在西方发达国家，经典的社区文化已经成为国家文明、民族文化的标志。社区中所表现出来的人文关怀就是社区文化中最核心的部分。每一个大学生都是社区中的一个个体，而生命教育内容又是社区文化建设的重要内容，对孩子的成长有着重要作用。打造大学生生命安全机制的社区环境就需要社会各个部门来共同关注生命教育，共同建立维护大学生生命安全的有效机制。

一方面，大学生生命教育需要有法律法规的保障。生命教育领域中的法律法规保障，主要体现在让大学生这一生命主体不受到社会外来的伤害。在珍视生命的教育理念形成过程中，我们可以通过法律法规途径迎接来自执行层面的挑战。对建立和谐生命教育环境的不认同甚至敌视心态，容易促使部分个体产生破坏行为，来自法律法规层面的震慑作用可有效防范这种外在践踏和破坏现象。在全社会生命教育价值观塑造过程中，要确保法律法规的执行力度，为实现和谐积极的生命理念保驾护航。[1] 因此，法律、法规的制定要坚持两个原则：一是法律法规面前人人平等。法律体现了公民的意志，在法律面前人人平等，是保障社会秩序最基本的前提。二是要注重对弱者的关怀。为了实现第一个原则，在法律和法规制定的过程中应该要融入关怀弱者的理念。"在社会分工加剧的状态下，相对贫困人口的数量在不断地增加，而这些相对贫困人口的生理和心理需求不能得到较好的满足，因而他们进行劳动工作的能力和意愿受到了很大的挫折，从而阻碍了社会秩序的良好运行。更为严重的是，贫富分化达到了一定程度，就会使贫困者产生较强的被剥夺感，对社会公正产生怀疑。"[2] 因此，在法律法规的制定过程中，只有充分保护困难群体，才

---

1 廖桂芳、徐园媛：《生命与使命——大学生生命教育创新模式构建》，成都：电子科技大学出版社，2012：290。
2 董娟、高娥娥：《社会分层视野下的生命教育研究》，载《黑河学刊》，2009（7）：127-129。

能真正体现公平。

另一方面，政府应该加强对网络环境的管理。如前所述，在新媒体时代下，人们离不开网络。新华网中国互联网络信息中心（CNNIC）2015年7月23日在北京发布了第36次全国互联网发展统计报告。报告显示，上半年我国共新增网民1894万人；截至2015年6月，互联网普及率为48.8%，我国网民总数已达6.68亿人。[1] 随着智能手机终端的大屏化、中国品牌的崛起和手机应用体验的不断提升，手机作为中国网民主要上网终端的趋势将更加明显。因此，政府部门对于网络监管的力度应该进一步加大，建立一系列具有约束力的制度，加强引导和管理，实现以法治网，维护网络的安全、健康和文明。

此外，在社区层面还应建立教育网络，充分调动退休干部、教师及有关专业人员积极参加，组成庞大的生命教育队伍，作为家庭生命教育和学校生命教育的补充，形成三位一体联动的教育格局。比如说由浦东新区文明办、浦东新区志愿者协会主办，希望24小时热线承办，浦兴社区志愿者协会、团工委协办的公益项目"生命教育"讲座于2013年4月23日在社区文化中心视听室正式启动，共在浦兴社区开展5场主题为"危机干预五法宝"的讲座，旨在加强生命危机干预意识和技巧学习，形成全社会守护生命、珍爱生命的良好环境。讲座由来自"希望24小时热线——生命教育与危机干预中心"的几位国家二级心理咨询师轮流主讲，他们用生动的事例、典型的案例，深入浅出地介绍了生命危机的九大征兆，教育听众在察觉危机信号后可以采用"危机干预五法宝：一停、二看、三听、四陪、五治疗"的办法进行及时干预。生动的宣讲让在场的每一位居民受益匪浅，在与老师的互动中大家很容易记住了讲座的核心内容。[2] 类似的社区生命教育活动在全国各地都有开展。总之，全社会共同关注生命教育，给正在成长的青年一代提供健康和谐的生命环境，是外部社会环境给予学校生命教育最大的支持。

大学生的生命价值观在进入社会后发生变化，或是认同后得到巩固，或是颠覆后得以重建。随着环境的变迁，大学生在其中所体验到的生命关怀将造成他们价值观的变化，无论是积极还是消极的，社会环境因素的烙印都将深深进入大学生的脑海中，并将伴随其一生。大学生生命教育环境的变迁远未完善，通过对社会生命价值环境的分析，借以完善和提高大学生生命教育环境建设层次，是社会生命价值环

1　新华网：《我国网民数量已达6.68亿人》，http://news.xinhuanet.com/fortune/2015-07/23/c_1116022351.htm，2015-7-23。

2　共青团上海市浦东新区委：《浦东浦兴社区举办"生命教育"——"珍爱生命守门人"公益宣讲活动》，http://www.shyouth.net/html/defaultsite/root_jcdt_dqtx/2013-06-19/Detail_167048.htm，2013-6-11。

境反馈给大学生生命教育环境的宝贵财富。

　　生命教育是一种开放式教育，是一种终身教育。家庭生命教育是起点，而学校生命教育是大学生生命价值观的重要影响因素，大学生生命价值观还将在社会环境中得到证实或证伪。高校的生命教育既要注意发挥学校教育的积极引导作用，又要积极开发，利用家庭社会教育资源，三者相辅相成，贯穿大学生的一生。学校在课程教学、师资队伍的建设和培训、多样生命实践活动的开展等方面落实生命教育的同时，通过家庭生命环境的构建、社区活动配合等途径，积极引导在家庭和社会中培养学生健康的生活方式，让学生学会与人和睦相处，建立良好的人际关系，坦然面对生活中的挫折，从真正意义上增强当代大学生的生命意识、责任意识和自我保护意识，以更好地达成生命教育的目标。学校、家庭和社会教育的合力使得生命教育在青年一代成长的每个阶段保持教育目标的一致性与教育内容的平衡性，能为大学生的成长提供一个全方位的良性教育空间，也必将影响大学生对待生命的态度。

第七章　大学生生命教育的实践资源

大学生生命教育需要哲学理论基础的逻辑建构，同时也需要实践资源的支撑。如前所述，大学生生命教育的过程，本身就是一个对理论和实践资源进行梳理、甄别以选择性开发与利用的过程。在这个过程中，除了依托西方生命教育理论、中国传统哲学以及马克思主义哲学中的生命观等理论资源，具有国别性和地域性的丰富多样的实践资源也同样能为当代大学生生命教育提供重要的实践支撑。然而存在于广泛社会文化中的实践资源在尚未进入教育领域之前，只是民族文化或地方符号的代表，高校生命教育本土化对实践资源的梳理、开发和利用，应为大学生生命教育的重要环节。

第一节　实践资源概述

　　实践资源是指广泛存在于社会生活实践中，以潜移默化的方式对人的观念的形成、行为方式的选择等产生"润物细无声"影响的一种资源类型。实践资源的内涵非常广泛，应该是除主观之外所有客观活动的总和。从实践资源的空间分布来看，既包括以大学校园文化活动为主的社会实践资源，也包括隐藏于各民族传统文化及地方文化中的实践资源。从资源的载体来划分，既包括借助多媒体技术和网络技术搭建的虚拟实践资源，也包括以校内外多种实践活动为平台的实体性实践资源。在此我们所说的实践资源主要指存在于中国传统文化中的各类型资源以及由域外引进的资源，其中突出表现为西方体育娱乐休闲活动，中华传统武术、气功，中国传统节日、民俗，以及其他健身手段等。相较于理论资源，生命教育实践资源有其自身的特色。

一、实践资源的特点

（一）社会实践性

　　社会实践资源是在人类长期的生存、劳动和发展中形成的，而人类本身的生存、劳动和发展都是在一定的社会形态、社会交往、社会活动中实现的。社会实践性是社会实践资源最突出的特点，按照马克思的看法，"人的本质不是单个人所固有的抽象物，在其现实性上，它是一切社会关系的总和"[1]。与理论资源一样，社会实践资源也是人创造的一种资源，这个资源是在社会创造中完成的，是整个社会成员在漫长的人类实践中逐渐形成的，是一个社会集体共同创造的成果，因此它必然被打上社会性的烙印。实践资源的社会实践性主要表现在以下两个方面：

（1）不同的社会生产方式、文化方式产生不同种类、不同数量、不同质量的社会实践资源。人类是由不同的文化传统构成的共同集体，文化传统又构成了不同的文化体系和社会结构。即便是在同一文化体系和结构中，文化也存在着共性，表现为人们有同样的文化传统、生活方式、生产方式、思想意识以及宗教精神信仰。这个看不见却又必然存在的集体意识，就像是瑞士心理学家荣格所说的集体无意识。这种集体无意识，简单来说，就是一种代代相传的无数同类经验在某一种族全体成员心理上的沉淀物，而之所以能代代相传，正因为有着相应的社会结构作为这种集体无意识的支柱。

（2）社会实践资源是可超越国界、超越种族关系的，谁都可以掌握和利用它创造社会财富。社会实践资源虽然是一定区域的人创造的一种资源类型，但是因为它是整个人类社会在生产实践中产生的资源类型，因此它可以为世界各国人民所利用。人们可对它进行本土化的改造，使之成为既具有人类共性同时又体现出国别性和民族差异性的资源类型。比如在社会文化资源中的原始壁画，尽管西班牙的阿尔塔米拉的洞穴壁画、法国的拉斯科洞穴壁画的表现内容和形式与中国的敦煌壁画、贺兰山壁画、宗人壁画等大不相同，但是，壁画中对能满足生存需求的动物形象的着力刻画，以及以极大的夸张手法突出女性特征，实际上都体现出对生命的延续和对生命的崇敬。

（二）继承发展性

社会实践资源是在漫长的人类生活中形成和发展起来的，继承性特点使得社会资源不断积累、扩充与发展。如同知识经济时代是人类社会知识积累到一定阶段和一定程度的产物一样，现代社会从知识积累到知识爆炸，人类经济时代由此发生了质变，即从传统的经济时代（包括农业经济、工业经济，农业经济到工业经济有局部质变）飞跃到知识经济时代，这是信息革命、知识共享必然的结果。实践资源在其中也经历了筛选、继承、发展以及被强化的过程。

社会实践资源的继承性主要通过以下途径实现：

（1）人的因素。民族实践资源通过人类的遗传密码而继承、延续与发展。历

1　中共中央马克思恩格斯列宁斯大林著作编译局：《马克思恩格斯选集（第1卷）》，北京：人民出版社，1995：56。

史记载着民族的遗传密码，是民族国家形成、发展及其盛衰兴亡的真实记录。如各少数民族的节日和民俗中对生命敬畏的思想，就深深地烙印在本民族人的心中。

（2）通过载体长期保存、继承下来。人类社会通过书籍、音像、磁带和视频等，传承人类的文化和社会资源。

社会实践资源的继承性，使人类社会的每一代人在开始社会生活的时候都不是从零开始，而是从前人创造的基础上迈步。在社会经济活动中，人类一方面把前人创造的财富继承下来，另一方面又创造了新的财富。在创造新财富的过程中，它表现、贯彻了社会资源的主体——人的愿望、意志和目的。这就是马克思讲的"最蹩脚的建筑师从一开始就比灵巧的蜜蜂高明的地方"[1]。正因为如此，在对待社会资源上，我们以物质或非物质的方式继承，并根据不同时代人的观念与社会的需求进行适时的加工改造，使之在继承核心内容的同时，在形式上体现出时代性、民族性和个体性。

（三）流动开放性

社会实践资源的创造主体是人，全球化背景下，经济的飞速发展带动了人口的流动。就中国而言，改革开放以后，随着城镇化、工业化的快速发展，大量的人口从贫穷的中西部向东南沿海发达地区流动。2016年3月1日凌晨，新华社发布《中华人民共和国2015年国民经济和社会发展统计公报》。公报显示，全国人户分离的人口达2.94亿，其中流动人口达2.47亿。[2] 人口的流动是调节劳动力和生产资料在生产各部门的分配的一种手段，但是这种大规模的劳动力的迁移也必然会带来社会各类文化资源的迁移与融合。尽管通过读书报、听广播、看影视、上网或是旅游、参观访问，我们能在一定程度上体验异质文化，然而前者缺乏直接体验，后者由于时间短暂往往不够深入与细致，跨文化迁移则弥补了这两种缺憾，进入其中，我们才能够发现和体验到很多细节，才能够使我们对某种文化的理解建立在真实的体验之上。社会文化资源流动性的主要表现是：由于劳动力从流出地向流入地进行劳动力输出，特别是随着团体式输出模式的出现，人们更有利于将本地域传统文化流出，尽管在文化输出的过程中会遇到阻力，呈现力量减弱的态势。双向的文化交流一方面使得民俗得以随着人口流动而保持，另一方面，面对外界文化的介入，传统民俗也以开放的姿态接纳，实现了民俗的现代化转型。如湘西苗族的鼓舞就是一个十分典型的例子。湘西苗族鼓舞是苗族的湘西支系在农耕文明基础上创造的一种极具健

1　中共中央马克思恩格斯列宁斯大林著作编译局：《马克思恩格斯全集（第23卷）》，北京：人民出版社，1972：202。

2　京华时报：《全国流动人口2.47亿人　人均预期寿命76.34岁》，http://www.ce.cn/xwzx/gnsz/gdxw/201603/01/t20160301_9190104.shtml，2016-3-1。

身价值的古代舞蹈遗存，因以"击鼓而舞或击鼓伴舞"为其特点，故得此名。历史上的湘西苗族鼓舞曾被当地苗族用于祈年、祭祖、驱灾、疗疾和娱乐等活动。在湘西苗族人民看来，苗鼓不仅是打击乐器，是大家崇拜的圣物，也是驱邪逐鬼不可缺少的工具，更是一个文化象征符号，承载着湘西苗族的集体历史记忆，凝聚着几千年来苗族人共同的起源、迁徙与磨难，凝聚着苗族人民的历史发展轨迹、血脉和情感。鼓舞突出的地域性、民族性特征，湘西苗族的集体意识和集体无意识深处，积淀了一种文化遗传基因。近几十年来，随着社会的转型，湘西苗族鼓舞出现了主流化、商业化、城镇化的走势，其实践形式也进行了大范围重构。

在城镇化、商业化不可逆转的趋势下，应该说人口的流动对社会实践资源的影响是巨大而又深刻的，社会实践资源或向他乡流动，或进行内部的调整与适应，以满足整个社会群体的需求。

二、实践资源的作用

实践资源以其丰富性和开放性为大学生生命教育提供了重要而有效的实施平台，以此充分彰显生命的内涵和价值，进而让大学生体验生命教育在现实中的境遇与终极追求。应该说，社会实践资源以其独特的优势为高校生命教育提供了强而有力的支撑。因此，作为高校生命教育工作者，应充分认识到社会实践资源的价值，对其所包含的生命教育的价值与意义进行深度挖掘和转化，利用环绕在大学生周围的社会资源对其进行教育，为高校生命教育工作提供新的契机和途径。

（一）实践资源为生命教育提供了体验生命整体性的平台

实践资源不仅涉及与学生教育生活息息相关的校内实践资源，同时也包含了围绕在日常生活中的社会资源，如传统节日、民风民俗等。这些实践资源不仅涉及生命教育的实践操作层面包括具体的礼仪、制度和行为方式等，从某种意义来说，传统节日、民俗等也涉及了精神层面。我们要身心虔诚地投入一系列的仪式活动，以真诚的态度面对其中所涉及的生命要素，真切体会到传统节日中所蕴含的生命真谛，发现自身生命的终极价值和意义。[1]此外，相较于纯粹理论的生命教育，来自于社会的实践资源使大学生对生命的认知与生命教育实践得以有机结合，在这些资源的利用过程中，人的知、情、意、行等心理要素得到了全方位的调动和运用，从而达到了感受生命整体性的高峰体验，身处于其中的个体生命必然也会因此而得到高度升华。这种统一为大学生全方位地体验生命教育搭建了有效平台，其中来自个

---

1 李保强：《中国传统节日：生命意义的生长及其教育价值》，载《山东社会科学》，2012（2）：187。

体的切身体验加深了学生的情感认识。"一般说来，体验包含经历、情感和认识三层意思，涵盖活动和结果两个方面。它有时是指一种活动过程，有时是指活动的结果；它既可指情感方面的，也可指认识方面的；它不仅可以指主体的亲历，即主体通过亲身经历来认识客体，而且也可以指主客体的心理交融与合一，即主体在观念上暂时把自己当作客体，使自己根据客体的环境、立场、观点去观察事物、思考问题，从中获得关于客体的信息；此外，体验有时也被用以指主体对自身的回顾与反思。"[1]比如说，中国传统节日或民俗中蕴含的生命教育意义恰好能给学生提供这种体验，因为身处中国文化传统之中的大学生，从小耳濡目染，内心自然而然会产生对本土文化的亲近感，对与之联系紧密的人文追求、历史典故、礼仪制度等文化内容产生认同，进而达到主客体身心的统一，并能从这些传统资源中洞察中国传统文化中的生命智慧。这种从小就接受的体验和熏陶，是任何其他暂时性的人为活动所难以企及的。因此，社会实践资源与理论资源一同为大学生体验生命教育整体性提供了有效的，具有国别性和民族性的平台。

（二）实践资源为生命教育提供了感受生命多元性的可能性

在大学生生命教育中，大量的社会实践资源实际上都是世界各国多民族文化的鲜明体现。灿烂的中国文化在悠久的发展历程中，在多民族文化的交流和融合中，逐渐形成了海纳百川、包容万象的异质文化复合体，特别是儒家所提倡的"和而不同"和"天下观"思想，使得中国众多异质文化能够并行不悖。如集中体现不同民族文化的民族传统节日与民俗，充分体现了各民族对待生命的不同态度、价值观念和行为方式，是生命多元性存在的典型表现形式。这些实践资源的特色主要体现在两个方面：首先，同一节日在不同地域或民族间具有多元性，人们根据自身生命体验赋予了节日独有的寓意和形式。比如火把节是彝族、白族、纳西族、基诺族、拉祜族等民族的古老而重要的传统节日，有着深厚的民俗文化内涵，蜚声海内外，被称为"东方的狂欢节"。庆祝火把节最大的群体就是彝族，他们比较集中地生活在云南楚雄和西昌凉山彝族自治州。两地彝族火把节既具有祭奠火神的共同主题，表达了彝族人民对火神的赞颂，对光明、吉祥和幸福生活的向往，又因所处的地域不同，有着各自不同的内涵和表现形式。云南的彝族在每年农历的六月二十四或者二十五，以松木为燎，高丈余，入夜，各村寨火把竞相争燃，火把散布于乡间田野；而凉山州的火把节则更加隆重，这里的人们将火把节看作彝族的新年。其次，辽阔的中华大地上不同地域或民族具有自己独有的民族节日，并赋予了其独特的生

---

1 宋乃庆、徐仲林、靳玉乐：《中国基础教育新课程的理念与创新》，北京：中国人事出版社，2002：112。

命寓意。汉族的春节强调生命的更新，清明突出生命的传承，端午强调对生命的保健。傣族的泼水节是人们辞旧迎新的节日，在三天的节日中，人们"堆沙"浴佛，祈求丰收，将水撒进对方的脖子，祝福对方驱病除魔，来年身体健康。在这些传统节日和民俗，学生可以体验不同的节日，实际上也是个体体验生命多元性的过程。同时需要注意的是，这种多元并非是混乱无序的多元，其内部存在一条横贯古今的线索，即体现了对生命的敬畏、尊重和人文关怀，体现了对生命之善的追求，体现了生命的勃勃生机。因此，以实践资源为依托的生命教育，必然会使受教育者充分感受到生命的多元性，从而达到尊重多元生命存在的目的。

（三）实践资源为有效梳理中西方生命冲突提供了契机

生命教育发端于西方，生命教育理论资源大都是在西方社会文化背景和语境中形成和发展起来的。尤其到了当代，随着世界文化的融合和渗透，形成于农耕渔猎社会、具有强烈乡土气息的中国传统实践资源，越来越多地受到了西方文化的挑战，呈现出弱化甚至逐渐消失的态势。一方面，中国的传统民俗和节日越来越不受当代年轻人的重视。2013年11月24日，由韩国申报的江陵端午祭被联合国教科文组织正式确定为"人类口头和非物质遗产代表作"。对此，国人大多表达了不满。但是韩国之所以申请成功，凭借的就是其对传统民俗和节日的保护与重视，仅就这点来看，还是值得引起国人注意的。另一方面，传统的民俗和节日越来越多地受到了国外文化习俗的冲击。同样是"情人节"，中国传统的"七夕"情人节基本上让位给了西方的情人节，立秋、冬至等节日也基本上成为一种摆设，而源于西方基督教的万圣节和圣诞节却风靡全国。应该说建立在传统农耕社会基础上的传统民俗，随着社会历史的变迁以及人们生产生活方式的改变面临着巨大的挑战。高丙中认为："在中国的节日框架中，传统节日大都是以先赋性的社会关系为基础，它们首先以血缘群体，其次以地域群体为依托……另一方面，现代的官方节日基本上都是政治节日。这个框架缺乏为个人后天建立的社会关系提供社交机会的节日。在现代社会，随着个人后天的关系（如同学、同事、朋友、师生、对个人的生活和工作具有重要性的熟人）在整个社会关系中的重要性逐渐提高，对补充这种功能的节日的需求就会越来越强烈……正是在这种背景下，才会有情人节、圣诞节在社会上的流行……传统节日和现代节日的因素经常或者是并存的，或者是交融的，传统类型的节日设置有现代性因素，现代类型的节日设置有传统性因素。因此，节日框架的重构不是一个用现代因素完全彻底地取代传统因素的单纯问题，而是一个复杂的问题，它既有确立现代因素的一面，也包括保留传统因素并使现代因素和传统因素各居其位、各得其所的一面。"[1] 由此看来，传统社会的实践资源在当代的境遇，为我们思考生命教育本土化以及如何直面文化的冲突提供了良好的契机。这使得我们对生命教育本土化问题的思考可以跳出纯粹教育学意义上的追问，而走上对社会文化、政治等方面的探究。

第二节　民俗资源

生命教育研究离不开现实的民俗资源，民俗资源体现了生命的现实境遇和终极追求，各种生命意识、生命情怀都渗透到了民俗活动的各个层面。

哲学家伽达默尔在《美的现实性》一书中指出："如果有什么属于所有的节日经验，那就是不允许一个人和他人分开。节日属于一切人，是一个共同体经历并以其最完美的形式展现。"[2] 中国各民族生活于不同的生存环境，因而生成了风格各异、内容不同的传统节日。汉族的清明节、端午节、重阳节，藏族的沐浴节，彝族的火把节，傣族的火把节，壮族的龙船节等，都在不同程度上表达着各民族的生命观念及其对生命存在状态的反思，反映了人们对生命的美好寄托。这些节日庆典为生命教育提供了生命归宿主题，提供了感受生命多样性的可能，搭建了体验生命整体性的平台，为直面生命的冲突创造了良好契机。[3]

一、传统节日中的生命教育

传统节日是中国各民族人民在社会生活生产实践中逐渐形成的具有特殊含义的纪念性活动。这些与自然界季节更迭、祈求丰收、英雄崇拜、传统习俗、宗教信仰等有密切关系的节日，是民族历史的活化石，是民族生活方式的集中体现，也是民族传统文化的生动展示。尽管各民族的节日在日期、内容、意义、过节方式等方面千差万别，但它们都具有稳定性、群众性、民族性和传承性的共同特点。不少民族节日已有几百年的历史，有的甚至经历了上千年的岁月，成为深深植根于中华大地上的一种文化现象，也是文明需要进一步挖掘的文化宝库。作为民族传统文化的载体，节日充分体现了各民族对待生命的不同态度、价值观念和行为方式。传统节日不但为生命教育提供了系统的生命归宿主题，提高了感受生命多元性的可能性，而且为生命教育搭建了体验生命整体性的平台，为生命教育直面生命的冲突创造了良

1　高丙中：《圣诞节与中国的节日框架》，载《民俗研究》，1997（2）：26-27。
2　伽达默尔著，张志扬等译：《美的现实性》，上海：上海三联书店，1991：65。
3　刘恩允：《大学生生命教育研究》，北京：中国社会科学出版社，2012：158-160。

好契机。为此，我们需要充分运用各种教育渠道彰显传统节日的生命内涵，对传统节日的生命特质加以日常性体验，使个体与其进行全方位深度沟通，并加以时代性的阐释和运用。

传统节日为生命教育提供了不同的生命主题。大多数传统节日来自于对自然的膜拜和对秩序的尊崇。在长期实践发展过程中，人们逐渐将自身对生命意义的理解寄托于其中，并通过各种仪式、礼制表达出来，赋予其民族内部对生命意义的追寻和寄托。随着社会的变迁，民族节日还不断被赋予了新的生命意义和不同的表达形式。

如放鞭炮和贴春联，最早是用来驱除邪魔鬼怪的，在我国已经有两千多年的历史。传说，很久以前有一种叫"年"的怪兽，非常凶猛，每到除夕这一天就会出来危害百姓。后来人们发现，若在家门口燃烧竹节（或者用红色的物品贴在房外），年兽就会被吓跑。从此以后，每年除夕，家家贴红对联、燃放爆竹，户户烛火通明、守更待岁，便成了最为隆重的传统节日。而随着火药的发明，火药爆竹取代了过去的竹节爆竹，因此，以前过年许多人家都会燃放鞭炮。到了南北朝时期，人们过年时燃放爆竹就已经形成习俗了。《荆楚岁时记》中就记载了这个习俗："正月一日，是三元之日也。谓之端月，鸡鸣而起，先于庭前爆竹、燃草，以辟山魈恶鬼。"这也是后来人们在春节燃放鞭炮的由来。因此，放鞭炮驱邪既是中国人珍视生命、驱魔辟邪的表现，同时又有着辞旧迎新之意，寓意对新的一年的美好向往。此外，在春节中，人们打扫、沐浴意味着与以往岁月的告别，以崭新的面貌迎接未来；祭祖既表达对先祖的哀思，又为自身生命寻找归宿。应该说，单从汉族的过年这一节日的习俗和礼节来说，就包含了人们对生命的尊重与敬畏，少数民族的节日更是如此。

彝族火把节的由来虽有多种说法，但其本源当与火的自然崇拜有最直接的关系，目的是用火驱虫除害，保护庄稼生长。火把节在凉山彝语中被称为"都则"，即"祭火"的意思；在仪式歌《祭火神》《祭锅庄石》中都有对火神阿依迭古的神绩叙述。火把节的原生形态，简而言之就是古老的火崇拜。火是彝族追求光明的象征。火把节之前，各家都要准备食品，在节日里纵情欢聚，放歌畅饮。火把节期间，各村寨以干松木和松明子扎成大火把竖立寨中，各家门前竖起小火把，入夜点燃，村寨一片通明；同时人们手持小型火把成群结队地行进在村边地头、山岭田埂间，将火把、松明子插于田间地角。从远处望去，火龙映天，蜿蜒起伏，十分动人。最后青年男女聚于广场，将许多火把堆成火塔，唱歌跳舞，彻夜不息。

藏族的沐浴节是一个在拉萨、日喀则、山南等地盛行的在藏民族中具有八百多年悠久历史的节日。一般在藏历七月六日至十二日举行，历时七天。每年秋天到来，高原风和日丽，金星（又称弃山星）高挂。据藏文历书记载，金星半年昼出，半年夜出。在拉萨地区藏历七月至八月初肉眼能看见此星。传说经此星光照射之水均成药水，而此期间的水比"圣水"还要灵验——用它洗澡可以除百病，全年身体健康、吉祥如意；用它洗脸，可以耳聪目明、头脑清晰。藏历七月，弃山星（金星）出现之时即沐浴节开始之日。之后的七天，无论城镇、乡村，无论男女老幼，家家户户带上洗澡用具，来到附近江河，在传说的药王赐下的"药水"中一洗痛快。按藏文历书的说法，此时的水一甘、二凉、三软、四轻、五清、六不臭、七饮时不损喉、八喝下不伤腹。沐浴节所展现出来的是藏族人民对自然的崇拜和对生命的珍重。

拉祜族的"祭太阳节"是云南省澜沧县拉祜族的盛大节日。太阳神庙建在背东向西的山坡上，除了在右头顶上留着智慧之辫的祭司能进去，任何人严禁入内。祭太阳神在立夏日，拉祜人说，这是一年中太阳赐光最多的一天。凌晨，妇女们手持竹箩，内装爆米花，围着寨心桩边跳边撒，敬献神灵，祈祷年丰。跳完，男人们敲着锣鼓，手持长刀，列队向山坡行进，先到太阳神庙下方的祖庙里烧香磕头祭祀祖灵，然后到太阳神庙，列队庙旁，举行祭祀。祭司念咒，人们边唱边歌边撒爆米花。此时太阳偏西，阳光直射神庙，金色的阳光、雪白的米花映衬着人们肃穆的面孔。直到祭司念完咒语褥词，人们把爆米花全部撒完，太阳落山，整个仪式才告结束。这种古老的民族节日体现了拉祜族先民对自然，对生命延续和生活安康的追求。

此外，还有穆斯林的"古尔巴节"，蒙古族的"那达慕"，苗族的苗年、四月八、龙舟节、吃新节、赶秋节等，应该说中国传统节日是充分展现生命内涵意识的平台之一。如果我们不充分重视各种现实的和具体的民俗资源，生命教育就可能会脱离现实、脱离文化，成为远离传统的空泛的高谈阔论。

二、传统民俗中的生命教育

在不同民族的历史中，文化、艺术、宗教等活动也以不同的形式表达着各自的生命内涵，展现出不同发展阶段的生命价值以及对生命的反思。文学、艺术、宗教等活动为我们敞开了古往今来人类的生命世界和精神世界，构成了生命教育研究的活水源头和坚实基础。

对于生命之定位及其存在价值的追问，是我国古代思想家始终沉思和讨论的话题。关于人类生命，儒家就曾提出过"天地之性，人为贵"和"人有气、有生、有知，亦且有义，故最为天下贵也"的观点。道家的老子在《道德经》中则认为人与天地是可以相提并论的，"道大，天大，地大，人亦大。域中有四大，而人居其一焉"。慈悲为怀、敬重生命的佛家则认为"人身难得，佛法难闻"，并在此基础上将"不杀生"列为"十重禁戒"的首要行为规范。由上可以看出，中国传统生命伦理思想以儒释道之生命观为基本要义，他们均认为人的生命是最为重要和根本的，而敬畏生命、关爱万物则是其首要的立场。

我国第一部诗歌总集《诗经》有云："敦彼行苇，牛羊勿践履。方苞方体，维叶泥泥。"这是运用最为质朴的语言所表达出的我们祖先对待生命的基本态度。生命永恒，中国传统生命伦理思想包含着丰富的崇生爱物、生命至上的思想，对于我们深刻反思当下生活中的生命危机，重塑生命认同，追求生命的真谛有着非常重要的价值。

在中国传统民俗中，一个人从出生到离世，会经历繁复的习俗。仅就出生一项就有"三朝"仪式（诞生后的第三天），赠送红皮鸡蛋、草药洗婴、颂咒驱灾，继而又有满月、百日、周岁剃发、认舅、命名、抓周等。一些礼俗逐渐消失，但成年礼、婚礼、葬礼却因是人生中划时代的礼仪依然受到重视。只是随着社会发展，观念变更，旧俗中的封建迷信成分逐渐减少，而庆贺、祝福等得以保持并得到进一步发展。在这些活动中，成年人言传身教，少年耳濡目染，与生命关联的知识代代相传。

云南少数民族拉祜族有给刚出生婴儿进行冷水沐浴的习俗，因为在长期与自然的斗争中，他们坚信，只有身强力壮的婴儿才能存活下去，这一自然淘汰过程会促进人种的优化，增强种群繁衍的能力。拉祜族没有明确的养生概念，但是在生活实践中形成了独具特色的一饭一汤菜的饮食习惯。除此之外，他们还喜欢饮用烤茶，也叫雷响茶，将干茶叶放在瓦罐中烤焦黄然后用滚水冲泡，这样的茶不仅味香，还有醒目提神的功效。拉祜族这些自然、生态的天人合一的饮食习惯，有利于身体健康。南美拉祜族寨中有产妇生孩子，全寨老少都会去帮忙，有经验的妇女进去帮助分娩，其他人则在门外一起给产妇喊号子助威；寨里有人去世，全寨人都会参与。通过见证生死过程，人们明白生死乃是自然现象。拉祜族的民俗文化对生命教育有着重要的启示。

我们可以从民族节日、民俗活动中提炼出节日民俗的精神传统。我们在传统节日民俗中可以经常看到与神灵对话的仪式，人们往往在自然时序的转接点与重要的农事季节跟神灵沟通。而伴随着节日民俗仪式与祭祀活动的是人们的系列民俗解释，"与节庆历史同时并行的是节庆诠释的历史"[1]。这种解释是各民族对过去

1　皮柏著，黄薏译：《节庆、休闲与文化》，北京：生活·读书·新知三联书店，1991：38。

的历史所做的变形的、片段或者象征性的记忆。虽然其中纷繁复杂甚至相互抵牾矛盾，但都是民众心路的历程，是他们的精神痕迹，更是其情感聚焦的所在。节日传说构成了民众精神生活历史的重要组成部分。

中国古代生命观同西方生命理念存在地域的差异，更有内在民族精神的巨大不同。中国古代传统生命理念是当今中国生命教育理论的根基，它决定着当代生命理论与实践的基本面貌，决定着生命理论与实践形态的建构。挖掘传统文化中的生命智慧，是生命教育在中国语境中的必然选择，并为中国生命教育的研究增添了厚度。

第三节　体育手段

一、体育娱乐休闲活动

本节的介绍内容涉及从19世纪后半叶起逐渐传入中国的西方体育运动项目，以及从20世纪最后十余年开始在我国兴起的极限运动。从19世纪后半叶起逐渐传入我国的西方体育运动项目，诞生于西方社会，因而曾经被我国群众视为"西方体育运动"，但由于在中国经长期流行，逐渐普及，有不少项目，如乒乓球、篮球、排球等，已经成为传统运动项目。

（一）体育运动项目

从大学校园开展体育运动的情况来看，当前，在我国高校，体育课主要内容包括田径的跑、跳、投掷，篮球，排球，足球，健美运动与健美操，游泳，乒乓球，羽毛球，网球，体育舞蹈，轮滑运动，台球等项目。它们一直是体育课和课外活动的主要内容。我们从每年体育课的内容和校园运动会的项目设置就可以看出其地位。

不过必须注意，对于这些体育运动项目的实施和效用评价，长期以来都是依据科学主义的基本原则：把科学性片面地理解为实证自然科学，实证研究把科学主义研究范式视为人类世界研究的典范。认为实证性和客观性是科学的根本，乃至唯一的特性或本质，只有符合这一标准的科学才是真正的科学。当然，科学主义研究范式具有精确性、具体性和可操作性的特点，强调归纳分析，把问题分解化小，由小到大，由少到多，最后达到完整的认识，强调精确而客观的量化处理和描述，因此在实践中曾起到过积极的作用。

但科学主义研究范式把自然科学方法引进到体育课程研究，从课程目标的制定、课程内容的选择、课程实施过程的控制到课程评价等完全依赖于科学主义是有缺陷的，尤其是用数学、物理学方法研究运动生理曲线，控制体育课堂行为，的确产生了不少负面效果。近年有研究人员指出，完全依赖科学主义推动体育的现象，事实上是重实证轻价值、重身体轻精神、重定量研究轻定性研究、重量化研究轻质化研究、重分解和精细的思维方式，势必将造成体育课程人文内涵的流失和教化功能的削弱，从而影响教育宗旨和教育功能的全面实现。事实证明，完全的唯科学主义研究范式并不完全适用于体育课程研究，人的生命价值和意义追求才是体育课程研究的核心目标。[1]

由于生命教育在学校的广泛开展及其丰硕研究成果的相继问世，从事学校体育教学工作的教师也逐渐对体育教学有了新的认识。人们已经认识到，体育活动，尤其是体育课程的内容应当与时俱进，即要让体育课程内容生活化，更应具有身体审美实效意识。因为，"身体美是人的最根本的生命"，为此，那些能塑造身体美、展露身体美的体育项目更应得到提倡。这正是艺术体操、团体操、冰上舞蹈、冰上芭蕾、花样游泳等项目受到大学生追捧的原因。

（二）休闲娱乐活动

1996年，杨玉琴等的《娱乐体育学》出版，标志着休闲体育作为一种新型活动在中国兴起。几年以后，"娱乐体育""休闲体育"的研究成果相继问世，大学生成为实施休闲活动的重要群体。在社会生活影响下业已发生变化的大学校园生活，使大学生的休闲活动在内容手段的选取以及功能上也有较大的变化。

长期以来，大学校园的体育娱乐活动的主要内容是跑、跳、投、掷类田径项目，尤其是娱乐性更强的乒乓球、篮球、足球、排球等。当前，这些项目在大学校园体育娱乐活动中仍占有最大比重，但是，一个明显的变化则是娱乐休闲功能已经加强。因而有些作者根据体育娱乐活动的这一特点，把大学校园这部分体育活动称作"娱乐体育"或"快乐体育"。

这在胡仁禄的《休闲娱乐建筑设计》中清楚地反映出来。作者为包括大学生在内的体育娱乐参加者提供的几种休闲方式，涉及了传统的活动形式以及项目的变化。

第一，娱乐型休闲。琴棋书画、歌咏、舞蹈的习艺和展演活动，影视作品、戏曲音乐的欣赏和观演活动以及各种游艺活动是最为普及的休闲方式，也是传统业余文化生活的基本形式。通过这类轻松愉快的业余文化交流活动，人们获得一种愉快

1　何劲鹏、姜立嘉：《体育课程生命化探究》，长春：东北师范大学出版社，2009：27-33。

的心境，从而达到消除疲劳和振奋精神的目的。现代科技的进步加速了娱乐项目的不断更新，给休闲娱乐活动不断增添新的情趣，对人们的休闲生活有着普遍和持久的吸引力。

第二，体育型休闲。无论是健身、健美、武术、球赛或其他各种体育竞技活动，都是有益于防身强身的积极休闲活动。这种休闲方式更适合于平时缺少运动的脑力劳动职业者，可达到增强体魄、提高工作效率的目的。这种休闲方式在经济发达的欧美国家中更为普遍，许多室内体育项目成为休闲娱乐活动的主要内容。

第三，游览型休闲。游山玩水是我国自古以来就崇尚的一种休闲方式。古时文人雅士的云游四海，今日学生的假日郊游远足或旅游观光皆属此类休闲方式。名山大川固然吸引游人，乡野生活和田园风光同样具有诱人的魅力。亲身一游，寓教于乐还能增智益身。

第四，进修型休闲。人们利用节假日系统地学习新知识和新技能，如学习电脑，复习外语，提高职业技能或家务技巧，研修科技知识以及研读文学著作等。这种休闲活动是对自身知识和技能结构的及时充实和更新，尤其对体力劳动职业者是一种积极而有进取意义的休闲方式，通过这种休闲活动，人们可为自身发展开拓新的方向和积蓄力量。[1]

尽管人们采取的休闲方式各不相同，但所追求的精神需求目标是基本相同的——满足人们求知、求美和求乐的欲望。其中"求乐"正是休闲生活的本质意义，人们可以从满足求知的欲望中取得成功的快乐，可以在从事兴趣爱好活动中获得发现和创造的快乐，可以在游戏、习艺、各种娱乐和体育活动中享受自我实现的快乐，也可以在观赏各种艺术展演和游山玩水中品味生活的真正乐趣。

（三）极限运动项目

20世纪60年代，极限运动兴起于欧美，其中大多数体育娱乐手段最初只是一批反主流文化运动的年轻人的个人游戏和娱乐活动方式。它们是这些年轻人放荡不羁、标新立异的"新颖"生活方式的标志之一。此后，这些运动形式席卷了美国和欧洲各大城市。90年代，借助美国有线电视网（ESPN）等现代电视媒体的大力推动，极限运动迅猛发展成一种潮流。1995年美国有线电视网举办第1届极限运动会，标志着极限运动已成为具有一定独立性的有组织的竞技体育活动。

盛行于20世纪70年代的交谊舞，80年代的迪斯科，到90年代的保龄球、网球，都已经不能满足人们日益增长的精神需求。对于一般性的刺激、享受，人们已习以为常、不足为奇，更加需要寻求刺激、释放压力。这时，人们便开始追求更为强烈

1　胡仁禄：《休闲娱乐建筑设计》，北京：中国建筑工业出版社，2011：1。

的刺激，从而获得精神满足。而极限运动的兴起，正好满足了人类的这一需求。

极限运动是由多项成型运动项目以及游戏、生活和工作中的各种动作演变而来，参与人群以年轻人为主的高难度观赏性体育运动，是人类在与自然的融合过程中，借助现代高科技手段，最大限度地发挥自我身心潜能，向自身挑战的娱乐体育运动。它除了追求竞技体育超越自我生理极限"更快、更高、更强"的精神，更强调参与、娱乐和勇敢精神，追求在跨越心理障碍时所获得的愉悦感和成就感。

极限运动的项目繁多，运动领域涉及"海、陆、空"多维空间。根据开展运动的条件，宽板滑水、水上极速摩托、单板滑雪、空中滑板等，可按季节分为夏季和冬季两大类，也可分为以"B3"（滑板、轮滑、BMX小轮车）为代表的"街区运动"和由攀岩、登山、溯溪与溪降等项目组成的"绿色运动"，后者的特点是强调运动在大自然环境中进行。

极限运动的兴起，使人们逐步离开传统的体育场馆，走向荒野，纵情于山水之间，向大自然寻求人类生存的本质意义。置身户外，以冒险形式所展现的极限运动成了人们超越自我、挑战极限的的重要方式。

二、中华传统武术与养生

（一）传统武术

1. 武术的实用价值

"武术"一词中，"武"是会意字，从字的形体上看，由"止"和"戈"两部分组成："戈"指战事，现在泛指一切用武力的活动，因而"止戈"就是制止武力活动；"术"意指策略、技艺、方法、技巧等。两者相结合就是制止武力活动的策略、方法、战术、技巧。[1]事实上，武术具有多重价值和作用。

（1）军训价值。

早在商周时期，人们就已开始利用"武舞"来训练士兵，鼓舞士气。春秋战国时代，诸侯争霸，各国都很重视技击术在战场中的运用，齐桓公举行春秋两季的"角试"来选拔天下人才。秦汉以来，盛行角力击剑。唐朝以来开始实行武举制，裴旻的剑术、李白的诗歌、张旭的草书并称"唐代三绝"，可见武术作为一种文化形式已经颇具影响力。中国武术自唐宋以后，逐渐传到了国外，日本、朝鲜、越南及东南亚国家习武者也不少，并形成了一些武术门派。到明代，虽然由于火器出现而武术练习作用减小，由于俞大猷、戚继光等军事家对武艺的推崇，武艺的习练也并未退出历史舞台。

1　李成银：《中国武术咨询大全》，济南：山东教育出版社，1993：61。

（2）教育作用。

习武者需有坚韧不拔的精神和意志品质，练习武术基本功，要不断克服疼痛关，磨炼"冬练三九、夏练三伏"的坚强意志，常年持之以恒，坚持不懈。之后为了达到动作规范，一遍一遍地纠正、强化，套路练习，习武者要克服"枯燥关"，培养刻苦耐劳、砥砺精进、永不自满的品质。当遭遇对手不敌对方时，要克服退缩、放弃的念头，锻炼勇敢无畏、坚韧不屈的战斗意志。长期的锻炼可以培养人们勤奋、刻苦、果敢、顽强、虚心好学、勇于进取的良好习性和意志品德。总之，练武对意志品质的考验是多角度、多方面的。因而武术自古到今，一直被人们当成修身养性、健全人格的一种手段。同时，武术深深植根于民族文化。武术实践和武术文化教育可以提高人们热爱祖国民族文化的爱国思想和民族自豪感，可以培养和增强中华民族的尚武精神。

（3）自卫用途。

武术的技击性具有防身御敌的功能。习武不仅能增强人的体质，提高身体的灵活性和反应能力，而且还能掌握各种踢、打、摔、拿、劈、刺的技击方法。这不仅可以作为公民自卫和御敌的手段，还可应用到公安、军警的训练和对敌斗争之中。例如，散打和擒拿术可以训练徒手格斗技术；把短兵运动略加发展，即可成为警棍的训练内容。即使在军事科学高度发达的今天，在公安、军警里广泛深入地推广技击术仍有现实意义。

（4）娱乐观赏价值。

武术具有很高的观赏价值。赛场上双方斗智斗勇的对抗性散打比赛，或是显示武功与技巧的套路表演，都会引人入胜，给人以美的享受，满足人们的精神需要。观赏武术表演，会给人以教育和乐趣，同时也丰富了人们的闲暇生活。

2. 丰富多彩的武术拳种

我国有丰富的拳种。大而言之，中国武术有外家拳术、内家拳术和内外双修的三大流派。

外家拳术以少林派为代表，以攻架见长，大开大合，硬攻直上，刚劲有力，善于先发制人，不给敌人以喘息机会，以朴实无华、内静外猛、勇猛强悍著称；有以拳打一条线、威发卧牛地、声如雷、势如火、动如闪电、打人不见形、打了还嫌迟、拳打一气连等特点。

内家拳术，又称"内家功夫"，以武当拳为代表。此派以呼吸见长，内养行气、外柔内刚，讲究以静制动、以逸待劳、乘势借力、避实击虚、后发制人，动作绵里藏针、柔中寓刚，提倡斗智不斗力、尚意不尚力。在对敌时，内家拳术强调贵化不贵抗，故而要求化去对方的劲力，而不是以硬对硬。

内外双修的峨眉武术也拳种林立。该流派讲究神形合一，究其风格而论，虽有高桩、中桩、矮桩，满手、半手，主刚、主柔，有腿、无腿之别，但手法要求掌不离腮，肘不离怀，紧骤机灵，圆转多变，步法讲究进如追风，退如着火，起伏转折，难于捉摸。

当下，大学校园内正流行武术。武术作为重要的实践手段可以为大学生生命教育提供实践资源的选择。

（二）中华传统养生

诞生于西方社会的生命教育学科，在诸如珍惜、尊重、敬畏个体生命和维护其尊严等原则方面具有普世价值，其关于生与死的智慧，对生命质量的规定，对生命本质的追寻，对健康生活方式的探究等，已为各国学者所接受，也得到了中国学者的认可。但是，当下流行于高等院校的生命教育毕竟是西方社会环境的产物，它的理论、方法及特有的研究范式，都受西方文化和历史传统的影响与制约，学说指向是以西方的现实需要为目标，只有在西方社会文化背景下才具有完全的、真正的意义。[1]作为社会主义国家的中国，社会主义核心价值体系是社会系统有序运行的基本精神依托，也是与生命教育相关联的价值观的思想基础，而西方社会奉行的个人本位价值观并不能自发达致公共利益，不能实现个人与社会对立中的统一与和谐。尤其是在当下西方国家，个人本位生命价值被严重"物化"和"异化"，因而中国学者引进西方生命教育学科时必须有所扬弃。而且，也正是由于它的这种西方文化背景，在尚未广泛充分吸收世界各国、各地域、各民族关于生命教育的积极元素的情况下，这一学科便必然因先天性缺失而成为一种片面之学，引进者也因而不可能达到其引进的功效预期。这在与进入中国后的西方生命教育的理论和实践的比对中得到了多方面的印证。

首先，在理论上，现行高校生命教育的教材或著述依据的是文艺复兴后形成的，以近代分解、分析手段为主体的实验科学方法，立足于决定这种方法的哲学观——还原论，即将生命有机体的活动还原为定义明确的细胞和分子机制的理论。而作为最具中国理论特色的哲学观——整体论，则是以宏观（直观）的经验为其基础，与还原论大相径庭，难以为西方人所理解和接受，因而几乎被完全排除于这类教材和著述之外。

其次，同样由于这种整体论与还原论的矛盾，以及因与前述西方个人本位价值观念相左，当下高校流行的大多数生命教育的教材或著述对于中国古代流传至今，已为实践证明行之有效的各家养生观念也同样采取了排斥态度。

---

1 龙海霞：《生命教育研究中的本土意识》，载《教育评论》，2011（3）：48。

最后，在高校生命教育对实践手段的选用上，情况也如此。在中国已有数千年历史的养生实践手段，如气功、静坐、武术等，本来应当作为高校生命教育的巨大财富而被广泛使用，但是，由于受制于西方理论（即前述还原论、个人本位价值观等），当下高校生命教育的实践多半采用了西方体育手段。当然这里必须附带说明，北京大学、清华大学、中国人民大学等高等院校，早已在学生中开展诸如静坐、导引等实践活动，而且还经常组织校际间的比赛，但这类活动多半是针对那些不能参加剧烈体育运动的学生作强身健体之用的。[1] 除个别教师外，这些活动也并未被教育者自觉同生命教育挂钩。

这些情况表明，在当下高校生命教育领域，中国传统养生基本上还是一个相当薄弱的环节。忽视中国自身的养生传统，是当下高校生命教育领域的严重缺陷，也是不能充分发挥其教育作用的原因之一。因此要提高生命教育学科的教学质量，高校生命教育的推动者首先必须对自身的体育养生传统有清醒的正确认识，认识到这种传统是完善学科建设的重要本土资源，从而能主动自觉地将其融进生命教育的研究和教学活动之中。

1. 中华传统养生在高校生命教育中的意义

养生是一个相当复杂的概念，东晋学者、养生学家张湛在《养生集序》中曾说："养生大要：一曰啬神，二曰爱气，三曰养形，四曰导引，五曰言语，六曰饮食，七曰房室，八曰反俗，九曰医药，十曰禁忌。"[2] 这段话包括了玄妙之理、实践与男欢女爱等，足见古代养生的复杂性。但综合分析中国古代养生理论，可归纳为两大目标取向：一为祛病防疾，延年益寿，即本书之谓"养身"；二为涵养心志，修身养性，即本书之谓"养心"。这就是说养生包含了形体锻炼的"养身"和精神炼养的"养心"两个方面的内容。

（1）养身——祛病防疾，延年益寿。

关于养生有一个普遍流行的看法是："养生……就是通过各种方法增强体质，防病祛病以达到延年益寿、尽终其天年的理论和方法。"[3] 其实这种看法是比较片面的，因为它只看到了养生对人体健康和生命的影响，而忽视了养生对人的精神层面的关照。因此纵然后来有作者进一步强调，养生既需要外在的身体锻炼，又需要内在的深度存养，即"精、气、神"的育成[4]，这种观念也仍然停留于人的物质层

1　张琬琦：《中国人民大学师生在首都高校传统养生体育比赛》，http://tiyu.ruc.edu.cn/a/xinwengonggao/2011/1219/1290.html，2011-12-19/2012-2-20。

2　张君房：《云笈七签（卷三十二）》，济南：齐鲁书社，1988：181。

3　刘晓瑞：《孔子与中国古代养生文化》，载《南通师范学院学报（哲学社会科学版）》，2003（3）：94。

4　李重申：《中国传统养生》，北京：高等教育出版社，2007：1-10。

面之上。事实上，养生的意义更在于它对人的心智层面，即"心"的深切关注。我们将此称为"养心"。

（2）养心——涵养心志，修身养性。

毫无疑问，养心对于当下高校生命教育应当是最有价值的核心部分。孟子说"养心莫善于寡欲"（《孟子·尽心》），佛家也有"养生先养心"之说，医家则要人"恬淡虚无"，即保持平淡宁静、乐观豁达、凝神自娱的心境。这就是古人力图通过减少不健康的欲望，达到涵养性灵，实现心理平衡的重要原则和方法。正是这种原则和方法使人能顺乎自然、清心寡欲、身心超然、性情豁达，并因此得以处逆境而不焦虑气馁，入名利之场而不为沉浮所动。持此宽阔胸襟，有何得失不平不能容纳，更何谈跳楼蹈水？

养心又因与养德相通而功效更卓。人们普遍认为，"德"即"善"，"善"即"不作恶"，"不作恶"则能获得内心的平静，远离了过思焦虑，故而少疾；作恶者则终日处于算计与被算计之中，图谋的是巧取豪夺，恐惧的是恢恢天网，故而气机逆乱，阴阳失衡，致多病而短寿。[1] 20世纪90年代，巴西医生阿尼塞托·马丁斯对贪污腐败行为与疾病死亡的关系进行了为期10年的研究之后指出，行为腐败者易患癌症、脑溢血、心脏病等疾病。[2] 可见养德对于蠲除人的贪念和私欲，使之保持清净心境，树立高尚品德具有何等重要的作用。大学生的生命教育一定不能缺少"德"的支撑。

（3）养生的哲学基础。

上述养身和养心内容是立足于中国古代传统哲学观等观念形态的基础之上的，具体见于精气神概念、阴阳五行学说、动静相辅相成思想、整体与局部的对立统一以及天人的相互联系规律等之中。统而言之，这是一种带有朴素唯物主义和自然辩证法特征的整体观。让这种观念进入中国当代生命教育理论体系，将避免还原论见树不见林的认识局限，能够形成中国高校生命教育学科既重整体又关注局部的优点。关于这点，美国的弗里乔夫·卡普拉说得好："还原论与整体论，分析与综合，都是互补的方法，适当保持这两种方法的平衡将有助于我们更深刻地认识生命。"[3]

1　彭措：《生命驾照：大中医全息立体养生保健全书》，北京：中国水利水电出版社，2009：209。
2　佚名：《贪污受贿与疾病死亡》，载《体育世界》，1994：46。
3　弗里乔夫·卡普拉：《转折点——科学、社会和正在兴起的文化》，成都：四川科学技术出版社，1988：258。

2. 中华传统养生术式在高校生命教育中的价值

古代中国留下了大量经实践证明行之有效的养生方法，其中儒、道、释、医、武术诸家的术式各具特色。它们曾因体现了古人的某种精神诉求而被视为最具品位的养生之术，直至今天，仍不失为养身、养心的有效手段。从中医学界"提炼"出的最具代表性的气功养生和拳操养生两类术式可以得见其基本价值。

"气功养生"是最常见的一类。这类术式通过对自身姿势、呼吸、意念的锻炼，达到调节人体心身机能，使之趋于更为有序状态的目的。由于历史上道、佛、儒、医、武术等门派众多，练功方法和形式各异，故有吐纳、导引、行气、静功、内功、坐禅诸名，但要点还是为"调身""调息""调神"三术。另一类"拳操养生"则是通过身体运动来达到调理气血、强壮肢体、改善内在机能状态等目的。从庄子时代的"熊经""鸟申"，到东汉华佗的"五禽戏"，直至唐宋以后的八段锦、十二段锦、易筋经和太极拳等，都属此类。这两类身体运动与跑、跳、投掷等讲求强化体能，强调生命力的表现和超越，并以提高人的速度、耐力、力量等身体素质为目的的西方体育手段大异其趣，因而也是能有效补充生命教育的手段。

在气功养生和拳操养生术式广传世界的过程中，其医疗保健作用和涵养性情价值也不断被证实。这类术式能使血压降低，心率下降，心肌耗氧减少，左室功能改善，尤其是能使与自杀有密切关联的血5-HT浓度降低。还有测试表明，每天练习静坐20分钟，持续一周后，专注力和情绪控制力都会有所改进，焦虑、情绪低落、愤怒等负面情绪能明显下降。这些术式神秘的心身反应机制还有待我们继续探索和揭示。

然而，国内外大量研究成果并未在生命教育领域得到及时应用。比如在美国，为消除学生自杀、吸毒、酗酒等不良现象，在对学生进行健康生活方式教育的过程中，各学校大力开展球类、游泳、举重、慢跑、跳绳、舞蹈、健美等活动。[1] 而已经在美国医疗、康复实践中广泛流行的气功养生和拳操养生术式，却并未得到使用。在国内，北京大学、清华大学、中国人民大学虽然在开展气功养生和拳操养生活动，但这些活动或是以"各行业董事长、总经理及高层"等为对象，或是针对身体赢弱不能参加剧烈运动的学生而设。正因为如此，清华大学历史系方朝晖教授的传授方法值得特别注意。他为使学生亲身体验到养生的功效，每节课前都要学生进行静心、观心、净心练习，并对过劳死、英年早逝、情绪障碍与轻生行为等进行思

1　王建平：《美国学校健康教育的问题与对策研究》，北京：首都师范大学出版社，2004：83。

考，以从中体察修身养性对于当代生活的巨大意义。[1] 方教授在高校的尝试开创了养生活动化解现实问题的先河。

传统养生进入高校生命教育领域和课程，是以完善当下高校生命教育为其出发点和归宿的。这对于存在理论和实践缺陷的西方生命教育在中国高校的有效施行，是符合逻辑的必然结果。

中华传统养生进入高校生命教育领域，将使学生能更多地接触到人类在生命教育的历史长河中形成的有深度、有厚度的理论和有效用且极具操作性的多元实践资源。由这种资源培育出的人格，也自然更加完满而充实。另外，从学科发展的角度来看，将中华传统养生融入高校生命教育，本身就体现出西方生命教育在中国高校的本土化实质，同时也体现出本土学者的学术自觉。[1]

因此，一方面，高校的生命教育应尽早吸取中华传统养生的理论内容，以完善该学科的建设，尤其是教材的建设。近年来，笔者在开设生命教育课的实践中，越来越感受到高校生命教育课一旦摆脱纯粹西方生命理论的片面言说方式，而与中国传统养生理论和实践相结合，便能收到事半功倍的教学效果。另一方面，在高校，也应尽早开展传统养生实践的活动，其目的不仅在于增进学生健康，同时也在于通过实践活动使大学生拥有利用传统养生手段化解负性生活事件不良影响的能力。

三、其他东方健身手段

（一）瑜伽

瑜伽是梵文"YOGA"的音译，意思是"结合、统一"。瑜伽起源于古印度，最早记录见于5000年前的达罗毗荼人时期，是一种以静坐、冥想、苦行为主的身心修行方式，逐渐发展为以婆罗门哲学为基础，集哲学、宗教、科学和艺术为一体的文化。瑜伽最早为苦行，是一种修炼身体的灵修技术，夹杂着巫术与神话，追求与神相通的能力，体现了人类试图摆脱自然束缚的美好愿望。而后到了《薄伽梵歌》，瑜伽成了印度主流文化的重要组成部分，是一个包含哲学观、知识、行为规范的统一体，并且伴随着《瑜伽经》对其思想的系统整理，瑜伽从最初技术层面的修行走向了与哲学、宗教结合的道路，成为印度文明的重要组成部分。随着社会的发展，特别是近代以后，伴随着人的审美观念和健康观念的发展，瑜伽在满足了当代大众塑造形体、强身健体、缓解压力等实用性需求后，开始从印度走向世界。根

1　方朝晖：《〈儒家经典导读〉的课程信息》，http://learn.tsinghua.edu.cn/learn/courseinfo.jsp? course_id=64236，2012-2-20。

据美国《瑜伽期刊》估计，在美国目前有超过600万人在学瑜伽，1 700万人对瑜伽感兴趣；[1] 英国也有超过50万人学习瑜伽；西班牙人对瑜伽也十分热衷。在韩国和日本，瑜伽同样也已盛行多年，并产生了极大的影响力。近年来瑜伽在中国风行，市场趋于繁荣。据统计，瑜伽练习光碟2002年产值达到约340亿元，且近几年中国的瑜伽市场一直保持17%以上的年增长率。[2] 2014年9月18日，习主席访问瑜伽的发源地印度，并在印度世界事务委员会发表主题演讲《携手追寻民族复兴之梦》，首度将印度瑜伽和中国太极提到同一个高度。习主席说，中印两国人民奉行数千年的生活哲理深度相似，印度瑜伽和中国太极，印度阿育吠陀和中国中医有惊人的相似之处。可以说，瑜伽未来将成为中国最主要的健身项目之一，现下许多高校体育学院配备专业师资开设了瑜伽选修课程，拥有一大批大学生瑜伽爱好者，通过各种不同的方式加入了瑜伽的练习之中。我们要分析瑜伽教育对大学生的作用，正确运用瑜伽教育这一术式资源，将其运用于高校生命教育，提升大学生的生命质量。

1. 瑜伽教育的健身功能

从现代科学的角度来看，练习瑜伽对塑形、减肥、身心健康有一定的功效。这也是它风靡全球，得到普遍认可的重要原因。在印度，人们相信通过瑜伽的修行可以消除各种不良习惯，强身健体，并且摆脱病痛的折磨，获得身体内在的平静与快乐。湖南城市学院体育系的燕成，就长期瑜伽训练对肥胖女大学生脂代谢及相关激素水平的影响进行实验研究，经过16周，每周4次课，每课1小时的实验研究，得出以下结论：长期中等强度瑜伽训练能促进肥胖女大学生体脂分解，降低血脂水平，改善血脂成分，降低胰岛素和瘦素水平，改善肥胖状况。[3]

此外，练习瑜伽也有改善呼吸系统、消化系统等内脏功能，辅助治疗的作用。瑜伽的所有姿势、冥想都必须配合呼吸进行，只有通过正确的呼吸才能够让练习者充分感受到身体的拉伸、扭转和挤压。而生命离不开呼吸，呼吸代表着生命力，也是更新和代谢的力量。在瑜伽练习中，不同体位须配合不同的呼吸方式，其中腹式呼吸是一种最基本的呼吸方式，它可以逐步使肺、肋骨、横膈膜等肌肉群在呼吸时运动到最大幅度，让空气充满肺部。因为学者认为："人一生的呼吸量是有一定限度的，呼吸又快又短，人一定早逝；相反，呼吸缓慢深长，犹如品尝空气的人，

---

1 李秀：《太极拳与瑜伽之比较研究》，载《海南大学学报》，2006（9）：446-450。

2 惟风：《今天你"瑜伽"了吗？——冷静看待瑜伽热》，载《科学与文化》，2005（11）：12-13。

3 燕成：《长期瑜伽训练对肥胖女大学生脂代谢及相关激素水平的影响》，载《北京体育大学学报》，2009（8）：65-67。

可以像龟鹤一样获得长寿。"[1] 瑜伽练习中正确的呼吸能够加速毒素的排除和清洁肺部；此外对肠胃也有一定的挤压和按摩作用，促进肠胃蠕动，增强消化液的分泌量，从而加强消化与代谢功能；同时使肾脏供血充足，增强新陈代谢的功能，对胃病、消化不良等疾病的辅助治疗也有很好的效果。瑜伽大师张惠兰就曾经说过瑜伽姿势与针灸和太极一样，能打通经脉堵塞之处，促进"气"在全身上下的流动和平衡。气息通顺才能保证内脏的活力，发挥内脏的最佳功能，从而使身心达到最佳的状态。

此外，练习瑜伽还能够提高运动器官的技能水平。长时间进行各种不同瑜伽姿势的练习，如许多静力性动作（舞蹈式、树式、三角式等），因为这些姿势能很好地按摩和伸展肌肉，灵活关节，不仅可以使一个僵硬的身体更趋柔软，同时也能发展身体的力量，促进肌纤维增粗，增加肌肉组织内收缩蛋白的含量，促使分布于肌肉中的毛细血管增多，并使肌肉变得丰满发达。瑜伽的许多练习在放松身体的同时也强化了肌肉力量，所以正确的瑜伽练习出来的身体状况是松紧合适、内外协调，肌力也随之明显增大。

2. 瑜伽教育的育人功能

瑜伽除了在健身方面成效卓著，对大学生进行瑜伽教育，还应强调它的育人功能。瑜伽不仅是一项健身运动，更是一种生活态度。它教导人们树立积极乐观的人生观，消除人们对衰老和死亡的恐惧。它要求人们做到非暴力、真实不讹、诚实不盗、控制性欲、不贪，从而进入内心宁静的状态。它揭示人体的奥秘，让人们重新认识自己、改造自己，敬畏生活，远离忧愁、焦虑、仇恨、疾病，靠近祥和、欣悦、快乐、健康。[2] 因此，在高校进行瑜伽教育要充分发挥它对大学生的教育功能。

高校瑜伽教育要引导大学生关注精神层面的追求。瑜伽一度在美国成为嬉皮士青年寻找自我的新方式。约翰·列侬和他的三个同伴以及大野洋子就追随着瑜伽大师玛哈士来到印度的瑞诗凯诗，学习超觉静坐并进行灵性修养。列侬甚至声称通过冥想、默念、静坐和修习，他们找到了所谓的"极乐世界"。1968年，他在瑞诗凯诗时写下的一首歌词说道："印度，印度，领我进入你的心田；掀开你古老的神秘，我在寻觅一个谜底；我知道我永远不会在这里找到，它将出现在我的意识深渊；印度，印度，请聆听我的祈盼，我独坐在你的脚边，请你不要离开……"尽管嬉皮士所倡导的极乐世界和瑜伽精神与心灵的合一相差甚远，但至少也说明了瑜伽

1　沈维德：《瑜伽健身术》，上海：上海文化出版社，2004：22-24。
2　室利·阿罗频多：《综合瑜伽》，上海：华东师范大学出版社，2005：294。

对练习者可以起到精神层面的引领作用。瑜伽练习强调的精神主义至上，对于纠正一些大学生过分注重物质、注重享受的观点有一定的作用，帮助他们将注重物质的价值观转变为强调精神的价值观，在学习、生活和工作中树立人生的目标和理想。

瑜伽教育能够增强大学生的自我控制能力和宽容心理。自我控制能力较弱是当代大学生的通病，从而导致很多大学生沉溺于网络游戏，上课精力不集中，对待工作和学习三分钟热度，无法做到持之以恒。而高校的瑜伽教育在一入门就必须训练大学生精髓的专注与集中，这是后续练习的基础。瑜伽通过梳理身体中堵塞的气流来调节紊乱的心绪，当心灵抛开烦躁、忧郁和压力而平静下来的时候，人的注意力会变得更集中，洞察力会变得更深刻，人的智性提升。这种在瑜伽练习中受到的意志力自我控制的教育可以迁移到大学生的学生、生活中，帮助他们养成自律的好习惯，增强其内在气质，在潜移默化中改变他们的行为习惯，使其学有所获。此外，瑜伽练习让练习者在安静的环境中感受自己，对自己进行检查和反思，对改善人的心态有积极作用。良好的心态也会使大学生以感恩的心对待身边的人和事，通过自身的同情和爱完善自己，建立良好的人际关系。

（二）跆拳道

跆拳道是现代奥运会正式比赛项目之一，是一种主要使用手和脚进行格斗或对抗的运动。

跆拳道，一种源于朝鲜半岛的技击术，是由朝鲜三国时代的跆跟、花郎道演化而来，于韩国民间流行的一项技击术。当今的跆拳道已经发展成一种集力学、兵学、哲学、医学、伦理为一体的技击运动。跆拳道讲求以技击格斗为核心，以修身养性为基础，以磨炼人的意志、振奋人的精神为目的，是将人类生存意识通过躯体表现出来，并将人的精神需求具体化的一项体育运动。[1]"跆拳道"三字均有具体的意义所指："跆"指脚的蹬踢、腾跃、踢击；"拳"喻拳掌的打击、攻击和防御；"道"即一种方法，一种结合。"跆""拳""道"三字连用，简言之，就是一种利用手脚攻击的技击术。

跆拳道动作简单、直接、实用，是一项拳脚并用的，必须活动全身肌肉、关节、神经的综合性体育运动。大学生在练习的过程中，可以通过全身的运动，使人体所有的器官都运动起来，进而锻炼身体，刺激脑细胞的发育，强化人的体力和脑力，开发出人的智力、精神的潜能，提高人的分析力、洞察力、观察力、判断力，使人的主观活动更具有创造性和建设性，产生一种强有力的实践意识，从而更加自觉地参与社会活动和社会实践，勇敢地面对一切自然的和人为的挑战，最终战胜困难。

1　岳维传：《跆拳道200问》，北京：人民体育出版社，2004：2。

此外，跆拳道讲究礼始礼终，内外兼修。在任何场合下，跆拳道练习者始终以礼相待。练习活动都要以礼开始，以礼结束，以养成谦虚、友好、忍让的作风，在道德修养方面不断地提高自己。

（三）柔道

柔道是一种以摔法和地面技为主的格斗术，现在已是奥运会比赛项目。1882年，嘉纳治五郎综合当时流行的各派柔术的精华，创立了以投技、固技、当身技为主的现代柔道，同时创建了训练柔道运动员的讲道馆。柔道在日语中是"柔之道"的意思，也就是"温柔的方式"。柔道是一种对抗性很强的竞技运动，它强调选手对技巧掌握的娴熟程度，而非力量的对比。

当前，我国一些大学已经出现柔道社团。调查发现，柔道课程在北京市普通高校的开展还处于初级阶段，开设课程的学校很少，只有清华大学、北京科技大学和中国石油大学开设了柔道选修课，其他学校都不曾开设柔道选修课，并且近期也无开设柔道选修课的计划。在已开设柔道选修课的三所高校中，清华大学和北京科技大学同时有柔道专项队的建设，而中国石油大学没有，仅仅是面向普通学生开设的一门课程。

柔道作为一种高校生命教育的实践手段，具有重要的作用。第一，健身作用。在日本，柔道经过了"由术至道"的转变，由一项实用技击术转变为国际性体育项目，有许多成功的举措。柔道来源于柔术，柔术转变为柔道虽仅一字之差，但是在内容和目的上却发生了根本的变化。柔术是一种纯粹的技击术，而柔道把技击术的练习变成了以育人为目的的手段。柔道的创始人嘉纳治五郎认为，柔道并不是为了消除对手能力的实用技术，而是在健身"体育"的基础上注入"修心"这一精神成分，使相对的两者都能发生作用，并把健身修心的功夫融合在柔术之中的一种运动。第二，教育作用。柔道在转型的过程中，提倡由术至道，增加了项目的教育作用。这使得柔道适合于青少年的身心发展，也使处于衰落的柔术焕发了青春。可见，武术中的道德教育，不仅不能在走向竞技时缺失，而且应该更加予以关注。嘉纳先生曾经说过，最有效地使用身心之力指的并非是"术"，而是"道"。柔道同柔术的方法不相同，目的也更为广泛，柔道的原理不仅包括技术，而且还包括能力，这种能力指的是无论在什么情况下，都能用学到的方法和原理最有效地发挥出人类本身的能力——这就是柔道。

最有效使用身心的态度，不仅适用于柔道练习，我们在日常生活中应用和处理各种事物时也应持此态度。这一日常生活的态度也反映在社会生活中：相互融洽协调、互助互让、共同进步，个人同社会和国家的发展息息相关。嘉纳先生将此原理概括为一句话，即最善于活用精力或善用精力。遵循这一原理的社会生活目标必然是"共同进步"。

（四）泰拳

泰拳（Muay Thai）是泰国民族传统技击项目，以力量与敏捷著称，运用身体四肢的拳、肘、膝、脚等八个部位作为击打武器，杀伤力大。泰族于13世纪成立暹罗国，此后在长期战事中逐渐形成一种手脚并用的暹罗拳术。这种拳术的攻击方法包括头顶、口咬、拳打、肘撞、膝顶、挖眼，以及脚的踢、踩、蹬、绊等。泰拳即由此种拳法发展而成。泰拳在泰国十分普及。自20世纪30年代起，选手开始戴拳套，比赛分回合。1970年成立"泰国拳击议会"。如今，泰拳已传至世界各地，也在我国广东、北京、山东、河南、四川、上海、重庆等省市流行。

泰拳本身具有重要的体育价值，泰拳的训练无疑是上佳的体育运动模式。凡是正式修炼泰拳的拳手，在生活和操行方面都要依循严谨的修炼规律，并且要遵从所属拳馆师傅的师诲，接受正规泰拳武术系统的练习程序。直到参与正式修炼的泰拳手拥有坚强的体魄、敏捷的反应，其拳术水平才能得到提高。所以泰拳的修炼规则既是严格的生活纪律，又是严格的体育纪律。由于泰拳在技术上要求拳手的拳艺技术全面发展，拳师在体格上的发育因其独特的训练方式而达到均衡、美观。泰国职业拳师常被称颂为各类运动中体形与状态最优异的运动员，实是高度体育纪律的效果。综上所述，泰拳可谓集多项美质于一体，是沿革、娱乐、武学、艺术及体育的结合。所以泰人常以其拳术为自豪，如已故泰拳宗师阿赞桀曾说："泰拳乃泰国民族独有之瑰宝。"

在现代社会环境下，大部分人自青年时期内心就或多或少受到了压抑。我们所受的教育和所处的社会环境不允许展现暴力，压抑自己，是为了能实现与其他人的高效合作。可是，纷扰的世界难免让我们困惑，很多人在日常生活中都会感到巨大的压力，这些压力来自工作、家庭乃至街头巷尾。为了避免冲突，我们就要选择另外一种方式来释放在身心已积压成型的负面能量。[1]

我们可以通过武术来表达内心的恐惧、愤怒和压力，而泰拳的理念就是通过具有爆发力的动作来使压力得到最大程度的释放。事实证明，耐力训练是无法将压力全部排解的，主要原因在于压力通常是在不经意间爆发出来的。当一个人生气的时候，他会叫喊，做出突然的举动，击打物体甚至是摔东西。而在练习拳术的过程中，受训者要在训练时学会将压力（比如恐惧、愤怒和攻击欲）当作一种良好的控

---

1 阿诺·范·德·维尔著，王政、吴晓蕊译：《荷兰式泰拳》，太原：山西科学技术出版社，2016：12。

制情绪的工具，而不是把它们转化成需要集中注意力才能得到良好控制的行为。

此外，练习泰拳也是一种生活方式。真正的斗士平和、谦恭，举止得体，善于交际；斗士懂得感恩，并且乐意将这种想法同他人分享，是社会的重要典范。因此，在日益变化的社会中，搏击者必须意识到自己的社会影响力，规范自身的言行。

第四节 利用路径

诞生于西方和中国传统文化中的实践资源，其实是各民族发展中的一项重要的文化遗产，承载着丰厚的历史文化内涵。它是指在历史过程中形成的一种特定的精神信仰与价值观念以及行事的习惯模式。有人进一步说：传统是在文化发展中由社会集体记忆的"既有的解决各种人类问题的文化途径"[1]，是民众精神信仰、审美情趣、伦理关系与消费习惯的集中展示。一方面，我们应该充分认识实践资源的价值与意义，并能主动积极地进行传承与建设；另外一方面我们多样的实践资源为大学生生命教育提供了得天独厚的条件。因为中西方文化中的传统资源中所赋予生命教育的意义，既是对悠久文化理念的继承，同时也具有显而易见的现实意义。这种与个人生命成长体验有着深刻关联的实践资源，不仅教会我们与自然和谐相处，更能唤起我们对生命本身的深刻省思，令我们主动来检视自己人生的每一个成长阶段。但是，中国当下传统文化中的实践资源也遭遇了一系列问题，如民俗和节日人文凝聚功能逐渐降低，青年人对传统节日的观念日益淡化，节日内涵流于形式而忽视内涵，西方文化对传统节日文化的冲击，等等。因此，依托传统文化中的实践资源来开展具有本土特色的生命教育，是以教育的形式传承传统文化。《非物质文化遗产教育宣言》明确指出："教育是人类历史发展的重要文化方式……政府与公民应自觉、自主地去保护传承发展本社区的非物质文化遗产资源，尤其在国家九年义务教育的推广中应加强本土非物质文化遗产的传承认知。"[2] 面对如此困境，高校生命教育中对实践资源的应用应该满足时代发展的需求，根据大学生的身心发展特点去寻找有效的运用策略。

1　傅铿、吕乐：《论传统·序》，摘自E. 希尔斯：《论传统》，上海：上海人民出版社，1991：7。

2　普丽春：《少数民族非物质文化遗产的教育传承研究——以云南省为例》，北京：民族出版社，2010：243。

一、充分运用各种教育渠道彰显实践资源的生命内涵

传统文化中的实践资源往往具有丰富的生命内涵，它们是在长期的民族历史发展过程中逐渐形成的，作为传承民族文化的重要载体，是凝聚社会群体的重要力量。民族节日是文化间对话、交流、理解、欣赏的桥梁，是调整社会内部关系的最佳方式之一，同时节日是展示个人才艺、表彰伦理道德、弘扬民族精神的时机。应该说，传统文化中的实践资源的生命内涵十分丰富，但是由于它们大多产生于农耕渔猎社会，随着社会发展和科学的进步，表面实用价值不强的实践资源在多重文化冲击下与现代社会形成了一定的距离。另外，现代社会中，基于血缘关系的形成，具有宗法性特点的家学遭到了解构。家学中应当承担的家庭教育理念、文化的传播、良好家庭环境对孩子的熏陶等作用，在应试教育指挥棒下有所缺失。随着中国社会经济的快速发展，很多家庭更加重视的是经济功能和升学情况，一些学校和这类家庭一样，将焦点始终集中于学生认知目标的实现，而忽视了对学生进行传统文化资源的教育，社会也因传统文化非实用性而逐渐降低了其利用价值，其现实结果就是，传统文化中的实践资源的内涵逐渐被世人所忽略。即便保存下来并得以发扬光大的，也是只留下了一些外在的形式。如有的学者对盛行于全国各地、形式多样的少数民族节日进行调查，发现很多地方政府更加看重民族节日带来的经济效益，而忽视了节日本身所蕴含的文化内涵。如每年8月让全国游客趋之若鹜的凉山彝族火把节，就应该是活态传承民族传统的节日，而不应该仅仅是喧嚣的新闻造势和肤浅的感官享受，不应舍本逐末地聚焦于表面浅显的载体，更应自觉传承其内在的传统文化意义。正如露丝·本尼迪克特在其《文化模式》中指出："个体生活历史首先是适应由他的社区代代相传下来的生活模式和标准。从他出生之时起，他生于其中的风俗就在塑造着他的经验与行为，到他能说话时，他就成了自己文化的小小创造物，而当他长大成人并能参与这种文化的活动时，其文化的习惯就是他的习惯，其文化的信仰就是他的信仰，其文化的不可能就是他的不可能。"[1]去文化的民族传统节日，让人们对许多传统节日和民俗感到越来越陌生，鉴于此，依托传统节日进行生命教育的首要工作就是利用各种方式和渠道，充分展现传统节日的生命内涵。

生命教育的实践可以通过以下的渠道与途径展示传统文化中实践资源的生命内涵。第一，开设相应的选修课程。采用多样的教学手段，讲解中西方传统文化中的节日与民俗，让学生结合自身的体验进行讨论，使学生从认知和情感层面认识和体

1　卡尔·波普著，杜汝辑、邱仁宗译：《历史决定论的贫困》，北京：华夏出版社，1987；R.本尼迪克特：《文化模式》，北京：华夏出版社，1987。

验传统节日的生命内涵。如高中思想政治必修三《世界文化的多样性》，就以文化与生活、文化传承与创新、中华文化与民族精神、发展先进文化等四个主题，让学生去感受、透视和尊重文化的多样性。这个主题单元就涉及了中国传统节日以及节日背后所包含的民族文化内涵。此外，众多高校都非常重视少数民族节日，如藏历新年。藏历新年到来之时，高校组织藏族学生和汉族学生一起做切玛，喝酥油茶，互赠哈达，跳锅庄。这样的活动表达了对少数民族文化的尊重，也让汉族学生感受藏族的民族文化。第二，在各类校园活动和社会实践活动中，结合传统节日的生命要素，提升实践活动的文化主题。如，在清明节期间郊游踏青、祭扫先烈，重阳节到敬老院慰问孤寡老人，体验生命的危机等。此外，在高校还可以通过举办传统节日的礼仪活动、展示文艺作品等，充分感受人与自然、他人和社会之间的生命关系；通过制作特定节日的纪念物品感受来自生命深处的人性呼唤；通过各种与特定节日相关的诗词歌赋、音乐等文艺作品来体验生命中的各种要素及其时代张力等。

二、注重对实践资源的生命特质的日常性生活体验

对于体验的理解可以分为以下几个层面：第一层含义是从心理学层面上来讲的，它是对外界事物的感受所产生的情绪情感体验，或者是在偶然的情境下产生的，它具有诸多的无意识成分。第二层含义是从认识论的角度来讲的，体验有与经验相同的部分，通过体验达到认知理解，是一种整体主义的认识和理解，而不是一种主客二分的分裂的认识和理解。第三层含义是从本体论意义上来讲的，认为体验是生命存在的方式，不断的体验构成了人永不停息的生命，它使人不断地追寻生命的意义和价值，不断实现对生命的超越和创造，是一种"内在于人的身体并改变人的身体存在形态的经验"[1]。体验作为生命存在的最基本形式，是教育的起点，因为只有这样，"才能使个体生命向世界保持良好的积极开放的态度，使个体乐于与周遭世界进行活泼丰富、富于爱心的交流，使个体在与世界的交流中充满感动、激情和想象，这些都是追求真、善、美的内在基础"[2]。只有这样，生命教育才能够让学生在个体生活中感悟人生，获得精神的生长。这也是生命体验不断获得与丰富的过程。对传统文化实践资源的生命特质进行日常性生命体验主要包括两方面含义。

1　孙利天：《21世纪哲学：体验的时代》，载《长白学刊》，2001（2）：36-40。
2　刘铁芳：《生命情感与教育关怀》，载《高等师范教育研究》，2000（6）：26-30。

（一）把握实践资源中的现实生活旨趣

尽管产生于农耕渔猎社会的中国传统节日和民俗大都和宗教、巫术存在千丝万缕的联系，但随着社会生活的发展、生活模式的转变，节日与民俗大都以复归现实生活为旨趣，春节、元宵节、端午节、中秋节等传统节日更是如此。在历史长河中，一个节日的形成，是岁月和人们长期打磨的结果。比如端午节，和春节、中秋一样，是中国文化的符号之一，承载的是融入民族骨血的天人合一、活力贲张与家国情怀。我们的祖先，用一种轻松、活泼而健康的心态，设计并享受着端午等节庆带来的中国式精神生活。丰富的节日文化信息，饱含着生机勃勃的通达理念和娱乐精神。祭祀只是其内容之一，它更是除秽驱病的卫生节，也是诗人节、运动节，除了吃粽子，还要挂菖蒲、赛龙舟、祭屈原……闻一多先生考证认为，五月初五是古代吴越地区"龙"的部落举行图腾祭祀的日子，很多考古发现也支持此说。后来的端午纪念曹娥、伍子胥、屈原。而后这个节日流传到大江南北甚至越过国境，拥有广泛的影响力。因此，在高校中，教育者要积极引导学生将传统节日中的生命体验与其日常生活联系在一起。例如，对离家在外求学的学子而言，重阳节不能回家陪伴父母，可鼓励他们登高望远寄托对远方亲人的思念；从传统"七夕"牛郎与织女的鹊桥相会反思当前速食爱情的存在状态；等等。学生一旦在传统的节日中找到了与之生活密切相关的因素，便会大大提升自己的体验感受，进而产生情感共鸣。

（二）在日常生活中形成对生命体系的整体感知

应该说，对生命体系的整体感知绝非一朝一夕之事，也绝非仅仅依靠高校教育就能达成其目标。这是一个长期潜移默化并将之内化为自身自觉行为的一个漫长的过程。传统民俗或者节日庆典，虽只在短暂的一天或一段时间内参与其中，但热闹的节日氛围的烘托、形式多样的纪念活动，仍会使个体充分感受到生命的丰富内涵，有时候甚至可以使个体达到生命的高峰体验。此外，传统节日所蕴含的生命价值，也并非仅仅是在节日当天才能表达出来，在一定程度上具有永恒性，我们在日常的生活中也能够体验到在节日之时方能体验到的生命内涵。因此，对于集中爆发式的体验不能达成的目标，就可以依赖于日常生活中的点滴积累。我们可以充分发掘传统节日中所蕴含的深层生命内涵，将其与日常生活联系起来，在点滴之间体验生命的魅力和张力，逐渐在日常生活中形成对生命体系的系统感知，并付诸具体的行为活动。例如中国传统的二十四节气中蕴含着人生不同阶段、不同境遇中的处世哲学，是中国先人智慧的结晶。以小雪为例。唐代元稹在《二十四节气·小雪》中的"横琴对渌醅，犹自敛愁眉"便很形象。养性重在自我调节，以保持良好的心态，宁心安神，平稳度过冬日。清代医学家吴尚说："七情之病，看花解闷，听曲消愁，有胜于服药者也。"小雪时节，雨凝为雪，天气上升而地气独藏，大雪应时下，神清安宁，一切都分分明明，人生百态映现于心，人生就是在这四季的轮回和二十四节气的铺展中，演绎着各自的生命、各自的故事、各自的传奇，并在岁月的年轮中刻下或深或浅或悲或喜的生命印记。再例如春节。在传统农业文化时期正值农闲时段，人们有较充裕的时间打米糖、做年糕、办年货、贴春联、放鞭炮、吃年夜饭、拜年，通过一系列活动来庆祝一年的收成。在这些庆祝活动中，人们获得了视觉、嗅觉、味觉上的快感，领略到了生活的快乐。同时，春节也是一家人团聚的时刻，家人聚集在一起欢度春节，缅怀逝去的亲人，也加强了人们对家庭、家族的认同。这种体验使局限于某一时空内的礼仪活动拓展到伦理观念层面，延伸到整个家庭和社会生活空间层面，实现与个体日常生活的紧密联结。

教育就要引导人从知识中走出来，最终过上智慧的人生。在这种人生中，人体验到的是一种"天人合一"的生命境界。在这种境界中，"个人与他人、他物的相互融入，相互统一，人与人、人与物、人与自己实现了类生态、自然生态和内生态的三位一体的和谐，我体验到的本真，就是你的本真，就是物的本真，人体验到对他人、他物的融入，人体验到对生态的回归，人由单纯的个体人逐渐在体验者中变成'生态人'"[1]。

三、努力让个体与实践资源的生命特质进行全方位深度沟通

以传统节日、民俗为主的实践资源，其一个重要的特点就是建构了一个社会大众能够共同体验的生命价值，其意义主要在追求群体生命的平安与幸福。[2]

相较于日常生活，节日被更多地赋予了特殊的文化含义和生命价值。无论节日或者民俗中某些古老的仪式或言行禁忌，都超越了日常生活，使身处其中的个体获得异乎寻常的心灵体验，并能体验到寄托着历代祖先对美好生活的愿景，形成深刻的文化记忆。在高校生命教育本土化的过程，在本土节日和民俗受到外来节日冲击的现状下，作为大学生应该首先能清醒地认识到传统实践资源中所蕴含的文化内涵和生命价值。正如中国民俗学会会长刘魁立指出："我们的传统节日同其他一些国家以宗教纪念日为核心的节日体系有极大的不同。这种历史积淀的群体性的庆祝活动，其核心功能在于认识自然、亲近自然、协调人与自然的关系，促进家庭和睦、亲族团结、社会和谐，培育人们美好情操、发扬乐观向上的进取精神。"[3]

1　刘惊铎：《道德体验论》，北京：人民教育出版社，2003：169。
2　黄有志：《社会变迁与传统礼俗》，台北：幼狮文化，1991：200-205。
3　刘魁立：《传统节日是民族文化身份的标志》，载《文汇报》，2008-04-04，（5）。

除了了解和认同传统实践资源中的文化内涵和生命价值，在对传统实践资源的利用中，更重要的是应该建立大学生个体与实践资源生命特质的内在联结。在针对当代大学生无聊感的调查中人们发现，由于大学生的自由支配时间较为充裕，他们的无聊感体验较之于其他社会群体更为显著。关于如何通过寻找生命意义感消解无聊感，高校对传统实践资源的开发和利用是一条行之有效的途径。通过在现实生活中营造特定的节日氛围，并在相关活动中体现节日的文化内涵，身处并参与其中的大学生能形成与节日相应的精神状态。当然，不同的节日有不同的主题，同一个节日有多种不同的节俗活动，这就必然要求大学生在了解节日和民俗的基础上，以不同的精神面貌来参与。只有这样，个体在实践的体验中才能深刻理解、体会不同节日的文化内涵，才能从内心接受，重温过去，与历史对话。"我们知道，我们保存下来的大多数过去，乃至整个传统价值体系的要素，都已不再适合现在的法律、政治或道德的状况……倘若我们希望保护产生它们的信念，我们就要始终重视各种程式、象征、习俗，以及必须被不断重演和再现的仪式，这正是其原因所在。凭借着这种对传统价值的执着，昨日的社会以及社会进化过程中相继出现的各个时期才得以存续至今。"[1] 在此过程中，大学生与传统实践资源的生命特质建立了内在连接，并在活动中与其进行全方位的对接，触动大学生心灵深处的生命内涵，使大学生能充分感受与周围世界的联系，能敏锐地感受到生命的萌动和生命中的点滴之美。从某种意义上来说，参与了个体生命体验的传统实践资源值得高校好好利用，我们要以教育作为平台，继承和发展传统文化，并在实践中逐步培养起青年人对传承节日文化的责任感。

四、对传统实践资源的生命特质加以时代性的阐释和运用

传统实践资源大都是建立在农耕渔猎的时代，与先民的宗教、祭祀和巫术直接相关。随着社会的发展，传统的实践资源面临着前所未有的挑战。从时间上来看，发端于远古的习俗由于与现代社会距离越来越远，整体上呈现习俗减少、逐渐弱化的态势。比如当前流行的节日"吃"文化正好体现了这一点。在节日中，人们越来越多地遗忘了节日的文化内涵，而逐渐转变为每逢过节大吃一顿。元宵节吃汤圆，端午节吃粽子，中秋节吃月饼，此类不胜枚举。此外，由于西方文化的强势冲击，传统文化面临着时间和空间的挑战。究其缘由，其深层原因是生产方式的变更带来的社会交往关系的变化。因此，要好好利用生命教育内涵依附其中的传统实践资

---

1 莫里斯·哈布瓦赫著，毕然、郭金华译：《论集体记忆》，上海：上海人民出版社，2002：197。

源，必须在充分挖掘其生命内涵的基础上，直面时代的冲突和挑战。如若进行深度挖掘，每个传统节日的习俗都有其独特的现代元素。在传统节日的现代化转型中，我们可以通过各种新的渠道和方式赋予传统节日以新的寓意，在保留传统节日生命内核的基础上，加以时代性的阐释和运用。从某种意义上来说，挖掘节日中的时代元素和保留部分民俗二者之间并不矛盾。一方面，源自于先民的部分特色习俗承载着传统文化的精神内核，在现代社会中本身就具有展示和纪念意义。另一方面，对一部分旧俗中的生命特质加以现代化的解释也会转生出新的意义。如放鞭炮，本来是通神或驱邪的一种仪式，现在则成为一种欢庆的方式。过年的原始意义主要是在新旧年交替之际祭祀神灵、施行巫术，一方面感谢在过去一年中神灵的佑助，庆贺丰收，另一方面祈祷神灵保佑来年风调雨顺，祈福禳灾。这种习俗和内涵在现代必然逐渐衰减，而其少量的相关遗俗则转变为营造隆重、欢庆、祥和的节日氛围的手段，成为民众表达安定、富足、红火的生活理想的方式。贴对联、守岁、拜年、压岁等其他年节习俗也都可做类似的转换。

传统实践资源，因为千百年来与人们的生活密切相连，并深入人类生命共通的感受和活动的集合中得以超越时空而经久不衰。因此，挖掘传统实践资源中的生命教育特质，应当基于对参与者生命共通感的激发，引导学生认识真善美等生命的共通道理，建构能够共同体验的生命价值。学校在对传统实践资源个体化实践中要大力挖掘蕴含其中的生命教育资源，并实现传统文化与生命教育的相辅并行。

参考文献

贝尔，1989. 资本主义文化矛盾[M]. 北京：生活·读书·新知三联书店.

布勒，1990. 人本主义心理学导论[M]. 北京：华夏出版社.

陈彤，2009. 国外中小学生命教育[J]. 妇女生活（现代家长），（7）：5-7.

陈宪章，2009. 全球化与我国主导价值观的倡导[M]. 哈尔滨：黑龙江人民出版社.

池田大作，2010. 我的人学[M]. 铭九，译. 北京：北京大学出版社.

丁冬红，2001. 人之解读 现代西方人本哲学研究[M]. 石家庄：河北教育出版社.

董艳，2010. 美国嬉皮士反正统文化运动研究[J]. 长春工业大学学报（社会科学
版），22（1）：102-105.

杜尔凯姆，1988. 自杀论[M]. 钟旭辉，译. 杭州：浙江人民出版社.

冯建军，2004. 生命与教育[M]. 北京：教育科学出版社.

冯建军，2010. 生命教育实践的困境与选择[J]. 中国教育学刊，（1）：35-38.

高兆明，2015. 道德文化 从传统到现代[M]. 北京：人民出版社.

郭齐勇，2008. 中国哲学智慧的探索[M]. 北京：中华书局.

海西，2014. 宇宙的指引[M]. 北京：北京时代华文书局.

何福田，2001. 生命教育论丛[M]. 台北：心理出版社.

何劲鹏，姜立嘉，2009. 体育课程生命化探究[M]. 长春：东北师范大学出版社.

何仁富，肖国飞，汪丽华，2012. 大学生命教育的理论与实践[M]. 北京：中国广播
电视出版社.

何仁富，2010. 生命教育引论[M]. 北京：中国广播电视出版社.

华特士，2006. 生命教育：与孩子一同迎向人生挑战[M]. 成都：四川大学出版社.

黄见德，1994. 现代西方人本主义哲学研究[M]. 武汉：华中理工大学出版社.

黄涛梅，2005. 现代主义和后现代主义文学研究[M]. 兰州：甘肃人民出版社.

黄渊基，2014. 生命教育的缘起和演进[J]. 求索，（8）：172-177.

江文富，2013. 生命文化教育导论[M]. 北京：高等教育出版社.

卡普拉，1988. 转折点——科学、社会和正在兴起的文化[M]. 卫飒英，李四南，

译. 成都：四川科学技术出版社.

科学发展观丛书编委会，2012. 中国特色社会主义文化建设[M]. 北京：党建读物出版社.

李强，2007. 大学生命教育论[D]. 武汉：华中科技大学.

李小兵，1991. 资本主义的文化矛盾与危机：当代人本主义思潮研究[M]. 北京：中共中央党校出版社.

联合国教科文组织国际教育发展委员会，1996. 学会生存——教育世界的今天和明天[M]. 华东师范大学比较教育研究所，译. 北京：教育科学出版社.

廖桂芳，徐园媛，2012. 生命与使命：大学生生命教育创新模式构建[M]. 成都：电子科技大学出版社.

林思伶，孙效智，2000. 生命教育的理论与实务[M]. 台北：环宇出版股份有限公司.

刘恩允，2012. 大学生生命教育研究[M]. 北京：中国社会科学出版社.

刘济良，李晗，2000. 论香港的生命教育[J]. 江西教育科研，（12）：24-25.

刘济良，2004. 生命教育论[M]. 北京：中国社会科学出版社.

刘济良，2006. 生命体验：道德教育的意蕴所在[J]. 教育研究，（1）：27-30.

刘力红，2016. 马克思的生命观探析[M]. 北京：中国社会科学出版社.

刘小新，2005. 当代大学生主导价值观研究[M]. 北京：首都师范大学出版社.

刘祖禹，2003. 享乐主义要不得[N]. 人民日报，2003-2-24，（4）.

路杨，2014. 当代大学生生命教育[M]. 武汉：武汉大学出版社.

钮则诚，2006. 从台湾生命教育到华人生命教育[J]. 江西师范大学学报（哲学社会科学版），（4）：12-17.

欧巧云，2009. 当代大学生生命教育研究[M]. 北京：知识产权出版社.

任红杰，2005. 后现代主义是怎样放逐理想的[J]. 高校理论战线，（1）：53-55.

沈亚生，2010. 人学思潮前沿探究[M]. 北京：社会科学文献出版社.

唐雅君，2013. 美国"60后"嬉皮士文化与中国"90后"非主流文化的异同比较研究[J]. 青年探索，（6）：44-49.

陶德言，李景治，1992. 流动的支点——当代大学的价值意识[M]. 杭州：浙江人民出版社.

特纳，2013. 数字乌托邦[M]. 张行舟，译. 北京：电子工业出版社.

王学风，2007. 国外中小学的生命教育及启示[J]. 外国中小学教育，（1）：43-44.

王治河，1993. 扑朔迷离的游戏：后现代哲学思潮研究[M]. 北京：社会科学文献出版社.

威尔森，2002.美国道德教育危机的教训[J].国外社会科学，（2）：50-56.

温洋，1988.反主流文化的亚文化群——嬉皮士[J].美国研究，（4）：95-112.

吴灯山，2000.看见生命[M].台北：联经出版事业公司.

吴鲁平，2003.中国当代大学生问题报告[M].南京：江苏人民出版社.

伍麟，2003.人本主义心理学的危机及其僭越[J].心理学探新，（3）：6-9.

肖川，2007.生命教育：为幸福人生奠基[J].青年教师，（2）：33-35.

徐秉国，2006.英国的生命教育及启示[J].教育科学，（4）：84-87.

徐友渔，2008.重读自由主义及其他[M].郑州：河南大学出版社.

许世平，2002.生命教育及层次分析[J].中国教育学刊，（4）：5-8.

杨芳，2007.体育教育新视域：体育教育的生命意蕴与审美品格[M].兰州：兰州大
　　学出版社.

杨韶刚，2009.人性的彰显：人本主义心理学[M].济南：山东教育出版社.

叶华松，2011.大学生生命教育[M].杭州：浙江大学出版社.

叶澜，1997.让课堂焕发出生命活力——论中小学教学改革的深化[J].教育研究，
　　（9）：3-8.

叶澜，1999."新基础教育"探索性研究报告集[M].上海：上海三联书店.

张鲁卿，2004.新人类：酷的一代[M].北京：民主与建设出版社.

张文质，2007.跨越边界——生命化教育的一些关键词[J].中国校外教育（理
　　论），（1）：29-34.

张湘富，张丽颖，2011.大学生生命教育教程[M].北京：高等教育出版社.

张应强，2006.后现代主义与我国的教育研究[J].教育研究，（6）：41-46.

张云飞，2003.生命教育及实施途径[J].青年探索，（4）：37-39.

张振成，2002.生命教育的本质与实施[J].上海教育科研，（10）：4-6.

赵光武，黄书进，2013.后现代哲学概论[M].北京：首都师范大学出版社.

赵光武，2006.怎样认识后现代主义哲学[A] // 冯宋彻.当代社会思潮名家讲座.北
　　京：中国传媒大学出版社.

赵伟，2011.俄罗斯中小学生安全教育述评[J].外国教育研究，（8）：38-42.

郑崇珍，2002.生命教育的目标与策略[J].上海教育科研，（10）：7-8.

郑石岩，2010.胜任自己　培养心力　沃壮人生[M].台北：远流出版事业股份有限
　　公司.

郑晓江，2005.关于生命教育中几个问题的思考[J].福建论坛（社科教育版），
　　（9）：6-8.

郑晓江，2012.生命教育[M].北京：开明出版社.

中共中央文献研究室，中共湖南省委《毛泽东早期文稿》编辑组，2013. 毛泽东早期文稿[M]. 长沙：湖南人民出版社.

中共中央宣传部宣传教育局，2014. 凝心聚力的导航[M]. 北京：学习出版社.

周红卫，2012. 生命教育　理想与追求[M]. 重庆：西南师范大学出版社.

周庆华，2008. 从通识教育到语文教育[M]. 台北：秀威资讯科技股份有限公司.

周士英，2008. 美国死亡教育研究综述[J]. 外国中小学教育，（4）：44-47.

WALTERS J D, 2003. Education For Life: Preparing Children to Meet the Challenges [M]. Nevada City: Crystal Clarity Publishers.

А.Н.Киль, 2001. Спортивно-патриотическое воспитание как одно из приоритетных направлений государственной политики в сфере физической культуры и спорта Российской Федерации[J].Теор. и практ. физ. культ, (3).

В.А. Кабачков, 2003. Социально-педагогические подходы к профилактике подростковой наркомании средствами физической культуры и спорта[J]. Физическая культура: воспитание, образование, тренировка, (1).

В.П. Моченов, 2001. Физическая культура и спорт в профилактике наркомании и преступности[J]. Теор. и практ. физ. культ., (1): 60-62.

З. В.Сапронова, 2007. Спортивно-патриотическое воспитание студенческой молодежи[J]. Теор. и практ. физ. культ, (6).

М. Халимбекова.Актуальные вопросы патриотического воспитания молодежи в современных условиях [EB/OL]. http://www.dagpravda.ru/?com=materials&task=view&page=material&id=19910, 2000-7-17/2016-5-3.

П.И.Витальевна. Образовательная модель профилактики наркомании подростков и молодежи средствами физической культуры и спорта [EB/OL]. http://www.referun.com/n/obrazovatelnaya-model-profilaktiki-narkomanii-podrostkov-i-molodezhi-sredstvami-fizicheskoy-kultury-i-sporta, 2016-7-8.